"Recomendo este livro excepcional a todos que atendem pessoas com transtornos complexos, crônicos e difíceis de tratar – especialmente aqueles que estão procurando uma alternativa baseada em evidências acessível em relação às terapias atuais. Este guia é leitura essencial para profissionais interessados em terapia do esquema, transtorno da personalidade *borderline* e outros transtornos da personalidade, terapia em grupo e novas abordagens que expandem a terapia cognitivo-comportamental."

Jeffrey Young, Ph.D., Schema Therapy Institute of New York

"Para o clínico que busca resultados altamente eficazes em casos desafiadores, *Terapia do esquema: guia para tratamento individual, em grupo e integrado* oferece uma contribuição única e importante. Essa abordagem baseada em evidências, articulada com maestria e costurada com exemplos de estratégias práticas para tratamento de tempo limitado, demonstra ainda mais o sucesso já alcançado pelos terapeutas do esquema em todo o mundo. Conceitos integrados dos modelos de terapia do esquema individual e em grupo são maravilhosamente organizados e apresentados com consideração cuidadosa dada a todos os níveis de experiência do profissional. Eu recomendo este recurso para sua biblioteca!"

Wendy T. Behary, L.C.S.W., presidente, International Society of Schema Therapy (ISST)

"Este livro é uma contribuição muito bem-vinda à literatura sobre terapia do esquema. Traz um programa integrado de tratamento individual e em grupo, apresentado de forma clara e apoiado por uma riqueza de recursos, incluindo folhetos e instruções passo a passo para uso em diferentes situações e em qualquer estágio da terapia. Inestimável para aqueles que desejam implementar o programa integrado, este livro também será enriquecedor para todos que trabalham com outros modelos de terapia do esquema."

David Edwards, Ph.D., professor de Psicologia, Rhodes University

"Você está procurando por uma psicoterapia eficaz, que combine experiências emocionais profundas com estratégias de mudança comportamental que realmente funcionam? Como terapeuta, você já se sentiu sobrecarregado pela complexidade do tratamento e gostaria que houvesse uma abordagem capaz de atender a quase todas as suas necessidades clínicas? Então, aproveite este livro. Farrell, Reiss e Shaw não apenas explicam os recursos essenciais da terapia do esquema, mas também fornecem um guia claro, com instruções passo a passo, para ajudá-lo a dominar a abordagem em diferentes contextos e a atender uma ampla diversidade de pacientes. Este livro não vai ter chance de juntar pó na minha estante; vou usá-lo o tempo todo."

Gerhard Zarbock, Ph.D., diretor, IVAH, Institut für Verhaltenstherapie-Ausbildung Hamburg

Terapia do esquema

FBTC
Federação Brasileira de Terapias Cognitivas

artmed

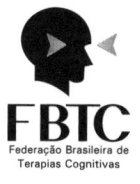

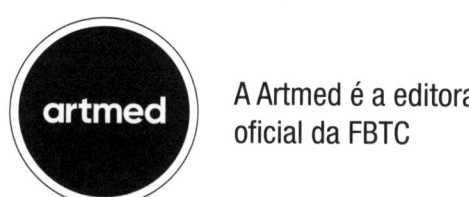

A Artmed é a editora oficial da FBTC

F245t   Farrell, Joan M.
        Terapia do esquema : guia para tratamento individual, em grupo e integrado / Joan M. Farrell, Neele Reiss, Ida A. Shaw ; tradução : Opportunity Translations ; revisão técnica : Ricardo Wainer. – Porto Alegre : Artmed, 2024.
        xix, 330 p. il. ; 25 cm.

       ISBN 978-65-5882-209-7

       1. Psicoterapia. 2. Terapia cognitivo-comportamental. I. Reiss, Neele. II. Shaw, Ida A. III. Título.

                                             CDU 615.8-085.851

Catalogação na publicação: Karin Lorien Menoncin – CRB 10/2147

Joan M. **Farrell**
Neele **Reiss**
Ida A. **Shaw**

Terapia do esquema

*guia para tratamento
individual, em grupo e integrado*

Revisão técnica
Ricardo Wainer
Psicólogo. Diretor da Wainer Psicologia Cognitiva. Especialista com treinamento avançado em Terapia do Esquema no New Jersey/New York Institute of Schema Therapy. Terapeuta e supervisor credenciado pela International Society of Schema Therapy (ISST). Mestre em Psicologia Social e da Personalidade e Doutor em Psicologia pela Pontifícia Universidade Católica do Rio Grande do Sul (PUCRS).

Porto Alegre
2024

Obra originalmente publicada sob o título *The Schema Therapy Clinician's Guide: A Complete Resource for Building and Delivering Individual, Group and Integrated Schema Mode Treatment Programs*, 1st Edition
ISBN 9781118509173

Copyright © 2014 by John Wiley & Sons, Limited.
All Rights Reserved. Authorised translation from the English language edition published by John Wiley & Sons Limited. Responsibility for the accuracy of the translation rests solely with Grupo A Educação S.A., through its subsidiaries and is not the responsibility of John Wiley & Sons Limited. No part of this book may be reproduced in any form without the written permission of the original copyright holder, John Wiley & Sons Limited.

Colaboraram nesta edição:

Coordenadora editorial
Cláudia Bittencourt

Editor
Lucas Reis Gonçalves

Capa
Paola Manica | Brand&Book

Ilustrações
Britta Finkelmeier

Tradução
Opportunity Translations

Leitura final
Paola Araújo de Oliveira

Editoração
Ledur Serviços Editoriais Ltda.

Reservados todos os direitos de publicação, em língua portuguesa, ao
GA EDUCAÇÃO LTDA.
(Artmed é um selo editorial do GA EDUCAÇÃO LTDA.)
Rua Ernesto Alves, 150 – Bairro Floresta
90220-190 – Porto Alegre – RS
Fone: (51) 3027-7000

SAC 0800 703 3444 – www.grupoa.com.br

É proibida a duplicação ou reprodução deste volume, no todo ou em parte, sob quaisquer formas ou por quaisquer meios (eletrônico, mecânico, gravação, fotocópia, distribuição na Web e outros), sem permissão expressa da Editora.

IMPRESSO NO BRASIL
PRINTED IN BRAZIL

Autoras

Joan M. Farrell, Ph.D., é psicóloga clínica, diretora de pesquisa e treinamento do Center for Borderline Personality Disorder Treatment and Research, da Indiana University School of Medicine, Estados Unidos, e professora adjunta do Departamento de Psicologia da Indiana University-Purdue, Indianápolis, Estados Unidos. É treinadora e supervisora certificada em Terapia do Esquema pela International Society for Schema Therapy (ISST), coordenadora de treinamento e certificação da ISST e membro da diretoria executiva da instituição.

Neele Reiss é pesquisadora, psicóloga clínica e terapeuta do esquema no Departamento de Psicologia Diferencial e Diagnóstico Psicológico da Goethe-University Frankfurt, Alemanha. Também é diretora do Instituto de Psicoterapia em Mainz, Alemanha. É treinadora e supervisora certificada em Terapia do Esquema para adultos e em grupo pela ISST.

Ida A. Shaw, M.A., é diretora do Schema Therapy Institute Midwest, em Indianápolis, Estados Unidos, e supervisora clínica sênior do Center for Borderline Personality Disorder Treatment and Research, da Indiana University School of Medicine. É treinadora e supervisora certificada em Terapia do Esquema para adultos e em grupo pela ISST.

Agradecimentos

Este livro é o resultado de nossa colaboração com Neele Reiss, iniciada em 2008, quando descobrimos, na conferência da International Society of Schema Therapy, em Portugal, que alguém no mundo estava utilizando a terapia do esquema em grupos. Desde então, compartilhamos momentos de conversas, diversão e sorvetes, o que fortaleceu nossa amizade e apreço mútuos. Agradecemos a Arnoud Arntz por sua orientação, apoio pessoal e amizade; a Jeff Young por suas discussões instigantes, apoio e incentivo; e a Wendy Behary por compartilhar as dificuldades da árdua tarefa de escrever e pelo humor quando necessário.

Os terapeutas que treinaram conosco fizeram contribuições importantes para este livro, pois ensiná-los nos obrigou a tornar explícita e clara a maneira como praticamos a terapia do esquema em grupo. Acima de tudo, agradecemos aos nossos pacientes, que nos ensinaram o que precisávamos entender sobre suas necessidades e dificuldades, bem como nos mostraram o que funcionou para ajudá-los.

Agradecimentos especiais de Joan a Elke e Siegbert Reiss pela hospitalidade, pelas refeições deliciosas e pelo excelente vinho durante um intenso período de escrita, bem como pelas lições de história alemã e pelos passeios turísticos.

Joan M. Farrell e Ida A. Shaw

Escrever este livro com minhas queridas amigas Joan e Ida foi uma jornada maravilhosa, repleta de muitas descobertas. Agradeço pela colaboração e pela calorosa amizade ao longo dos últimos anos.

Também sou grata a Friederike Vogel, que tem sido uma colega prestativa desde que começamos a trabalhar juntas e se tornou uma amiga querida. Além disso, quero agradecer a todos os meus pacientes. Sem eles, eu nunca teria aprendido a praticar a terapia do esquema e a terapia do esquema em grupo.

Por último, mas não menos importante, agradeço à minha família, especialmente a meu pai, Siegbert, e minha mãe, Elke, e à minha melhor amiga, Stuffi, por sua paciência, seus conselhos, por me manter com os pés no chão quando necessário e por seu apoio incondicional em todos os momentos. Eu sei que posso contar com vocês.

Neele Reiss

Apresentação

É com grande satisfação que recebi o convite para escrever a Apresentação deste livro inovador, que proporcionará aos clínicos a integração de sessões de terapia do esquema individual (TEI) e em grupo (TEG) em programas de tratamento abrangentes, adequados a diversas populações de pacientes, períodos de tratamento e níveis de atendimento.

Desde que conheci os resultados extremamente positivos do ensaio clínico randomizado conduzido pelas autoras sobre a TEG para pessoas com transtorno da personalidade *borderline* (TPB) em 2008, tenho mantido um entusiasmo crescente em relação ao potencial do modelo em grupo para tornar a TE mais acessível tanto em termos de disponibilidade quanto de custos. Diante do cenário cada vez mais desafiador nessa era de corte de investimentos na área da saúde mental e controle de tratamentos nos Estados Unidos e em muitos outros países, a TEG tem o potencial de fornecer estratégias eficazes da abordagem esquemática de maneira mais econômica do que tem sido viável com a TEI, obtendo resultados equivalentes ou possivelmente superiores. Estou muito empolgado com o ensaio clínico em larga escala que está em andamento em 14 locais em seis países diferentes. Arnoud Arntz e Joan Farrell atuam como coinvestigadores principais do estudo, testando a eficácia e a relação custo-benefício do modelo de TEG para pacientes com TPB combinado com dois números diferentes de sessões individuais.

Este livro, escrito em colaboração com Neele Reiss, psicóloga e terapeuta do esquema pioneira da TEG na Alemanha, amplia o programa integrado de TEI e TEG para uso com uma ampla variedade de grupos: pacientes aqueles com transtornos da personalidade, com trauma complexo, com dificuldades crônicas, aqueles que não responderam a outros tratamentos e aqueles que precisam de um nível mais elevado de atendimento. O programa inclui o conceito inovador de oferecer aos pacientes uma "conta bancária" de sessões individuais de TE para que utilizem conforme necessário, o que foi desenvolvido para o ensaio clínico multicêntrico de TPB. Desde a publicação do primeiro livro sobre TEG (Farrell & Shaw, 2012), muitas iniciativas ao redor do mundo aplicaram o modelo de TEG a pacientes com diferentes diagnósticos. Assim como a TEI, a TEG é transdiagnóstica, ou seja, o foco das intervenções é o perfil de modos do paciente, em vez de sintomas específicos. Portanto, a TEG, assim como a TEI, deve ser eficaz para outros transtornos além do TPB. Naturalmente, qualquer aplicação requer validação empírica, e fico feliz em afirmar que os achados preliminares são promissores. O programa integrado foi testado em ambientes ambulatoriais e hospitalares para o TPB (Reiss et al., 2013a) e transtornos mistos dos *clusters* B e C (Muste, 2012; Fuhrhans, 2012). Sua utilização em contextos forenses está sendo avaliada no Reino Unido. Um ensaio clínico randomizado comparando a TE com a terapia cognitivo-comportamental (TCC) para o transtorno da personalidade evitativa e para a fobia social, e uma série de casos experimentais para transtornos dissociativos, estão em andamento nos Países Baixos.

A integração da TEG e da TEI apresentada neste livro parece completamente consistente com meu próprio modelo individual, em termos conceituais, da aliança terapêutica e de intervenções de tratamento. O modelo de TEG estimula os participantes do grupo a adotarem uma dinâmica de família saudável, na qual eles podem se "reconectar" uns com os outros, sob a atenta orientação de dois terapeutas-pais altamente qualificados. A sensação de pertencimento e aceitação proporcionada por essa analogia de uma família amorosa parece catalisar tanto a reparentalização limitada quanto os componentes focados na emoção da TE. Além disso, ao utilizar dois coterapeutas para cada grupo, a TEG encontrou uma abordagem que permite que um dos profissionais se mova de maneira fluida pelo grupo, muitas vezes trabalhando com um ou dois membros por vez, desenvolvendo exercícios experienciais inovadores para estimular mudanças. Ao mesmo tempo, o segundo terapeuta atua como a "base estável" para o restante do grupo, mantém uma conexão emocional contínua com cada participante, monitora as reações de todos os membros, explica o que está acontecendo para orientá-los sobre as atividades e intervém a fim de direcionar o grupo às necessidades de cada indivíduo. Estou impressionado com o fato de a TEG ultrapassar significativamente o formato tradicional de grupo da TCC/DBT (terapia comportamental dialética), no qual os membros aprendem habilidades em um ambiente de seminário; e vai além dos grupos não TCC, nos quais o terapeuta realiza trabalho individual com uma pessoa, enquanto os demais principalmente observam. Na TEG, as técnicas adotadas na TEI, como trabalho de mudança de imagem e *role-plays* de modos, foram adaptadas para envolver todos os membros em exercícios únicos que fazem uso da eficácia da interação e apoio coletivos. Esses fatores terapêuticos de grupo, combinados com a ampla gama de técnicas integrativas que já fazem parte da TE, podem explicar os efeitos significativos do tratamento no estudo controlado que mencionei anteriormente, assim como nos dados preliminares de outras pesquisas em andamento sobre a TEG.

As autoras descrevem uma abordagem sistemática para o tratamento com a TE, mantendo a flexibilidade que sempre valorizei no desenvolvimento da TEI.

As sugestões são específicas e bem-organizadas, evitando a tentação de criar um "livro de receitas terapêuticas" para os profissionais seguirem de maneira mecânica. As autoras preservaram os elementos essenciais da TE ao desenvolver estratégias de intervenção de reparentalização limitada para cada modo que surge, aproveitando os "momentos experienciais" para realizar um trabalho focado na emoção que promove mudanças em um nível profundo. Assim como na TEI, o modelo de grupo combina trabalho experiencial, cognitivo, interpessoal e comportamental. O programa apresentado divide as intervenções em quatro componentes principais: psicoeducação, consciência de modos, manejo de modos e trabalho experiencial de modos. Há sessões de cada componente que visam aos principais modos esquemáticos individualmente. As sessões individuais e em grupo são coordenadas por modo. As sessões individuais oferecem aos terapeutas a opção de uma intervenção cognitiva, experiencial ou de quebra de padrões comportamentais. As autoras apresentam exemplos de roteiros terapêuticos que possibilitam o acesso para iniciantes que utilizam a TE, mas têm a flexibilidade essencial da abordagem para que possam ser adaptados a fim de atender ao modo e à necessidade individual de cada paciente. A combinação de estrutura e flexibilidade torna esta obra acessível a praticantes de TE em todos os níveis de experiência. O livro é escrito de tal forma que deve atrair uma ampla gama de profissionais da saúde mental, incluindo psicólogos, assistentes sociais, psiquiatras, orientadores e enfermeiros psiquiátricos, bem como estagiários e residentes.

A experiência que as autoras adquiriram ao longo de 30 anos treinando terapeutas em todo o mundo e liderando grupos de TEG com uma ampla variedade de populações clínicas é evidente ao longo dos capítulos. Este livro é o primeiro manual de tratamento publicado para a integração da TEI e TEG e traz informações essenciais das quais os clínicos precisarão para desenvolver e implementar tais programas. As sessões do programa podem ser conduzidas de forma intensiva para níveis mais elevados de cuidado, como internação e atendimento clínico, ou estendidas ao longo de um ano de tratamento ambulatorial. O programa pode começar com mais sessões por semana, depois diminuir em intensidade e ser realocado para cuidados ambulatoriais. O formato acessível do livro inclui casos clínicos, descrições de sessões em grupo e individuais, exemplos de roteiros terapêuticos para explicar conceitos essenciais da TE em linguagem facilmente compreendida pelos pacientes, bem como exercícios, tarefas e folhetos para os pacientes. Esse material, além de ser apresentado ao longo dos capítulos, está disponível para *download* na página do livro em loja.grupoa.com.br.

Em um nível mais pessoal, tive o privilégio de participar ativamente da TEG durante um *workshop* avançado de treinamento que convidei Joan, Ida e Neele para ministrar aos terapeutas do esquema sêniores em nosso instituto em Nova York. Fiquei ainda mais entusiasmado com o potencial da TEG após essa experiência e adoraria conduzir um grupo de TE como esse quando eu tiver adquirido as habilidades necessárias. Joan Farrell é uma terapeuta do esquema excepcional que desempenha o papel de "base estável", centro emocional e "educadora" para o grupo como um todo, algo que consigo me imaginar aprendendo a fazer, com tempo e experiência suficientes.

O que realmente me surpreendeu, talvez porque seu estilo seja tão diferente do meu e do de Joan, foi o notável trabalho em grupo de Ida Shaw. É difícil conceber o nível de originalidade, criatividade e espontaneidade que ela confere à experiência em grupo. Ida é capaz de mesclar elementos do gestalt, psicodrama, role-plays e seu próprio estilo contagiante em uma abordagem que se adapta perfeitamente às demandas intensivas do trabalho com modos esquemáticos, estimulando os pacientes a promoverem mudanças profundas. Os exercícios em grupo deste livro permitirão que os terapeutas do esquema experimentem algumas de suas abordagens únicas. Neele Reiss agrega a perspectiva da "próxima geração" de terapeutas do esquema que estão determinados a praticar e validar empiricamente a abordagem. Ela colaborou em estudos sobre modelo integrado para pacientes internados com TPB (Reiss *et al.*, 2013a), e seu trabalho atual aplica intervenções de TE a problemas como fobia de testes e transtornos alimentares.

Recomendo enfaticamente este excelente livro a todos os profissionais da saúde mental que trabalham com populações de pacientes mais complexas, crônicas e difíceis de tratar, especialmente aqueles que procuram uma alternativa baseada em evidências e economicamente viável às terapias existentes. Este livro é leitura essencial para profissionais interessados em TE, TPB e outros transtornos da personalidade, terapia em grupo e novas abordagens para expandir a TCC.

Jeffrey Young, Ph.D.
Schema Therapy Institute of New York
Columbia University, Departamento de Psiquiatria

Material *on-line*

Acesse a página do livro em **loja.grupoa.com.br** e faça o *download* de materiais para usar com seus pacientes.

Lista de figuras e tabelas

FIGURAS

2.1	Terapia do esquema: etiologia dos transtornos psicológicos	6
4.1	*Role-play* dos modos esquemáticos em ação Cena 1: é assim que os modos se desenvolvem e funcionam agora	202
4.2	*Role-play* dos modos esquemáticos em ação Cena 2: isto é o que começa a mudar durante a terapia do esquema	204
4.3	*Role-play* dos modos esquemáticos em ação Cena 3: os resultados da terapia do esquema	207

TABELAS

2.1	Esquemas organizados por área de conteúdo	6
2.2	Modos esquemáticos básicos	7
2.3	Intervenções terapêuticas sugeridas em relação aos modos e necessidades do paciente	12
2.4	Modelos de terapia em grupo	16
3.1	Programa integrado de terapia do esquema por sessão: em grupo e individual	22
3.2	Componentes do tratamento, objetivos e foco, e lista de materiais do paciente	32
3.3	Formatos e durações para o programa de tratamento integrado de terapia do esquema	34

3.4	*Kit* de ferramentas do terapeuta do esquema	45
4.1	Lista de folhetos distribuídos em grupo, exercícios e tarefas por sessão, modo e local	48
5.1	Materiais para os pacientes nas sessões de terapia do esquema individual	264

Sumário

	Apresentação *Jeffrey Young*	ix
	Lista de figuras e tabelas	xv
1	Introdução	1
	Contexto	1
	Os capítulos	3
2	Os fundamentos da terapia do esquema	5
	O modelo teórico	5
	Objetivos e estágios da terapia do esquema	9
	Reparentalização limitada	10
	Os componentes da terapia do esquema	19
3	O programa integrado de tratamento de terapia do esquema	21
	Os pacientes: quais são bons candidatos?	26
	As sessões de terapia do esquema em grupo	27
	A sessão de "boas-vindas"	28
	Sessões de psicoeducação sobre terapia do esquema	28
	Sessões de consciência de modo	28
	Sessões de manejo de modo	29
	Sessões de trabalho experiencial de modo	29
	Sessões de terapia do esquema individuais	30
	Opções para a execução do programa de tratamento	31

	Aspectos estruturais das sessões em grupo	33
	Avaliação e orientação	36
	O ambiente do programa de tratamento	42
	Equipes multidisciplinares em cenários Intensivos	42
	O ambiente físico	44
4	**As sessões de terapia do esquema em grupo**	**47**
	Dicas gerais para terapeutas na terapia do esquema em grupo	52
	Sessão do grupo de boas-vindas	59
	Cinco sessões de psicoeducação sobre terapia do esquema	70
	As 12 sessões de consciência de modo	95
	As 12 sessões de manejo de modo	114
	As 12 sessões de trabalho experiencial de modo	195
	Sessões dos modos de enfrentamento desadaptativo (TEM 1&7)	195
	Sessões do modo pai/mãe internalizados disfuncionais (TEM 2&8)	213
	Sessões do modo criança vulnerável (TEM 3&9)	227
	Sessões do modo criança zangada/impulsiva (TEM-MCZ 4&10)	240
	Sessões do modo criança feliz (TEM 5&11)	247
	Sessões do modo adulto saudável (TEM 6&12)	255
5	**Sessões de terapia do esquema individual**	**263**
	A conceitualização e os objetivos da terapia do esquema	265
	Os modos de enfrentamento desadaptativo	267
	Intervenções de quebra de padrões comportamentais da terapia do esquema	267
	Intervenções cognitivas da terapia do esquema	275
	Intervenções experienciais da terapia do esquema	278
	Modos pai/mãe internalizados disfuncionais	280
	Intervenções de quebra de padrões comportamentais da terapia do esquema	280
	Intervenções cognitivas da terapia do esquema (TEI-MPD3)	282
	Intervenções experienciais da terapia do esquema	288
	O modo criança vulnerável	292
	Intervenções de quebra de padrões comportamentais da terapia do esquema	292
	Intervenções cognitivas da terapia do esquema	295
	Intervenções experienciais da terapia do esquema	299

	O modo criança zangada ou impulsiva	302
	Intervenções de quebra de padrões comportamentais da terapia do esquema	302
	Intervenções cognitivas da terapia do esquema	306
	Intervenções experienciais da terapia do esquema	309
	O modo criança feliz	311
	Intervenções de quebra de padrões comportamentais da terapia do esquema	311
	Intervenções cognitivas da terapia do esquema	313
	Intervenções experienciais da terapia do esquema	315
	O modo adulto saudável	316
	Intervenções de quebra de padrões comportamentais da terapia do esquema	316
	Intervenções cognitivas da terapia do esquema	317
	Intervenções experienciais da terapia do esquema	319
6	**Treinamento, supervisão, pesquisa e considerações finais**	**321**
	Treinamento	321
	Supervisão	321
	Pesquisa sobre terapia do esquema	323
	Considerações finais	324
	Referências	327
	Índice	329

1
Introdução

Este manual apresenta um programa integrado de terapia do esquema individual e em grupo, que é transdiagnóstico e concebido para ser implementado em diversos cenários de tratamento e em programas de durações variadas. É escrito para psicoterapeutas de maneira prática, com foco clínico. São fornecidos exemplos de roteiros para terapeutas, instruções detalhadas de sessões e materiais para cada sessão individual e em grupo.

CONTEXTO

A terapia do esquema (TE), originalmente desenvolvida para a psicoterapia individual por Young (1990; Young, Klosko, & Weishaar, 2003), é uma abordagem para o tratamento de uma ampla variedade de transtornos psicológicos, integrando intervenções cognitivas, experienciais ou focadas na emoção e para quebra de padrões comportamentais. Trata-se de um modelo abrangente que integra estrategicamente aspectos de outras abordagens, mas permanece única. Uma versão em grupo da TE foi desenvolvida (Farrell & Shaw, 2012; Reiss & Vogel, 2010; Muste, Weertman, & Claassen, 2009). A eficácia da terapia individual (TEI) e em grupo (TEG) para o transtorno da personalidade *borderline* (TPB) foi validada empiricamente (Giesen-Bloo et al., 2006; Farrell, Shaw, & Webber, 2009; Reiss, Lieb, Arntz, Shaw, & Farrell, 2013a; Nadort et al., 2009). O modelo da TE é transdiagnóstico e seu uso para transtorno da personalidade evitativa (TPE), ansiedade social, transtornos alimentares, transtorno de estresse pós-traumático (TEPT), narcisismo, transtorno da personalidade antissocial, abuso de substâncias e psicopatia está sendo explorado e avaliado internacionalmente. É uma abordagem avaliada positivamente tanto por pacientes quanto por terapeutas (Spinhoven, Giesen-Bloo, van Dyck, Kooiman, & Arntz, 2007). Além disso, existem cada vez mais evidências respaldando sua eficácia em termos de custos para a modalidade individual (Giesen-Bloo et al., 2006; Nadort et al., 2009). No entanto, a disponibilidade limitada de psicoterapias individuais especializadas, incluindo a TE, na atual economia de serviços de saúde impediu o uso mais amplo da TEI em cenários clínicos. Um programa integrado que combina múltiplas sessões de TEG com um número limitado de sessões de TEI em um programa estruturado foi avaliado, com resultados promissores

(Muste, Weertman, & Claassen, 2009; Reiss *et al.*, 2013a). A combinação de sessões mais frequentes de TEG com sessões individuais estrategicamente planejadas tem o potencial de tornar esse tratamento promissor mais amplamente disponível em um maior número de cenários.

O conceito de um programa integrado e estruturado foi originalmente desenvolvido para uso com pacientes graves em ambientes hospitalares (Reiss *et al.*, 2013a), mas pode ser implementado em uma ampla gama de populações, cenários e durações de tratamento. O programa se mostra ideal para pacientes com transtornos da personalidade ou características destes, indivíduos com problemas psicológicos crônicos ou complexos, aqueles com históricos múltiplos de trauma e aqueles que não obtiveram sucesso com outras abordagens de tratamento. Em linhas gerais, trata-se de pessoas que recebem cuidados nos níveis mais elevados e cujo potencial de vida infelizmente não se concretiza na qualidade de sua vida. Uma vantagem da TE é que ela aborda o tratamento direcionando modos esquemáticos desadaptativos em vez de sintomas ou transtornos específicos, transcendendo, assim, diagnósticos psiquiátricos e mudanças iminentes na classificação diagnóstica. Esse programa pode ser implementado em cenários de internação, psicoterapia clínica e terapia ambulatorial intensiva, bem como em tratamento ambulatorial geral com frequência variada de sessões. Um programa de sessões intensivas no início do tratamento ambulatorial pode servir como um "ponto de partida" para o tratamento de pacientes com estratégias arraigadas de enfrentamento desadaptativo que produzem sintomas graves e, por vezes, potencialmente fatais, de transtornos como o TPB. É possível utilizar todos os materiais fornecidos ao longo deste livro no contexto da TEI ou seletivamente em outros modelos de psicoterapia — por exemplo, as intervenções experienciais podem complementar a terapia cognitiva, preenchendo uma lacuna nessa abordagem para o tratamento de pacientes com transtornos da personalidade e trauma complexo.

O programa apresentado aqui é teoricamente consistente com a TEI (Young *et al.*, 2003) e a TEG (Farrell & Shaw, 2012). Como acontece com a maioria das abordagens psicoterapêuticas que vão além do treinamento de habilidades, a TE requer treinamento especializado para atender aos padrões de adesão e competência. Este livro foi elaborado para tornar a TEI, a TEG e sua combinação integrada acessíveis a uma ampla gama de psicoterapeutas de diversas orientações teóricas, incluindo aqueles que trabalham em cenários intensivos, como programas de internação e psicoterapia clínica. Esta obra fornece um guia detalhado passo a passo para um programa fundamental de TE que integra sessões individuais e em grupo. O programa inclui os componentes centrais da TE: reparentalização limitada, psicoeducação sobre modelo, conscientização de modo, manejo de modo e trabalho de mudança cognitiva, experiencial e de quebra de padrões comportamentais. Pode ser utilizado em grupos com diferentes diagnósticos. São apresentadas 12 sessões individuais e 42 sessões em grupo. Cada sessão é descrita em termos de objetivos, intervenções do terapeuta, dicas de manejo, exemplos de roteiros de sessão para que os terapeutas possam adaptar, além de folhetos informativos correspondentes, exercícios de TE e tarefas terapêuticas. As sessões individuais são concebidas para complementar o trabalho em grupo e o modo esquemático em foco, promovendo ainda a satisfação de necessidades individuais. A discussão sobre como equilibrar o foco individual e em grupo permeia todo o livro. Esse nível de detalhe permite que terapeutas iniciantes conduzam sessões com confiança e coordenem efetivamente o trabalho em grupo com o trabalho individual. Também possibilita que terapeutas individuais mais experientes comecem a liderar eficazmente grupos de TE. O programa não é um protocolo engessado, mas sim uma estrutura que combina flexibilidade com padronização. O formato estruturado, porém, flexível, atende a diversos propósitos: pode ser usado como um plano detalhado para implementar um programa estruturado e integrado de TEI e TEG em cenários de cuidados mais intensivos com várias sessões por semana; como um protocolo de pesquisa para estudos de resultados em psicoterapia; ou os clínicos podem optar por sessões individuais ou em grupo, ou a combinação de ambas, para trabalhar os modos esquemáticos específicos. Os terapeutas podem decidir se implementam o programa como um todo, ou se escolhem sessões individuais, sessões em grupo ou uma combinação de ambas, de acordo com o grupo e suas necessidades.

OS CAPÍTULOS

O Capítulo 2 apresenta os conceitos básicos do modelo de TE originalmente desenvolvido para indivíduos por Young (Young et al., 2003) e a adaptação para grupos desenvolvida por Farrell e Shaw (2012). Os objetivos da TE, a abordagem terapêutica de reparentalização limitada e os principais componentes do modelo são descritos nesse capítulo. Discute-se a abordagem do programa integrado de TE para combinar sessões individuais e em grupo, bem como são delineados o curso geral e as fases do programa de tratamento. O Capítulo 3 descreve alguns aspectos essenciais do programa de tratamento: os pacientes, com fatores de inclusão e exclusão; os terapeutas; o ambiente, tanto o ambiente físico quanto a equipe multidisciplinar; a duração das sessões e do tratamento; e os possíveis cronogramas e formatos para a entrega do programa em diferentes cenários. O Capítulo 4 apresenta as sessões em grupo por componente, com exemplos de roteiros terapêuticos e materiais para pacientes, incluindo folhetos, exercícios em grupo e tarefas por sessão. O Capítulo 5 apresenta as 12 sessões individuais, com conteúdo específico, exemplos de roteiro e folhetos. O Capítulo 6 descreve o treinamento e a supervisão em TE recomendados para os terapeutas. A pesquisa conduzida até agora é resumida, com uma breve descrição das investigações em andamento na data de escrita deste livro.

Este livro é único na literatura da TE, pois seu objetivo é fornecer um programa implementável na íntegra, sem se concentrar em um transtorno específico. Não se limita a uma das modalidades de implementação de tratamento; ele abrange tanto a TEI quanto a TEG. As referências encaminham o leitor aos volumes da TE para uma compreensão mais aprofundada da teoria e do foco em transtornos específicos.

2

Os fundamentos da terapia do esquema

O MODELO TEÓRICO

O modelo apresentado neste livro é consistente com a teoria, os componentes de tratamento e os objetivos apresentados por Young, Klosko e Weishaar (2003). O modelo da terapia do esquema (TE) é resumido aqui, e o leitor é direcionado para esse volume para uma elaboração adicional da modalidade individual e sua aplicação. A TE surgiu dos esforços de Young et al. (2003) para tratar pacientes com transtornos da personalidade de maneira mais eficaz, assim como aqueles que não respondiam à terapia cognitiva tradicional ou que apresentavam recidivas. A TE baseia-se em uma teoria unificadora e em uma abordagem estruturada e sistemática. Como se trata de um tratamento integrativo, há sobreposição com outros modelos de psicoterapia, como a psicoterapia cognitiva e psicodinâmica, a teoria das relações objetais e a psicoterapia da Gestalt, mas sem total sobreposição com nenhum outro modelo.

A Figura 2.1 resume o modelo de etiologia da psicopatologia proposto pela TE. Quando as necessidades normais e saudáveis do desenvolvimento infantil não são atendidas, esquemas desadaptativos se desenvolvem. Esquemas desadaptativos são construções psicológicas que incluem crenças sobre nós mesmos, sobre o mundo e sobre outras pessoas, resultantes da interação de necessidades básicas não atendidas na infância, temperamento inato e ambiente inicial. A TE visualiza essa interação em termos de um modelo de plasticidade ou suscetibilidade diferencial. Os esquemas são compostos por memórias, sensações corporais, emoções e cognições que se originam na infância e são elaborados ao longo da vida de uma pessoa. Esses esquemas muitas vezes desempenham um papel adaptativo na infância (por exemplo, em termos de sobrevivência em uma situação abusiva, o que gera mais esperança para as crianças se elas acreditarem que são defectivas em vez de o adulto ser defectivo). Na idade adulta, os esquemas desadaptativos são imprecisos, disfuncionais e limitantes, embora sejam fortemente mantidos e frequentemente não estejam presentes de maneira consciente para o indivíduo. Young (1990; Young et al., 2003) identificou 18 esquemas iniciais desadaptativos (EID) em pacientes com transtornos da personalidade (Tab. 2.1). Os esquemas são definidos individualmente nos materiais para pacientes do grupo de psicoeducação sobre TE (sessões de psicoeducação sobre TE de 1 a 5).

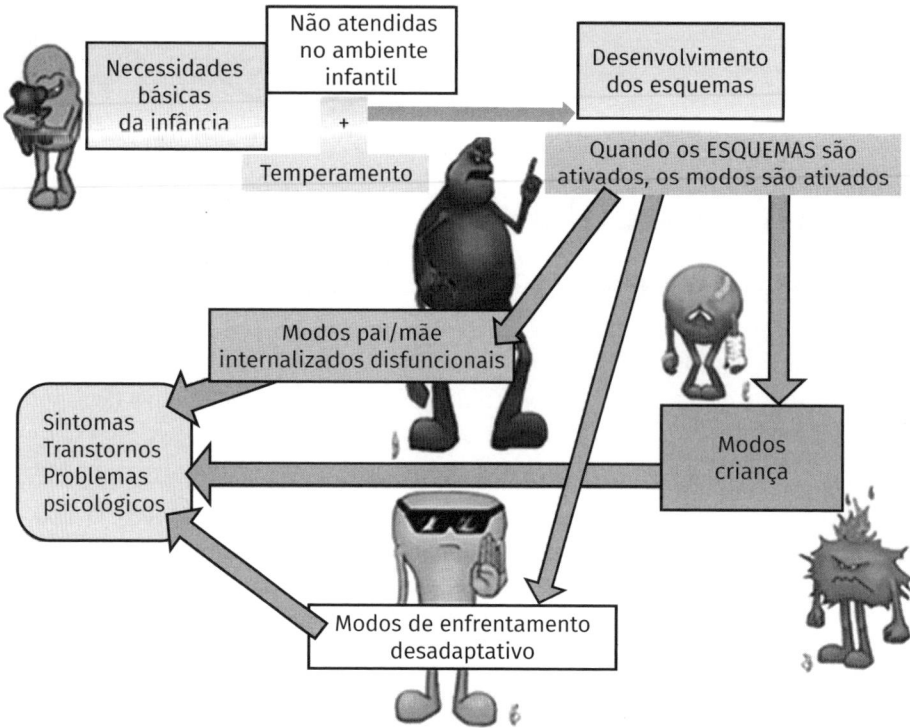

FIGURA 2.1 Terapia do esquema: etiologia dos transtornos psicológicos.

TABELA 2.1 Esquemas organizados por área de conteúdo

Desconexão e rejeição	Autonomia e desempenho prejudicados
Desconfiança/abuso	Dependência/incompetência
Privação emocional	Vulnerabilidade a danos/doenças
Defectividade/vergonha	Emaranhamento/*self* subdesenvolvido
Isolamento social/alienação	Abandono/instabilidade
Inibição emocional	Subjugação
	Fracasso
Limites prejudicados	**Expectativas exageradas**
Arrogo	Autossacrifício
Autocontrole insuficiente	Padrões inflexíveis
Outros	
Negatividade/pessimismo	Busca de aprovação/reconhecimento
Postura punitiva	

Quando os esquemas desadaptativos são ativados, ocorrem estados intensos, descritos na TE como "modos esquemáticos" e definidos como o estado emocional, cognitivo e comportamental atual em que uma pessoa se encontra. Modos disfuncionais ocorrem com mais frequência quando vários esquemas desadaptativos são ativados. São definidas quatro categorias básicas de modos (Tab. 2.2).

Sugere-se que os modos infantis primários ou inatos (criança vulnerável, criança zangada, criança impulsiva) se desenvolvem quando as necessidades emocionais básicas na infância (como segurança, nutrição ou autonomia) não são adequadamente atendidas. Esses "modos criança" são definidos por sentimentos intensos como medo, impotência ou raiva e envolvem as reações inatas que uma criança tem. Os modos pai/mãe internalizados disfuncionais (pai/mãe punitivo ou pai/mãe exigente) compõem a segunda categoria de modos e refletem a internalização seletiva de aspectos negativos de figuras de apego (por exemplo, pais, professores, colegas, etc.) durante a infância e a adolescência. Os modos de enfrentamento desadaptativo, uma terceira categoria de modo, são definidos pelo uso excessivo de estilos de enfrentamento não saudáveis (luta – hipercompensação; fuga – evitação; ou paralisação – rendição). Todos têm o objetivo de proteger a pessoa de sentir dor, ansiedade ou medo e atuam fora da consciência, assim, um objetivo da TE é que os pacientes tomem consciência de seus estilos de enfrentamento e aprendam respostas de enfrentamento mais saudáveis e adaptativas. Os modos de enfrentamento desadaptativo incorporam o conceito de mecanismos de defesa, anteriormente ausente na terapia cognitiva, e permitem uma melhor compreensão dos transtornos da personalidade por parte dos clínicos e pacientes. O estilo de enfrentamento hipercompensador engloba modos nos quais uma pessoa age em oposição ao esquema ou esquemas acionados. Um exemplo é o modo provocador-ataque, no qual a pessoa que vivencia a dor resultante de um esquema retaliará causando dor. O estilo de enfrentamento evitativo envolve a retirada e a evitação física, psicológica e social. Os modos evitativos incluem o protetor desligado, que varia de uma pessoa estar "distante" ou perdendo brevemente

TABELA 2.2 Modos esquemáticos básicos

Modos criança	Criança vulnerável Criança zangada/impulsiva	Respostas inatas a necessidades não atendidas
Modos de enfrentamento desadaptativo	Protetor evitativo Hipercompensador Capitulador complacente	Respostas de sobrevivência exageradas ao trauma ou necessidades não atendidas – fuga, luta e paralisação
Modos pai/mãe internalizados disfuncionais	Pai/mãe punitivo Pai/mãe exigente	Internalização seletiva de aspectos negativos de figuras significativas precoces
Modos saudáveis	Criança feliz Adulto saudável	Subdesenvolvido

o foco em uma interação a uma dissociação grave. Esse modo se manifesta com maior frequência quando os pacientes iniciam a terapia, pois opera para proteger o modo criança vulnerável de um medo avassalador ou sentimentos dolorosos. A rendição é o terceiro estilo de enfrentamento e representa ceder ou desistir do esquema presente. Por exemplo, se o esquema acionador for a defectividade, uma resposta de rendição seria aceitar que você é defectivo e agir como tal: nunca enfrentando desafios, agindo para não ser exposto como incompetente.

Em uma quarta categoria, encontramos os modos saudáveis e funcionais, como o modo adulto saudável e o modo criança feliz. O modo adulto saudável inclui pensamentos e comportamentos funcionais, assim como as habilidades necessárias para funcionar na vida adulta. O modo criança feliz é um recurso para atividades lúdicas e agradáveis, especialmente no contato com outras pessoas. Muitos pacientes não foram permitidos nem estimulados a brincar, perdendo assim oportunidades de explorar suas preferências e participar das primeiras interações sociais com os colegas. Os modos saudáveis tendem a ser gravemente subdesenvolvidos em pessoas com transtornos da personalidade ou características relativas a eles.

Os modos são frequentemente acionados por eventos que os pacientes percebem como altamente emocionais. Eles podem alternar rapidamente em indivíduos que sofrem de transtornos da personalidade graves, resultando em mudanças súbitas de comportamento ou reações aparentemente desproporcionais que são uma das fontes das dificuldades interpessoais e da instabilidade emocional e comportamental dessa população. Além disso, os modos podem permanecer rigorosamente enraizados, como é o caso de muitos pacientes evitativos. Respostas comuns de enfrentamento negativo, como agressão, hostilidade, manipulação, exploração, dominação, busca de reconhecimento, busca de estimulação, impulsividade, abuso de substâncias, complacência, dependência, autoconfiança excessiva, compulsividade, inibição, retraimento psicológico, isolamento social e evitação situacional e emocional, podem ser compreendidas em termos de modos.

Os sintomas dos transtornos da personalidade podem ser descritos e compreendidos em termos da operação dos modos. Um exemplo é a conceitualização da TE do transtorno da personalidade *borderline* (TPB). Medos de abandono descrevem o estado emocional do modo criança vulnerável. Raiva intensa, por vezes acompanhada de manifestações incontroláveis de raiva, ocorre nos modos criança zangada e criança impulsiva. O modo criança impulsiva alimenta ações potencialmente prejudiciais, sendo também uma fonte de comportamentos autolesivos. Os modos pai/mãe internalizados disfuncionais são outra fonte de comportamentos autolesivos, seguindo a crença de que a criança merece punição ou é um fracasso. Esses modos também podem ser uma fonte de comportamento suicida, pois removem a esperança e seus julgamentos condenam o paciente a miséria e sentimentos de inutilidade. O modo protetor desligado pode ser uma causa de comportamentos autolesivos, especialmente promovendo cortes ou queimaduras na pele para sentir algo. Esse modo explica a experiência de vazio, que pode ser insuportável e levar a comportamentos suicidas. Ao desligar-se de seus sentimentos, uma parte central de quem você é, sua identidade não será estável. A troca de modos explica parte da reatividade emocional observada em pacientes com TPB e, consequentemente, seus relacionamentos instáveis.

Outros transtornos da personalidade e problemas psicológicos podem ser igualmente descritos em termos de modos, proporcionando uma linguagem acessível e compreensível para os pacientes e focos de intervenção psicoterapêutica para os terapeutas. A linguagem de modos foca mais no papel da aprendizagem e menos na psicopatologia, dando aos pacientes esperança em relação à mudança.

OBJETIVOS E ESTÁGIOS DA TERAPIA DO ESQUEMA

Young *et al.* (2003) resumem os objetivos primários do tratamento como ajudar os pacientes a mudarem padrões de vida disfuncionais e atender às suas necessidades básicas de maneira adaptativa fora da terapia, *alterando esquemas e modos*. Os objetivos da TE vão além do ensino de habilidades comportamentais e incluem o trabalho fundamental de mudança de personalidade. Essa mudança é concebida como envolvendo a diminuição da intensidade de esquemas desadaptativos que acionam estados de emoção e ações sub ou supermodulados, referidos como modos. O acionamento desses estados intensos é percebido como um obstáculo ao emprego de habilidades adaptativas ou interpessoais pelos pacientes, comprometendo a capacidade de realizar seu potencial e aprimorar a qualidade de vida. Em termos de cada tipo de modo, os objetivos podem ser elaborados da seguinte forma:

Desenvolver o modo adulto saudável para que o paciente seja capaz de:

1. Cuidar do modo criança vulnerável. A competência do adulto saudável é acessível quando o medo, a tristeza ou a solidão, que refletem necessidades não atendidas na infância, são acionados.
2. Reassegurar e substituir os modos de enfrentamento desadaptativo; por exemplo, ser capaz de vivenciar emoções quando elas surgem, se conectar com os outros e expressar suas necessidades. Escolhas de enfrentamento que atendem às necessidades da pessoa e à realidade da situação adulta em que ela se encontra são feitas, em vez de recorrer aos modos de enfrentamento desadaptativo, como a evitação.
3. Substituir o comportamento do modo criança zangada/impulsiva por maneiras apropriadas e eficazes de expressar emoções e necessidades; por exemplo, a capacidade de expressar necessidades de maneira assertiva e adulta, e raiva de maneira saudável.
4. Derrubar e banir o modo pai/mãe punitivo. Livrar-se da crítica internalizada e dura, substituindo-a pela capacidade de: motivar a si mesmo de maneira saudável e positiva; aceitar os próprios erros e, quando necessário, fazer retribuições por eles. Moderar o modo pai/mãe exigente para ter expectativas e padrões realistas.

Adicionamos um quinto objetivo:

5. Libertar o modo criança feliz para que o paciente possa explorar o ambiente, aprender o que lhe traz alegria na vida e brincar.

A TE aborda esses objetivos em estágios. Os **estágios** e os **objetivos** de cada um deles podem ser resumidos da seguinte forma:

1. Vínculo afetivo e regulação emocional:
   - curar a criança vulnerável;
   - superar os modos de enfrentamento desadaptativo;
   - desenvolver regulação afetiva e habilidades de enfrentamento.
2. Mudança no modo esquemático:
   - combater os modos pai/mãe punitivo e pai/mãe exigente;
   - redirecionar a criança zangada e impulsiva;
   - estabelecer limites;
   - lidar com crises.
3. Autonomia:
   - individuação: seguir inclinações naturais;
   - desenvolver relacionamentos saudáveis;
   - término gradual com a opção de contato.

REPARENTALIZAÇÃO LIMITADA

A reparentalização limitada é tanto um estilo terapêutico quanto um ingrediente ativo ou componente do trabalho de mudança de modos. A reparentalização limitada é definida como: agir como um bom pai/boa mãe agiria para atender às necessidades do modo criança dentro dos limites de uma relação terapêutica apropriada. Isso significa fornecer proteção, validação e conforto para o modo criança vulnerável; a oportunidade de desabafar e ser ouvida para a criança zangada; e confrontação empática e estabelecimento de limites para o modo criança impulsiva. A reparentalização limitada é um dos componentes essenciais da TE e um ingrediente ativo presumido. Frequentemente, é chamada de o "coração da TE".

Os comportamentos do terapeuta do esquema podem ser resumidos como "fazer o que um bom pai/boa mãe faria". No início do tratamento, é necessária uma parentalidade forte, pois os pacientes frequentemente estão em modos criança e apresentam um modo adulto saudável subdesenvolvido. Posteriormente, há uma presença maior do adulto saudável, e o papel do terapeuta muda para ser o "pai" ou "mãe" de adolescentes e, eventualmente, de adultos. Nessa última fase, os pacientes ainda precisam que o terapeuta mantenha a conexão, mas são capazes de se tornarem pais de si mesmos e uns dos outros. A linguagem, a sofisticação e o uso de técnicas específicas da TE devem ser adaptados ao nível de desenvolvimento, transtornos comórbidos e saúde psicológica dos membros do grupo (ou seja, algumas técnicas e terminologia que podem ser úteis para pacientes com TPB podem não ser aceitáveis para pessoas com transtorno da personalidade narcisista, etc.). Ao trabalhar com o modo criança vulnerável, soamos como pais falando com uma criança pequena e assustada. Ao lidar com modos de enfrentamento desadaptativo, podemos nos tornar quase tão firmes quanto um instrutor militar (ao mesmo tempo em que não perdemos o contato, informando ao paciente que nos solidarizamos com os sentimentos e necessidades subjacentes ao modo).

O objetivo da reparentalização limitada é estabelecer uma relação ativa, acolhedora e genuína com o paciente que proporcione um ambiente seguro para que ele seja vulnerável e expresse emoções e necessidades. A implementação da reparentalização limitada pelo terapeuta na relação psicoterapêutica permite que o paciente preencha lacunas críticas iniciais na aprendizagem emocional por meio de apego seguro e espelhamento preciso, levando à experiência de se sentir valorizado e digno, muitas vezes pela primeira vez. Inicialmente, o terapeuta tenta compensar os déficits nas necessidades emocionais do paciente dentro dos limites profissionais apropriados. Algumas das necessidades não atendidas da infância incluem: segurança, consistência, validação, limites apropriados e limites saudáveis. Ao longo do tempo, a experiência da relação terapêutica ajuda os pacientes para que aprendam a cuidar de suas próprias necessidades de maneira eficaz e, eventualmente, a alcançar autonomia e um funcionamento interpessoal saudável. Essa abordagem às necessidades contrasta nitidamente com a maioria dos outros modelos, que focam muito precocemente em os pacientes atenderem às suas próprias necessidades. A TE avalia a força do modo adulto saudável dos indivíduos e tenta preencher lacunas na aprendizagem emocional precoce sobre necessidades por meio de uma fase inicial na qual os terapeutas atendem diretamente às necessidades, proporcionando novas experiências positivas. As novas experiências, interações e atitudes implícitas que compõem o processo de atender às necessidades emocionais básicas tornam-se os alicerces para o modo adulto saudável. A Tabela 2.3 descreve a relação entre o modo em que um paciente está, a necessidade não atendida na infância e a intervenção terapêutica necessária.

Algumas adaptações da reparentalização limitada são necessárias ao conduzir a TEG, incluindo a necessidade de focar e equilibrar a necessidade coletiva do grupo, como um pai/mãe faria para um grupo de irmãos. A reparentalização em grupo pode ser uma aproximação mais profunda à experiência de desenvolvimento dos pacientes, a menos que sejam filhos únicos. Essa correspondência mais próxima com o ambiente inicial tem o potencial de proporcionar mais experiências de cura de esquemas ou de fortalecê-las. Em grupo, as necessidades são atendidas tanto pelo terapeuta quanto pelo grupo. A TEG oferece oportunidades adicionais para aprendizado emocional e socialização a partir dessas interações com membros de grupos "irmãos" e da experiência de pertencer a um grupo "família". Duas das primeiras e principais tarefas do terapeuta do esquema, seja trabalhando com TEI ou TEG, são estabelecer conexão e segurança. Em ambas as modalidades, isso parte da comunicação do profissional, expressando validação, aceitação, afeto e preocupação e enfatizando a importância do paciente, demonstrando confiabilidade, lealdade e consistência.

TABELA 2.3 Intervenções terapêuticas sugeridas em relação aos modos e necessidades do paciente

Modo esquemático	Necessidades não atendidas na infância	Intervenção terapêutica/Reparentalização limitada
Criança vulnerável Apresenta sensações intensas de tristeza, solidão, ansiedade. A dor emocional e o medo podem se tornar avassaladores, levando a transições para os modos de enfrentamento desadaptativo.	Apego seguro (inclui segurança, previsibilidade, base estável, amor, cuidado, atenção, aceitação, elogio, empatia, orientação, proteção, validação).	Atender às necessidades listadas, confortar, acalmar, tranquilizar, cobrir com um cobertor, conectar-se com a criança vulnerável de maneira concreta para corresponder ao nível de desenvolvimento, ouvir, tranquilizar medos, tons suaves.
Criança zangada Expressa raiva diretamente em resposta a necessidades básicas percebidas como não atendidas ou tratamento injusto. Pode assumir a forma de birra de uma criança pequena.	Orientação, validação de sentimentos e necessidades, limites realistas e autocontrole. Liberdade para se expressar, validação de necessidades e emoções.	Ouvir, expressar emoções, apoiar o desabafo, orientar para expressão da raiva com segurança (por exemplo, cabo de guerra), estabelecer limites para segurança ou para evitar consequências negativas. Ajudar os pacientes a identificarem a necessidade não atendida à qual estão respondendo, compreendendo que podem ter dificuldade em pensar enquanto estão muito irritados.
Criança impulsiva/indisciplinada Age impulsivamente com base em desejos imediatos de prazer, sem considerar limites ou necessidades dos outros (não relacionado a necessidades básicas).	Limites realistas e autocontrole, validação de sentimentos e necessidades, orientação.	Estabelecer limites suaves, mas firmes, orientar, ensinar exercícios saudáveis de liberação. Ajudar os pacientes a identificarem a necessidade presente.

(Continua)

TABELA 2.3 Intervenções terapêuticas sugeridas em relação aos modos e necessidades do paciente (*Continuação*)

Modo esquemático	Necessidades não atendidas na infância	Intervenção terapêutica/Reparentalização limitada
Criança feliz – subdesenvolvida Sente-se amada, conectada, contente, satisfeita.	Espontaneidade e ludicidade. Nutrição, atenção, validação, aceitação, incentivo para explorar e brincar.	Apreciar sua companhia e sua ludicidade e demonstrar isso visualmente, sorrisos, risadas, convidar para brincar, brincar com eles.
Pai/mãe punitivo Restringe, critica e pune a si mesmo e aos outros. Julgamentos rigorosos, rejeição, oito ou oitenta.	Os modos pai/mãe internalizados disfuncionais suprimem e rejeitam as necessidades da criança. Isso pode se aplicar a qualquer necessidade, especialmente amor, nutrição, elogio, aceitação, orientação, validação e expressão emocional.	Interromper a mensagem do modo pai/mãe punitivo, estabelecer limites e, eventualmente, banir esse modo. Acolher e conectar-se com as necessidades da criança vulnerável.
Pai/mãe exigente Estabelece expectativas elevadas e nível de responsabilidade para si mesmo e, ocasionalmente, para os outros, pressiona-se ou pressiona os outros para alcançá-las.		Contestar a mensagem, reavaliar quais padrões e expectativas são razoáveis. Acolher e conectar-se com as necessidades da criança vulnerável.
Protetor evitativo Afasta os outros, quebra conexões, isolamento emocional, evita.	Qualquer necessidade não atendida na infância pode acionar um desses modos de enfrentamento desadaptativo, assim, qualquer necessidade pode estar subjacente a eles. São versões das respostas de sobrevivência de fuga, luta e paralisação, usados em excesso e automaticamente.	Identificar a necessidade subjacente; para a criança vulnerável, é a conexão; estimular o descongelamento emocional. Se for uma forma de protetor zangado, estabelecer limites e tentar se conectar por meio deles.

(*Continua*)

TABELA 2.3 Intervenções terapêuticas sugeridas em relação aos modos e necessidades do paciente (*Continuação*)

Modo esquemático	Necessidades não atendidas na infância	Intervenção terapêutica/Reparentalização limitada
Hipercompensador Estilo de enfrentamento de contra-ataque e controle. Ocasionalmente, semi-adaptativo.	A necessidade imediata é de conexão e confronto empático. A necessidade em longo prazo é aprender a exercer o enfrentamento de maneira saudável, que se adapte melhor à vida adulta. Esse é o objetivo da terapia e requer o desenvolvimento do modo adulto saudável.	Ajudar os pacientes a identificarem a necessidade subjacente e avaliar se o estilo de hipercompensação está atendendo essa necessidade. Conectar o paciente com seu modo criança vulnerável. Limitar os danos ao grupo.
Capitulador complacente Rende-se ao esquema, age como se ele fosse verdadeiro. Por exemplo, se sacrifica e renuncia às próprias necessidades pelos outros. Se houver vergonha de defectividade, se aceita como fracassado e não tenta.	Os modos de enfrentamento desadaptativo devem ser reservados para emergências extremas.	Identificar a necessidade não atendida, avaliar se o modo de enfrentamento a atende, ajudar a atender à necessidade. Conectar-se com o modo criança vulnerável.
Adulto saudável – subdesenvolvido Atende às necessidades de uma pessoa de maneira saudável e adulta, cumpre os requisitos da vida adulta, é capaz de desfrutar dos prazeres da vida, forma e mantém relacionamentos saudáveis.	Reconhecimento e apoio a autonomia, competência, senso de identidade. A falta de atendimento das necessidades da infância leva ao subdesenvolvimento do modo adulto saudável. Quanto mais necessidades não atendidas, menor o desenvolvimento desse modo.	Incentivar o uso da competência na TEG, criar oportunidades para usar e reconhecer pontos fortes e apontá-los com *feedback* positivo preciso. Reconhecer e permitir a autonomia.

No grupo, também é uma tarefa do terapeuta facilitar conexões entre os pacientes, favorecendo o vínculo afetivo entre eles e ajudando-os a desenvolver um senso de pertencimento. O pertencimento surge inicialmente ao descobrir que compartilham a experiência de alguns problemas e sentimentos comuns, junto à experiência comum da infância de algumas necessidades não atendidas. Com o tempo, o pertencimento pode se expandir à medida que compartilham experiências emocionais e desenvolvem memórias compartilhadas. Em cenários intensivos com vários encontros semanais, enfatizamos os aspectos do grupo que se assemelham a uma família. Esses efeitos de "reconexão" como família intensificam a reparentalização limitada da TE.

Ambas as formas de apego em cada modalidade, o vínculo afetivo na TEI e o pertencimento na TEG, exigem segurança. Segurança e confiança requerem consistência, abertura e confiabilidade. Em grupo, é essencial estabelecer regras claras sobre como os pacientes se relacionam entre si, definir limites físicos, promover o respeito, incentivar o comprometimento e garantir a conformidade com essas diretrizes. Os terapeutas devem assegurar aos membros do grupo que os manterão seguros, e o seu comportamento deve ser consistente com essa promessa. Isso significa gerenciar conflitos e interromper ataques negativos, incluindo aqueles acionados por modos (por exemplo, comportamento do modo provocador-ataque). É importante resolver os conflitos nas primeiras sessões até que o grupo tenha segurança para lidar com eles de maneira saudável e resolver diferenças ou mal-entendidos. O grupo é um excelente meio para os pacientes aprenderem resolução de conflitos e manejo de relacionamentos com a orientação do terapeuta. Também é uma tarefa do terapeuta estruturar as sessões. Em ambas as modalidades, isso significa ter em mente o objetivo do modo em que se está trabalhando e minimizar distrações. Em grupo, a distração é definida como algo dito ou um tópico trazido à tona que tem pouco a ver com onde o restante do grupo está, mas que não constitui uma reação de modo. Como "bons pais", os terapeutas do esquema em grupo estabelecem limites para o bem de todos e buscam tratar todos os pacientes de maneira igual e percebida como justa.

O modelo para a TEG também é integrativo, combinando estrategicamente aspectos de outras formas de terapia em grupo, sempre com orientação dos terapeutas na qualidade de "bons pais". A Tabela 2.4 resume os principais modelos de terapia em grupo e sua integração na TEG.

Nas sessões de TEG, é importante utilizar os fatores terapêuticos do grupo, ou seja, universalidade, pertencimento, altruísmo, fatores existenciais, recapitulação corretiva da família, aprendizado vicário, aprendizado *in vivo* e fontes expandidas de informação, em prol dos objetivos e técnicas da TE. O lema resumido sobre as tarefas do terapeuta poderia ser: "Pratique a terapia do esquema em *grupo*, não apenas a terapia do esquema individual com um grupo". De maneira ideal, a transição de terapia individual para a terapia em grupo requer o uso do potencial coletivo para qualquer trabalho individual, tornando o trabalho individual relevante para todos. Os terapeutas de grupo devem ser capazes de direcionar o grupo para trabalhar com uma pessoa específica e, em seguida, ampliar o foco para incluir todos os membros. Isso requer estabelecer algum contato pessoal com outros membros enquanto o foco principal

TABELA 2.4 Modelos de terapia em grupo

Modelo	Exemplos	Objetivos	Papel do terapeuta	Uso de cada modelo em TEG
Grupo de interação ou processo	Grupos interpessoais. Grupos psicanalíticos. Grupos de encontro.	Mudar comportamentos problemáticos usando dinâmica de grupo. Emoções fortes e conflito são desejados.	Fora do grupo. Estimula a interação, mas não a orienta. Todos podem iniciar a interação a qualquer momento.	Usa dinâmica de grupo como fonte de mudança (fatores curativos do grupo). O terapeuta faz parte do grupo, lidera ativamente e direciona os membros.
Grupo orientado à pessoa	*Gestalt*. Terapia cognitiva. Psicodrama. Terapia de solução de problemas.	Trabalhar as necessidades e os objetivos individuais.	Concentrar-se e apoiar o protagonista. Fomentar condições instrumentais em grupo. Estruturar a sessão. Os membros auxiliam o protagonista em seu objetivo.	Deve-se trabalhar as necessidades e os objetivos individuais, mas sempre atrelando-os às semelhanças entre os membros. Os membros auxiliam no trabalho individual e participam dele. A atenção ao processo do grupo tem prioridade sobre as condições instrumentais. A ajuda entre os membros é mútua.

(Continua)

TABELA 2.4 Modelos de terapia em grupo (Continuação)

Modelo	Exemplos	Objetivos	Papel do terapeuta	Uso de cada modelo em TEG
Grupo psicoeducacional ou específico para distúrbios	Terapia em grupo manualizada para transtornos específicos (por exemplo, depressão, ansiedade, TPB).	Conhecimento e habilidades. Capacitação (especialista em sua própria doença).	Ensino de informações. Ensino de habilidades. Estruturar a sessão. Orientar o grupo. Concentrar-se no "paciente intermediário".	Psicoeducação e orientação são fornecidas nos modos criança. Em vez de um "paciente intermediário", a atenção às necessidades e objetivos de todos os pacientes é equilibrada. O trabalho experiencial tem prioridade sobre as habilidades.
Terapia do esquema em grupo Combina aspectos dos três modelos, sem total sobreposição com nenhum deles.	TEG (Farrell, Shaw e Webber, 2009; Farrell & Shaw, 2012).	Mudança no modo esquemático que permite alterações em padrões de vida disfuncionais e atendimento às necessidades básicas de maneira adaptativa.	Conduzir o grupo de maneira a aproveitar o processo coletivo e os fatores de cura. Atuar como um bom pai ou boa mãe, correspondendo ao nível de desenvolvimento do grupo. Incentivar a participação dos membros do grupo na reparentalização.	Todos os fatores mencionados são aspectos da TEG; no entanto, são estrategicamente direcionados pelo terapeuta como um "bom pai" ou "boa mãe".

Fonte: Farrell, J., & Shaw, I. (2012). *Group Schema Therapy for borderline personality disorder: A step-by-step treatment manual with patient workbook.* Chichester: Wiley Blackwell.

está em uma pessoa. Isso pode ser feito principalmente pelo segundo terapeuta, mas também pelo terapeuta que lidera o trabalho ou por um terapeuta individual. O modelo de dois terapeutas desenvolvido para a TEG é descrito mais detalhadamente no Capítulo 4 e de forma abrangente no estudo de Farrell e Shaw (2012).

Um grupo apresenta aos terapeutas oportunidades e desafios não presentes na TEI. Este capítulo oferece uma visão geral dos comportamentos do terapeuta em grupo que são imprescindíveis para desenvolver e manter a estrutura terapêutica necessária para conduzir a TEG. Parte integrante do modelo de TEG é o foco do terapeuta em usar o valor excepcional do grupo ao facilitar seus fatores terapêuticos. A estrutura da TEG é estabelecida pelas regras básicas (consulte o Folheto Informativo de Boas-vindas 1: Regras Básicas da TEG, no Cap. 3). Os terapeutas devem modelar uma presença forte, consistente, afirmativa e acolhedora para cada paciente e a força para reparentalizar o grupo. Uma base fundamental da TE é o estabelecimento do apego seguro, sendo mais eficaz alcançar essa conexão confiável em grupo com a presença de dois terapeutas. O número ideal de terapeutas depende do nível de desenvolvimento dos membros do grupo. Com pacientes com TPB, lidamos com pessoas presas nos níveis de desenvolvimento infantil com déficits iniciais de aprendizado emocional (por exemplo, falta de apego seguro, déficits na conscientização emocional). Com pacientes forenses, dois terapeutas são necessários para manter a segurança e as regras básicas, além de confrontar empaticamente e estabelecer limites nos modos de hipercompensação que frequentemente ocorrem nesse grupo. Dois terapeutas para pacientes evitativos ajudam a impedir que alguém "fique para trás" e se perca no grupo. Caso apenas um terapeuta seja viável em determinado contexto, é recomendado intensificar a estruturação, por exemplo, revisando as tarefas, colaborando em atividades e incorporando mais exercícios escritos. Se for necessário escolher em quais componentes do grupo usar dois terapeutas, sugerimos as sessões de trabalho no modo experiencial.

Definimos dois papéis diferentes para os terapeutas, que são assumidos alternadamente ou, quando um deles é mais experiente em TE ou em grupos, podem ser divididos com base no nível de dificuldade. São eles:

1. o terapeuta que lidera o trabalho;
2. o terapeuta que mantém conexão com todos os pacientes e acompanha as necessidades dos membros que não estão envolvidos imediatamente no trabalho do momento.

A conexão é mantida pelo segundo terapeuta, em parte fazendo contato visual de maneira direcionada em volta do grupo. O contato visual, quando retribuído, pode ser seguido por um aceno ou um pequeno sorriso, algum reconhecimento não verbal. Mesmo quando os pacientes não fazem contato visual, eles relatam que estão cientes de serem cuidados e que isso é tranquilizador. O segundo terapeuta também pode se aproximar de um indivíduo angustiado sem interromper o trabalho que o primeiro terapeuta está conduzindo, oferecendo um pedaço de tecido reconfortante, um xale ou outro objeto de conforto mantido na sala. O papel do segundo terapeuta é tão importante quanto aquele do primeiro terapeuta, e inclui interromper a ação ocasionalmente se o foco individual tiver durado muito tempo e o restante do grupo estiver se distraindo ou o nível de tensão precisar ser reduzido. A intervenção do segundo terapeuta pode ser tão simples quanto interromper tudo e dizer ao primeiro terapeuta: "Precisamos parar por um momento e conversar com o resto do grupo. Todo mundo, respirem fundo e relaxem os ombros". Isso é seguido por uma breve conversa e reagrupamento antes de retomar o trabalho ou mudar um pouco a direção para atender melhor às necessidades dos demais. A "dança" dos dois terapeutas de grupo é descrita detalhadamente no estudo de Farrell e Shaw (2012) e demonstrada em uma série de DVDs de Farrell e Shaw liderando um grupo de pacientes com TPB (interpretados por terapeutas do esquema) (Zarbock, Rahn, Farrell e Shaw, 2011). É recomendável que uma equipe iniciante de coterapeutas planeje antecipadamente quem assumirá cada papel em termos de apresentação de material e liderança de exercícios, entre outras responsabilidades. Com o tempo, torna-se algo natural para um terapeuta assumir o segundo papel quando o outro estiver no primeiro papel. Os terapeutas devem ter em mente que um objetivo da TEG é que cada paciente tenha algum papel definido nos exercícios experienciais; ninguém deve ficar apenas observando. Pode ser o papel de um observador designado com uma tarefa específica de acompanhamento, ou se alguém estiver angustiado, a tarefa para essa pessoa pode ser cuidar de si mesma, não participando da ação e cobrindo-se com um xale, contudo, ninguém deve ficar de fora.

OS COMPONENTES DA TERAPIA DO ESQUEMA

Uma das características únicas da TE é sua integração estratégica de intervenções experienciais, cognitivas e de quebra de padrões comportamentais para atingir os objetivos do modelo. Especulamos que os impactos substanciais do tratamento, evidenciados pela TE em pacientes com TPB, são, em parte, resultado dessa abordagem integrativa que possibilita uma transformação de personalidade em níveis mais profundos e duradouros (Giesen-Bloo et al., 2006; Farrell, Shaw e Webber, 2009). A TE é a única abordagem verdadeiramente integrativa para o tratamento de transtornos da personalidade. Outras abordagens enfatizam intervenções cognitivas, comportamentais ou experienciais, negligenciando os outros componentes. A inclusão dos três componentes é necessária para manter a integridade do modelo da TE.

3

O programa integrado de tratamento de terapia do esquema

O programa integrado de terapia do esquema individual (TEI) e em grupo (TEG) descrito aqui foi concebido para atender às necessidades de diferentes ambientes e durações de tratamento. Em cenários intensivos, como hospitais psiquiátricos, hospitais-dia e cenários de tratamento ambulatorial intensivo, as sessões em grupo e individuais são normalmente combinadas. Contar com um programa organizado de TE que inclua conteúdos e materiais coordenados para ambas as modalidades otimiza esses cenários e contribui para o avanço do tratamento. Ensaios-piloto não controlados em unidades psiquiátricas para pacientes com transtorno da personalidade *borderline* (TPB) demonstraram efeitos significativos do tratamento para programas intensivos de TE, que combinaram a modalidade individual e em grupo (Reiss, Lieb, Arntz, Shaw, & Farrell, 2013a). A eficácia da TEG aplicada de maneira intensiva em ambientes hospitalares, como unidades de internação ou atendimento clínico, ou ao longo de um ano em tratamentos tradicionais de psicoterapia ambulatorial, em termos de resultados clínicos e economia de custos, é uma questão de pesquisa que ainda precisa ser esclarecida. Como na maioria dos tratamentos, a resposta provavelmente será determinada em grande parte pelos pacientes em tratamento.

Os formatos individual e em grupo podem ser percebidos como mantendo uma relação interdependente. A orientação aos membros do grupo sobre o tema de esquemas iniciais desadaptativos (EIDs) e modos esquemáticos ocorre principalmente no cenário coletivo. A terapia individual oferece ao terapeuta e ao paciente a oportunidade de aprofundar esses temas e como eles se relacionam com o processo individual da pessoa. Essa compreensão mais profunda pode então impulsionar o processo em grupo. À medida que os membros do grupo se familiarizam com o funcionamento dos modos em sua própria experiência, eles são capazes de levar essa compreensão para seus colegas. Essa troca é, muitas vezes, mais eficaz do que quaisquer exemplos que os terapeutas possam fornecer.

A Tabela 3.1 apresenta o programa integrado de TE por sessão.

TABELA 3.1 Programa integrado de terapia do esquema por sessão: em grupo e individual

	Sessões em grupo	Sessões individuais
Triagem e preparação para o tratamento	**GRUPO DE BOAS-VINDAS** Regras básicas, orientação para o programa, exercício de conexão, bolha de segurança.	Triagem, inclusão/exclusão. Avaliação. Comprometimento com o programa.
	GRUPO DE ORIENTAÇÃO SOBRE TE 5 sessões – modelo de TE, linguagem, objetivos, problemas em termos de TE.	Sessão de orientação para a TE conforme aplicável ao paciente individualmente. Formulários que refletem os problemas ou sintomas do paciente para o modelo de TE. Discutir os resultados do Inventário de Modos Esquemáticos (SMI).
	Sessões em grupo	**Sessões individuais**
Componente de tratamento Modo de foco	**Consciência de modo** Reconhecer sua experiência dos modos e aprender a identificar a presença deles.	**Trabalho experiencial de modo** Experiências emocionais corretivas relacionadas ao modo, necessidade infantil, reprocessamento de imagens, role-plays dos modos.
	Manejo de modo Estratégias cognitivas e comportamentais para gerenciar os modos; desenvolver um plano de manejo de modo (PMM) pessoal.	**Primeiras 6 sessões** Conceitualização de TE, objetivos do programa individual do paciente. Aplicar o trabalho em grupo ao indivíduo. Apoiar a participação no grupo.
Modos de enfrentamento desadaptativo (MED)	Reconhecer sua experiência do MED e seu estilo de enfrentamento, entender a conexão com a experiência infantil.	Exercício de foco experiencial, role-play para demonstrar as funções do MED e avaliar sua eficácia atual, imagem de lugar seguro, trabalhar a coesão e conexões do grupo.
	Desenvolver estratégias saudáveis imediatas para reduzir a intensidade e a frequência do MED. Parte do PMM de emergência.	Resultados do SMI, discutir origens e gatilhos dos modos, identificar comportamentos do MED, experimentos comportamentais, lista pessoal de prós e contras para o MED, distorções cognitivas, diálogo de modos, acordo com o MED para permitir que o modo adulto saudável (MAS) assuma o controle às vezes.

(Continua)

TABELA 3.1 Programa integrado de terapia do esquema por sessão: em grupo e individual (Continuação)

Modo pai/mãe punitivo (MPP)/ Modo pai/mãe exigente (MPE)	Reconhecer o modo pai/mãe internalizados disfuncionais (MPD)e ver como "não sendo você".	Desenvolver estratégias imediatas para interromper as mensagens do MPP ou MPE. Parte do PMM de emergência.	Construir efígie de MPP/MPE em grupo. "Experimento de punição". Mensagem do bom pai/ boa mãe. Roteiro, introduzir objetos transicionais.	*Role-play* histórico, trabalho com a efígie, diálogo de modos, agenda positiva, círculo de identidade, distorções cognitivas, *flashcards* de modos, reprocessamento de imagens.
Modo criança vulnerável (MCV)	Reconhecer a presença do modo, os sentimentos envolvidos e fomentar a compaixão pela criança vulnerável.	Desenvolver um plano imediato de estratégias saudáveis para atender às necessidades do MCV quando houver sentimentos de tristeza ou ansiedade. PMM de emergência.	Exemplo de reprocessamento pelo terapeuta, verificar o uso do roteiro da mensagem do bom pai/boa mãe, reprocessamento de imagens individual ou em grupo, memórias de necessidade do bom pai/boa mãe, objetos transicionais.	Atividades tranquilizadoras do MCV, reparentalização limitada, identificar gostos e medos do MCV, necessidades e direitos das crianças, reprocessamento de imagens, *flashcards* para o MCV.
Modo criança zangada/ impulsiva (MCZ/I)	Reconhecer o modo em operação e ser capaz de identificar a necessidade subjacente.	Desenvolver um PMM imediato para liberar a raiva com segurança e limitar a ação desadaptativa do MCZ/I. Parte do PMM de emergência.	Trabalho físico com a raiva. Diversão com a raiva, jogo de liberação de raiva em equipe, construção da imagem do MCZ.	*Role-play* de modos, *flashcards* de MCZ, reação dos outros ao trabalho do MCZ, necessidades do MCZ, atenção saudável para liberar a raiva, identificar necessidade subjacente do MCZ, diálogo do MCZ com outros modos.

(Continua)

TABELA 3.1 Programa integrado de terapia do esquema por sessão: em grupo e individual (Continuação)

Modo criança feliz (MCF)	Evocar o MCF e identificar modos que interferem no acesso a ele.	Desenvolver um PMM de curto prazo para fortalecimento do MCF.	Imagens para evocar o MCF.	Identificar maneiras de evocar o MCF, brincar na sessão identificar gostos do MCF, dar *feedback* positivo ao MCF, "treinamento de indulgência", imagens para evocar o MCF.
Modo adulto saudável (MAS)	Reconhecer o MAS e usar habilidades para trabalhar as metas com outros modos. Iniciar uma revisão das primeiras 6 sessões de tratamento.	Desenvolver um PMM de curto prazo para acessar o MAS e fortalecê-lo. Continuar a revisão com foco no plano do PMM.	*Role-play* de modos para experimentar a sensação de estar no MAS, direcionando os modos desadaptativos, objeto transicional de miçangas com *feedback* do grupo e do terapeuta.	Começar a construir o MAS, apresentar com uma miçanga para a pulseira de identidade, experimentos comportamentais usando habilidades do MAS, identificar o papel do MAS em uma vida futura saudável.
Segunda rodada de grupos – mesma sequência de modos				**Sessões 7 a 12**
MED	Ciente do ponto de vista e habilidades do MAS, usar a consciência para substituir antigos modos de enfrentamento por estratégias mais eficazes para atender às necessidades.	Desenvolver um PMM de longo prazo para reduzir o acionamento do MED e aumentar o uso das habilidades do MAS para atender às necessidades.	Exercício de conexão para reduzir o MED. *Role-play* de modos com foco no MAS, direcionando os modos desadaptativos. Confronto empático do MED.	Continuar o trabalho das sessões 1 a 6, usar intervenções da TEI-MED, apoiar a consciência do MED e a capacidade de fazer uma escolha de enfrentamento mais saudável.
MPP	Promover a conscientização e o acesso ao MAS para eliminar o MPP, moderar o MPE.	Desenvolver um PMM de longo prazo para eliminar o MPP e moderar o MPE.	Trabalhar com mensagens do MPP/MPE usando símbolos de efígie, anotações em *post-it*/"você deveria ter dito". Substituir por mensagens do bom pai/boa mãe, exercícios para eliminar o MPP.	Trabalhar com o material restante da TEI-MPE, trabalhar mais para eliminar o MPP e fortalecer a representação do bom pai/boa mãe.

(Continua)

TABELA 3.1 Programa integrado de terapia do esquema por sessão: em grupo e individual *(Continuação)*

MCV	Aumentar a conscientização e o acesso ao MAS para confortar ou tranquilizar o MCV.	Desenvolver um PMM de longo prazo para atender às necessidades do MCV relacionadas a tristeza e ansiedade, e curar o MCV.	Imagens de criança na rua – primeiro com estranhos, depois consigo mesma, reescrevendo o grupo como um todo.	Trabalhar com o material restante da TEI-MCV, reprocessando as imagens com um nível de dificuldade mais alto se necessário (ou seja, trabalho de trauma).
MCZ/I	Aumentar o acesso ao MAS para ação adaptativa com o objetivo de atender às necessidades e estabelecer limites saudáveis na ação conduzida pelo MCZ/I.	Desenvolver um PMM de longo prazo para reduzir as interrupções do MCZ/I e expressar a raiva assertivamente.	Mais trabalho de liberação de raiva – balões, quaisquer exercícios não utilizados na sessão anterior do MCZ. Role-play de modos – foco no diálogo do MCZ com os modos.	Trabalhar com o material restante da TEI-MCZ, avaliar a capacidade de atender às necessidades de forma assertiva.
MCF	Aumentar a conscientização dos modos que interferem no MCF e acesso ao MAS para facilitar a expressão do MCF.	Desenvolver um PMM de longo prazo para fortalecer o acesso ao MCF.	Exercícios criativos e divertidos, reprocessamento de imagens para banir modos de MPD, trabalho de imagens do MCF, praticar evocação do MCF fora das sessões de terapia.	Trabalhar com o material restante da TEI-MCF, brincar na sessão, analisar a transferência da brincadeira fora das sessões de terapia.
MAS	Desenvolver um plano para que o MAS use a consciência para atender às necessidades de maneira adaptativa. Resumo do que foi aprendido sobre si mesmo no trabalho de consciência de modos.	Desenvolver um PMM de longo prazo para fortalecer o MAS, que continuará a ser usado para dar continuidade ao trabalho de TE após o tratamento.	Role-play de modos para experimentar a sensação de estar no MAS. Exercício de "pulseira de identidade" com *feedback* do grupo e do terapeuta sobre o estado atual do MAS. Exercício de conclusão do programa.	Revisão e resumo do curso de tratamento, avaliação do progresso em direção aos objetivos com foco nos pontos positivos do MAS. Planejar como continuar o trabalho de TE. O terapeuta fornece um objeto transicional.

É importante apreciar o valor de ambas as modalidades e todos os componentes do programa. Alguns pacientes preferirão sessões individuais, enquanto outros optarão por sessões em grupo. Neste programa, a maior parte do tempo de tratamento é dedicada a sessões em grupo, contudo, é a combinação estratégica de modalidades de tratamento e a inclusão de todos os componentes essenciais da TE que funcionam em conjunto para atingir os objetivos do programa de tratamento. Todos os membros da equipe devem apoiar consistentemente essa visão. Os pacientes podem iniciar o programa com experiências negativas em outros grupos e a crença de que a terapia individual é mais eficaz. Contudo, ao explicar claramente a ampla gama de novas experiências durante o tratamento em grupo e os possíveis benefícios significativos nessa modalidade, os pacientes tendem a compreender a importância de utilizar ambas as modalidades. Essas informações podem ser fornecidas aos pacientes durante a avaliação para o programa de TE quando são orientados sobre o programa e seus requisitos.

OS PACIENTES: QUAIS SÃO BONS CANDIDATOS?

Como mencionado anteriormente, a TE pode ser implementada com uma ampla gama de populações de pacientes, incluindo as mais desafiadoras. Para este programa:

- **Os critérios de inclusão são:** indivíduos com transtornos da personalidade ou características relacionadas, trauma complexo ou problemas crônicos que não tenham respondido a outros tratamentos e que estejam motivados a participar da TEG, sendo capazes de se comprometer com a duração do tratamento.
- **Os critérios de exclusão são:** indivíduos com diagnósticos psicóticos de Eixo I ao longo da vida (é importante não excluir com base em episódios psicóticos transitórios de TPB grave, que às vezes são diagnosticados incorretamente), transtorno de déficit de atenção/hiperatividade (TDAH) que atende aos critérios infantis com sintomas não controlados por farmacoterapia, incapacidade de falar ou ler o idioma no qual o grupo será conduzido ou um quociente de inteligência (QI) abaixo de 80.

Adotamos esse critério de QI com base em nossa experiência, observando que pessoas abaixo desse nível frequentemente enfrentam dificuldades para acompanhar o material do grupo, o que resulta em frustração. Essas dificuldades muitas vezes são interpretadas como diferenças inaceitáveis, acionando esquemas de defectividade e fracasso, tornando desafiador auxiliar esses pacientes. Um grupo homogêneo com indivíduos com QI mais baixo é uma possibilidade que ainda não foi avaliada. Quando começamos grupos de pacientes exclusivamente com TPB em 1989, muitos de nossos colegas questionaram nosso julgamento. Mais de 20 anos depois, temos dados para respaldar nossa decisão.

AS SESSÕES DE TERAPIA DO ESQUEMA EM GRUPO

O modelo de TEG é teoricamente consistente com o modelo e a teoria da TE desenvolvidos por Young (Farrell, Young, & Shaw, 2011). Os objetivos e a abordagem terapêutica são os mesmos, e as intervenções da TE são adaptadas para serem aplicadas em grupo. A TEG é apresentada detalhadamente no manual de tratamento de Farrell e Shaw (2012). As sessões em grupo deste programa de tratamento são descritas individualmente no Capítulo 4. Seções detalhadas com anotações para terapeutas, exemplos de roteiros de amostra para sessões, são fornecidas, assim como materiais para pacientes (folhetos informativos, exercícios e tarefas terapêuticas) para cada sessão. O livro é organizado para acomodar o leitor ao disponibilizar materiais informativos e tarefas terapêuticas após a descrição. Os folhetos e as tarefas terapêuticas para pacientes também estão disponíveis para *download* na página do livro em loja.grupoa.com.br.

A TEG segue os estágios TEI descritas no Capítulo 2, contudo, essas etapas são influenciadas pelos estágios que ocorrem naturalmente nos grupos terapêuticos. São eles: vínculo afetivo e coesão; conflito; estabelecimento de normas e grupo de trabalho (Yalom & Leszcz, 2005). Na TEG, os terapeutas incentivam ativamente os aspectos positivos de cada estágio. O terapeuta de grupo deve ser ativo na facilitação dos estágios de vínculo afetivo e trabalho do grupo, impor limites e redirecionar o conflito. Estabelecer limites e confronto empático garantem que o conflito inevitável leve à cura e ao crescimento. A fase de autonomia na TE ocorre à medida que o modo adulto saudável se desenvolve e se fortalece. O estágio de trabalho em grupo é facilitado pelo acesso dos pacientes ao modo adulto saudável. No início dessa fase, os terapeutas muitas vezes precisam liderar ou emprestar aos pacientes parte de seu modo adulto saudável. Posteriormente, é importante que os terapeutas se afastem e permitam que os pacientes exerçam suas habilidades de adulto saudável. Naturalmente, grupos individuais traçarão seu próprio curso ao longo desses estágios. Além disso, os estágios não são lineares. Os grupos retornam às etapas de vínculo afetivo ou conflito em alguns momentos, especialmente em resposta a situações desafiadoras no grupo ou a situações difíceis na vida.

O grupo em si é uma fonte importante de aprendizado interpessoal, oferecendo muitas oportunidades de modelagem e aprendizado vicário. Com frequência, os pacientes compartilham conosco que precisaram observar um episódio de birra do modo criança zangada manifestado por um colega para compreenderem verdadeiramente o impacto desse comportamento nos demais e sentirem motivação para promover mudanças. O grupo de TE funciona como uma família de apoio, muitas vezes representando a primeira experiência de suporte desse tipo. A experiência de aceitação no grupo tem um valor terapêutico profundo no nível emocional para o modo criança vulnerável. O grupo é um espaço para praticar a construção e a manutenção de relacionamentos mais saudáveis, explorar limites, desenvolver habilidades de comunicação e aprender como negociar e resolver conflitos quando as necessidades estão em desacordo. Devido ao componente interpessoal significativo nas disfunções de transtornos da personalidade, pode-se argumentar que um ambiente rico em interações interpessoais é especialmente adequado para proporcionar as experiências emocionais corretivas necessárias.

Com o objetivo de atender às necessidades de programas intensivos com sessões semanais múltiplas e terapeutas de diferentes formações e habilidades, desenvolvemos quatro tipos de sessões de TEG. Cada uma delas se concentra em um ou dois dos componentes da TE e, quando combinadas, abrangem as intervenções básicas experienciais, cognitivas e comportamentais. Os quatro conjuntos de sessões de grupo são: psicoeducação sobre o modelo de TE, consciência de modo, manejo de modo e trabalho experiencial de modo. A seguir, uma breve descrição das sessões de grupo e dos componentes da TE abordados nelas.

A sessão de "boas-vindas"

Iniciamos o tratamento em grupo com uma sessão, como o nome indica, na qual o objetivo é fazer os pacientes se sentirem bem-vindos e comunicar que eles são membros importantes do grupo. Todos os terapeutas da equipe de tratamento participam dessa sessão para que possam ser apresentados e dar aos pacientes a oportunidade de fazer perguntas. Orientamos os pacientes sobre o programa e suas regras básicas (Folheto Informativo do Grupo de Boas-vindas 1: Regras Básicas da TEG [BVD 1]) e discutimos as expectativas das sessões em grupo. Procedemos a uma introdução ao exercício de imagens, o primeiro exercício de segurança (Folheto Informativo de Boas-vindas 2: Técnica da Bolha de Segurança [BVD 2]), e um exercício experiencial que facilita a conexão (consulte o Capítulo 4 e Instruções para Terapeutas – Sessão de Boas-vindas: A Pulseira de Identidade do Grupo [BVD-IT]).

Sessões de psicoeducação sobre terapia do esquema

A TE começa com a psicoeducação sobre o modelo e como ele é utilizado para explicar problemas psicológicos e seu tratamento. Isso proporciona uma linguagem compartilhada e acessível na qual terapeutas e pacientes podem se comunicar. Disponibilizar essas informações tem o propósito de capacitar e facilitar a cooperação mútua. Existem cinco sessões de psicoeducação, cada uma com duração de 50 a 60 minutos. São fornecidos materiais informativos para pacientes, intitulados TE-ED1 a TE-ED5.

Sessões de consciência de modo

Essa etapa tem como objetivo fazer os pacientes compreenderem suas experiências de modo e serem capazes de identificar as situações desencadeadoras, os modos e as necessidades subjacentes. Descrever os diferentes componentes dos modos, como os cognitivos ou fisiológicos, pode ajudá-los a tomar consciência do modo em que se encontram. Relacionar a situação atual a memórias da infância permite que compreendam as raízes de seus esquemas e modos. Somente após estarem cientes do modo em que se encontram no presente, podem tomar uma decisão consciente de permanecer ou não nele, ou acessar e exercer as habilidades do modo adulto saudável.

Existem 12 sessões de consciência de modo, cada uma com duração de 50 a 60 minutos. Os materiais informativos para os pacientes são intitulados CM-1 a CM-12, e as instruções para os terapeutas estão disponíveis no Capítulo 4.

Sessões de manejo de modo

A consciência é o primeiro passo necessário no processo de mudança de modo, contudo, não é o mais importante. Em seguida, vem o trabalho cognitivo para avaliar com os pacientes a eficácia das respostas dominadas pelo modo na satisfação de suas necessidades e para formar e avaliar planos de ação alternativos, denominados planos de manejo de modo. Técnicas cognitivas, comportamentais e experienciais são as principais intervenções utilizadas no desenvolvimento e na utilização dos planos de manejo de modo. Nessa etapa, são identificados e trabalhados quaisquer obstáculos à mudança, ou seja, crenças ou ações que mantenham o comportamento desadaptativo do modo. Um exemplo desse trabalho é a correção de distorções cognitivas que mantêm esquemas e modos. A aplicação dos planos de manejo de modo desenvolvidos nesses grupos proporciona o trabalho necessário de quebra de padrões comportamentais, garantindo que as mudanças terapêuticas se generalizem para o comportamento fora do ambiente terapêutico. Existem 12 sessões de grupo para esse componente, cada uma com 90 minutos de duração. São fornecidos materiais sobre manejo de modo, intitulados MM-1 a MM-12, e as instruções para os terapeutas estão disponíveis no Capítulo 4.

Sessões de trabalho experiencial de modo

O trabalho experiencial de modo inclui imagens visuais, reprocessamento de imagens, diálogos de modo, *role-plays* de modo (uma intervenção semelhante ao psicodrama) e trabalho criativo para simbolizar experiências positivas. Para mudar os modos no nível emocional, desenvolvemos "antídotos experienciais" com os pacientes. Com frequência, eles dizem: "Na minha cabeça, eu *sei* que não sou defectivo ou abandonado, mas me *sinto* dessa maneira". Essa afirmação resume a necessidade de focar no nível emocional dos modos para promover uma mudança mais profunda. *Saber* que você não é defectivo ou um fracasso não elimina a *sensação* de ser defectivo e fracassado. Esses sentimentos (conhecimento implícito), acompanhados de vergonha, ódio de si mesmo e medo de rejeição, são os fatores que mantêm os pacientes em um estado de infelicidade, descontentamento e funcionamento abaixo de suas capacidades, mesmo quando adquirem habilidades cognitivas e comportamentais. O reprocessamento de imagens e experiências de pertencimento e aceitação em um grupo que serve como análogo à família primária são combinados para fornecer múltiplas experiências corretivas de aprendizado emocional. O trabalho criativo e simbolizador nas sessões do modo de trabalho experiencial inclui o uso de arte ou material escrito que pode facilitar a lembrança e a reexperiência emocional de eventos que contradizem os esquemas. São fornecidos materiais informativos do modo de trabalho experiencial, intitulados TME-1 a TME-12, e as instruções para os terapeutas estão disponíveis no Capítulo 4.

SESSÕES DE TERAPIA DO ESQUEMA INDIVIDUAIS

As 12 sessões individuais do programa, assim como a TEI de Young, integram e incluem sessões de quebra de padrões cognitivos, experienciais e comportamentais ao longo de seu curso. A proporção de 12 sessões individuais para 42 sessões em grupo reflete tanto a eficácia particular da modalidade de grupo da TE na influência de modos desadaptativos quanto a disponibilidade relativa de ambas nos sistemas de atendimento à saúde mental atuais da maioria dos países. Isso é especialmente evidente em cenários de internação, atendimentos clínico e ambulatorial intensivos. No programa integrado, as sessões individuais são utilizadas para aprofundar o trabalho realizado em grupo em termos de aplicação individual. Isso significa ajudar os pacientes a entenderem seus sintomas específicos e problemas psicológicos, trabalharem em suas versões dos modos desadaptativos, disfuncionais e saudáveis, e desenvolverem uma conceitualização de caso para usar como plano para seu tratamento. Alguns indivíduos com históricos graves de trauma sentem a necessidade de compartilhar mais dessas experiências do que é possível na TEG. Embora a abordagem de TE para o trauma não incentive a reexperiência, mas sim a reescrita de desfechos de experiências traumáticas usando o reprocessamento de imagens, há momentos em que os pacientes nunca compartilharam seu abuso e sentem a necessidade de começar por aí. Alguns se sentirão mais confortáveis fazendo o reprocessamento de imagens em sessões individuais, e às vezes não haverá tempo suficiente em grupo para atender a todos. As sessões individuais garantem que todos possam fazer algum trabalho de reprocessamento. Elas também oferecem a oportunidade de obter ajuda na compreensão do material psicoeducativo ou em sua aplicação a si mesmos, ou para revisar tarefas com mais detalhes do que é possível em grupo. Algumas tarefas em grupo são discutidas em sessões individuais para maior aprofundamento. As sessões individuais também podem ser usadas para garantir que os pacientes entendam o trabalho em grupo, sejam capazes de aplicá-lo a si mesmos e realizem as tarefas do grupo entre as sessões. Um exemplo da colaboração entre as duas modalidades ocorre com o objetivo de desenvolver o modo adulto saudável. Inicialmente, aprendemos sobre nós mesmos por meio das reações dos outros e dos rótulos que eles nos dão, assim, o grupo é um ambiente propício para receber *feedback* saudável e corrigir informações equivocadas. O *feedback* e os novos rótulos positivos vindos dos colegas podem desafiar de maneira significativa esquemas desadaptativos, como o de defectividade/vergonha e o de fracasso. Esse *feedback* e as experiências emocionais corretivas relacionadas ao grupo podem ser processados e ancorados em uma noção mais positiva de identidade em sessões individuais. Os folhetos informativos e as tarefas para os pacientes são descritos no Capítulo 5 e disponibilizados de forma reproduzível na página do livro em loja.grupoa.com.br. Eles são intitulados como TEI seguido por uma abreviação de modo e número de sessão.

Existem duas abordagens principais para o uso das 12 sessões individuais:

1. Distribuir as sessões individuais ao longo do período de tratamento, seja ele de 12 semanas ou 12 meses. As sessões podem ser distribuídas uniformemente ao longo do período de tratamento ou podem ser mais frequentes no início do período e posteriormente menos frequentes à medida que os pacientes evoluem firmemente na "família" do grupo.
2. Fornecer aos pacientes uma "conta bancária" de 12 sessões e permitir que decidam quando fazer saques de suas contas. Esses saques podem ser feitos em segmentos de 15 a 50 minutos.

A Tabela 3.2 apresenta os objetivos, focos e materiais do paciente para cada componente do tratamento de TE.

OPÇÕES PARA A EXECUÇÃO DO PROGRAMA DE TRATAMENTO

Diversos cronogramas são utilizados tanto para a TEI quanto para a TEG. O estudo original randomizado controlado (Farrell, Shaw, & Webber, 2009) avaliou a eficácia de 30 sessões semanais de grupos de 90 minutos ao longo de oito meses, acrescentadas a 20 meses de psicoterapia individual que não era de TE. Assim, o tempo total de tratamento foi próximo de dois anos, com oito meses desse período incluindo a TE. O ensaio clínico da TEI avaliou três anos de sessões individuais, inicialmente duas vezes por semana e, em seguida, semanalmente. Estudos-piloto em ambientes hospitalares avaliaram programas de aproximadamente 120 horas de grupo e 12 a 18 horas de TE individual ao longo de três meses. Os efeitos do tratamento foram significativos em todos esses períodos e formatos. Esses estudos são descritos no Capítulo 6. O programa completo descrito neste livro consiste em 42 sessões de TEG (54 horas) e 12 horas de TEI. As sessões em grupo de 90 minutos podem ter um intervalo de 10 minutos, se necessário, para garantir que todos permaneçam atentos.

O programa pode ser implementado em uma ampla variedade de formatos para atender à estrutura de tratamento intensivo em ambiente hospitalar, programas de atendimento clínico, programas ambulatoriais intensivos ou gerais, com uma ou duas sessões por semana. A Tabela 3.3 mostra como algumas dessas opções seriam configuradas.

Embora a eficácia do uso de componentes do programa completo isoladamente ou das sessões individuais independentes das sessões em grupo não tenha sido avaliada, essas também são opções. Em um piloto inicial, tentamos conduzir sessões em grupo sem sessões individuais para pacientes com TPB em um centro de saúde mental comunitário ambulatorial. Isso não se mostrou adequado para atender às necessidades deles, e, consequentemente, adicionamos "contas bancárias" de sessões individuais que os pacientes poderiam utilizar ao longo de um período definido. Se isso parecer excessivo, basta analisar os dados epidemiológicos sobre serviços de

TABELA 3.2 Componentes do tratamento, objetivos e foco, e lista de materiais do paciente

Componente	Objetivos e foco
Grupo de boas-vindas 1 sessão, 50 a 60 minutos	Saber como é ser bem-vindo e valorizado. Conhecer os terapeutas (equipe de tratamento em alguns contextos). Primeiras conexões com seu grupo de colegas e os terapeutas. Compreender as regras básicas do programa. Compreender as expectativas das primeiras sessões do grupo.
Grupo de psicoeducação sobre terapia do esquema (TE-ED) 5 sessões, 50 a 60 minutos	Compreender os conceitos básicos e o modelo da TE. Aprender a linguagem da TE. Compreender o papel das necessidades básicas não atendidas na infância e dos modos em seus problemas psicológicos. Compreender os objetivos do programa.
Grupo de consciência de modo (CM) 12 sessões, 50 a 60 minutos	Compreender a experiência dos modos criança, de enfrentamento desadaptativo, dos pai/mãe internalizados disfuncionais e modos saudáveis. Ser capaz de identificar a presença desses modos. Identificar os gatilhos dos modos e as necessidades subjacentes a eles. Monitorar a atividade diária dos modos.
Grupo de manejo de modo (MM) 12 sessões, 90 minutos	Desenvolver estratégias e técnicas cognitivas, comportamentais e experienciais para manejar modos e ações saudáveis com o objetivo de atender às necessidades subjacentes. Formular planos de manejo de modo e praticar o uso deles. As sessões 1 a 6 focam mais no manejo imediato e de curto prazo, e as sessões 7 a 12 no manejo de longo prazo.
Grupo de trabalho experiencial de modo (TEM) 12 sessões, 90 minutos	O trabalho experiencial de mudança de modos da TE. Imagens, incluindo reprocessamento de imagens, *role-plays* de modos, experiências emocionais corretivas lideradas pelo terapeuta. Experiência de pertencimento e aceitação análoga à família. Expansão da reparentalização limitada para promover relacionamentos com outros membros do grupo. A maioria das sessões de TEM não tem tarefas designadas, dispõem de instruções estendidas do terapeuta e exemplos de roteiros.

(Continua)

TABELA 3.2 Componentes do tratamento, objetivos e foco, e lista de materiais do paciente *(Continuação)*

Componente	Objetivos e foco
Terapia do esquema individual (TEI) 12 sessões, 50 a 60 minutos	Conceitualização da TE, formulário de metas de tratamento e resumo do plano de tratamento do modo-problema são concluídos em sessões individuais.
	Foco na reparentalização limitada, segurança, vínculo afetivo.
	Conceitualização individual da TE.
	Trabalho de mudança de modo mais experiencial, cognitivo e comportamental da TE.
	Trabalho mais detalhado sobre como o material das sessões em grupo se aplica ao indivíduo.
	Reprocessamento de imagens adicionais de traumas ou questões de modos.
	Capacidade do paciente de compartilhar e se conectar no grupo.
	Discussão de sessões em que houve ausência ou comportamento disruptivo no grupo.
	Crises que não estão relacionadas ao grupo, por exemplo, financeira, de moradia.
	A maioria das sessões individuais com exercícios experienciais não utiliza folhetos informativos.

saúde mental quando os indivíduos não recebem tratamento planejado (Comtois *et al.*, 2003). Também é importante ressaltar que a TE é uma abordagem com o objetivo de recuperação, não apenas controle de sintomas. A TEG, com sua crescente base de evidências, tem o potencial de ser economicamente viável e amplamente disponível. Isso ajudaria a resolver o problema da demanda por tratamento de TPB excedendo a oferta de opções baseadas em evidências, especialmente em contextos de saúde mental pública.

Em geral, acreditamos que utilizar as 42 sessões em grupo e as 12 sessões individuais do programa é o ideal, mas reconhecemos que pode não ser viável em todos os cenários. Alguns ambientes hospitalares podem dispor de apenas quatro ou seis semanas e, nesse caso, as primeiras seis semanas deste programa podem ser implementadas. Enfatizamos, no entanto, que os quatro componentes de mudança de modo apresentados aqui, combinados com reparentalização limitada, são os fatores mínimos necessários para atender aos critérios de adesão para que um programa seja descrito como TE.

ASPECTOS ESTRUTURAIS DAS SESSÕES EM GRUPO

Sugerimos oito pacientes como o tamanho ideal de grupo com dois terapeutas. Dez a 12 pacientes é um número viável para terapeutas de grupo muito experientes. Com

TABELA 3.3 Formatos e durações para o programa de tratamento integrado de terapia do esquema

Formato	Horas	Semanas	Sessão de boas-vindas, 5 de psicoeducação sobre TE	12 de consciência de modo	12 de manejo de modo	12 de trabalho experiencial de modo	12 de terapia do esquema individual
Internação	10	6	Todas as 6 sessões na semana 1	2 sessões por semana	2 sessões por semana	2 sessões por semana	2 sessões por semana
Internação	5	12					
Atendimento clínico	5	12	Todas as 6 sessões na semana 1	1 de 4 sessões por semana	1 de 4 sessões por semana	1 de 4 sessões por semana	1 de 4 sessões por semana
Ambulatorial intensivo	5	12					
Atendimento clínico	2h30	26	Boas-vindas, TE-ED 1 a 2, semana 1	Sessão 1 de 2 nas semanas 3, 5, 7, 9, 11, 13, 15, 17, 19, 21, 23, 25	Sessão 2 de 2 nas semanas 3, 5, 7, 9, 11, 13, 15, 17, 19, 21, 23, 25	Sessão 1 de 2 nas semanas 4, 6, 8, 10, 12, 14, 16, 18, 20, 22, 24, 26	Sessão 2 de 2 nas semanas 4, 6, 8, 10, 12, 14, 16, 18, 20, 22, 24, 26
Ambulatorial duas vezes por semana	2h30	26	TE-ED 3 a 5, semana 2				
Ambulatorial semanal	1h30	52	Boas-vindas, TE-ED 1, semana 1	Semanas 5, 9, 13, 17, 21, 25, 29, 33, 37, 41, 45, 49	Semanas 6, 10, 14, 18, 22, 26, 30, 34, 38, 42, 46, 50	Semanas 7, 11, 15, 19, 23, 27, 31, 35, 39, 43, 47, 51	Semanas 4, 8, 12, 16, 20, 24, 28, 32, 36, 40, 44, 48, 52
			TE-ED 2 a 3, semana 2				
			TE-ED 4 a 5, semana 3				

O programa completo consiste em 42 sessões de TEG e 12 sessões de TEI. Elas podem ser condensadas em um programa de apenas 6 semanas para internação ou atendimento clínico ou estendidas por mais de um ano de tratamento ambulatorial.

um profissional, é recomendado ter seis pacientes. Isso dito, já houve cenários com 12 pacientes e um terapeuta. O nível de desenvolvimento dos membros, a força do modo adulto saudável dos pacientes e a composição do grupo fazem mais diferença do que o número de pessoas em si. Novamente, as demandas práticas dos ambientes clínicos frequentemente determinam o número. Em nossos estudos-piloto (Reiss et al., 2013a), devido a um corte no orçamento, tivemos a oportunidade de comparar o tamanho de efeito de tratamento para grupos de 11 pacientes com TPB hospitalizados com um e dois terapeutas de grupo. Embora a melhora ainda fosse significativa e correspondesse ao resultado de outras abordagens para o tratamento do TPB, era muito menor do que o resultado com uma dupla de terapeutas.

Na maioria das unidades de saúde, ao contrário de ambientes de pesquisa, é difícil implementar grupos completamente fechados nos quais todos os membros iniciam e concluem um programa de 12 semanas simultaneamente. Por esse motivo, este livro é estruturado com a opção de dois pontos de admissão ao programa, com seis semanas de intervalo, que podem ser usados para incluir pacientes de forma escalonada. Para facilitar essas adesões planejadas, o programa dispõe de dois ciclos de seis semanas. Os grupos podem ser abertos ou fechados, dependendo do ambiente e da condução de um estudo de pesquisa ou prática clínica. Ao conduzir um estudo, temos grupos fechados. Na prática clínica, os grupos geralmente são abertos. Existem prós e contras para cada abordagem e só podemos especular sobre a eficácia diferencial, já que não temos estudos comparativos para nos orientar. Uma vantagem de um grupo fechado é que todos os pacientes aprendem o material ao mesmo tempo e dispõem de um período mais longo no mesmo grupo, facilitando a coesão; um grupo fechado de 12 semanas pode se desenvolver mais facilmente. Ocasionalmente, os pacientes mais novos se sentiam "excluídos" quando as experiências do grupo das seis semanas anteriores eram compartilhadas, ou se comparavam negativamente aos membros mais antigos e tinham esquemas de defectividade ativados. A admissão escalonada também requer algum tempo para responder às dúvidas dos novos pacientes que os mais antigos já sabem. Contudo, também observamos benefícios no tratamento em grupos abertos quando os pacientes admitidos inicialmente, que, após seis semanas, estão familiarizados com o programa, recebem a tarefa de serem "irmãos mais velhos" ou "mentores" para os recém-admitidos. Os "seniores" têm oportunidades de exercer sua competência, o que pode contribuir para mudanças positivas nos esquemas de defectividade e fracasso. Muitas pessoas nos disseram que a experiência de ser mentor as fizeram sentir, pela primeira vez, o seu valor ou que eram competentes. Os pacientes recém-admitidos podem ter a experiência de cura para o modo criança vulnerável promovida por um irmão mais velho solidário e terem suas necessidades de aceitação e conexão atendidas.

Sugere-se adesões planejadas a grupos abertos em andamento. Ao incluir pacientes, é preferível integrar pelo menos dois de cada vez para dar aos recém-chegados um "companheiro" para apoio no processo de admissão. No caso de desistência precoce, é possível integrar pacientes substitutos nas primeiras quatro semanas do grupo. Pode ser difícil admitir oito pacientes ao mesmo tempo em cenários hospitalares

– uma solução é integrar quatro de cada vez, a fim de obter números iguais de novos e pacientes mais antigos.

AVALIAÇÃO E ORIENTAÇÃO

Como parte da avaliação para o programa, os pacientes participam de uma ou duas reuniões individuais com um membro da equipe de tratamento. Nessas reuniões, eles são avaliados quanto à sua inclusão usando os critérios específicos do programa e do ambiente. Eles terão concluído o Inventário de Modos Esquemáticos (SMI, do inglês Schema Mode Inventory; Lobbestael, van Vreeswijk, Spinhoven, Schouten e Arntz, 2010; Reiss et al., 2012), sendo solicitados a levar o SMI para essas reuniões. Esse tipo de instrumento ajuda a definir os objetivos do tratamento de TE e é utilizado como medida de resultado para o programa. Além disso, testamos a motivação e a capacidade de se comprometer com o período de tratamento em termos de questões psicológicas e práticas. Queremos garantir que não ocorrerão mudanças geográficas, profissionais ou no estilo de vida (como casamento ou nascimento de um filho) que comprometeriam a participação deles. Situações imprevistas ocorrem naturalmente, mas acreditamos ser importante indagar sobre aquelas que podem ser antecipadas. Deixamos claro o quão sério é o compromisso que estão assumindo com o grupo e o compromisso que estamos assumindo com eles, e descrevemos os efeitos negativos em um grupo quando as pessoas desistem prematuramente. Cerca de 80% dos pacientes que avaliamos decidem ingressar em um grupo. No primeiro estudo ambulatorial que realizamos, não tivemos nenhuma desistência ao longo dos 14 meses do estudo (Farrell et al., 2009). Nos pilotos de programa integrado em ambiente hospitalar, o índice de retenção foi superior a 90% (Reiss et al., 2013a).

Como parte da preparação dos pacientes para o tratamento em TE, revisamos brevemente os resultados do SMI e discutimos porque o programa, incluindo o componente de grupo, é recomendado para eles. Precisamos ter informações suficientes sobre eles para descrevermos os benefícios específicos que a participação no grupo pode trazer. Queremos proporcionar a eles as informações necessárias para assumirem conscientemente um compromisso com o grupo. Investigamos qualquer experiência prévia com grupos terapêuticos, positiva ou negativa, e descrevemos como é o grupo de TE e por que é provável que seja uma experiência diferente. Muitos pacientes, especialmente aqueles com TPB, podem relatar várias experiências negativas em outros grupos terapêuticos. Queremos instilar esperança sobre a TEG, portanto, descrevemos como ela ajudou pessoas com problemas semelhantes, os resultados promissores de pesquisas em andamento e nossas próprias experiências. Ocasionalmente, fornecemos o comunicado de imprensa sobre pesquisas de resultados em TE, disponível no site da International Society Schema Therapy (www.isstonline.com/). Validamos suas preocupações, discutimos quaisquer receios que possam ter e buscamos proporcionar tranquilidade. Descrevemos algumas das dificuldades que os pacientes frequentemente enfrentam no início de um grupo devido aos modos de enfrentamento desadaptativo e modos pai/mãe internalizados disfuncionais, informando que trabalharemos com essas questões no grupo. Alertá-los sobre esses sentimentos e o fato de passarem com o tempo ajuda a compreender o seu significado, se ocorrerem. Isso também reduz a probabilidade de reações exageradas a dificuldades esperadas no início, como desistir do programa, especialmente relacionadas ao componente de grupo. Discutimos suas expectativas em relação ao grupo e informamos sobre o alto índice de aprovação que obtivemos com outros pacientes, bem como os efeitos excepcionalmente positivos das pesquisas. Destacamos as vantagens únicas do tratamento em grupo e incentivamos a discussão para obter sua "adesão". Se estivermos gravando sessões em vídeo, explicamos os propósitos (ou seja, pesquisa, treinamento, análise do terapeuta, análise deles) e obtemos consentimento por escrito. Essa sessão funciona como uma socialização antecipada para o tratamento em TE.

A seguir, um exemplo de como abordamos questões comuns, como desconforto inicial e evitação.

> ### Exemplo de roteiro para o terapeuta
>
> *A terapia em grupo é diferente da terapia individual, e há alguns ajustes iniciais que todo o grupo precisa fazer. Precisamos nos conhecer, descobrir como vamos trabalhar juntos e lidar com os sentimentos desconfortáveis que todos nós podemos ter durante esse processo. Se suas experiências iniciais com grupos, como família, escola ou vizinhança, foram difíceis, você pode sentir o impulso, se o grupo parecer difícil no início, de querer desistir. Esse tipo de evitação como forma de lidar com emoções desconfortáveis é, na verdade, uma das respostas de enfrentamento desadaptativo nas quais trabalharemos aqui, porque isso o mantém estagnado. Portanto, se você tiver essa reação e trouxer isso para o grupo, podemos conversar a respeito e encontrar maneiras saudáveis para que você se sinta mais confortável. O que acabamos de descrever é uma das oportunidades importantes que um grupo oferece. Com o tempo e a ajuda dos terapeutas, as pessoas passam a sentir que têm compreensão, apoio emocional e um sentimento de pertencimento que desejam e nunca tiveram antes. É esse tipo de pertencimento que pode preencher parte do vazio que você pode estar sentindo. Consequentemente, o grupo pode se tornar uma espécie de família saudável, na qual as suas partes infantis, que não tiveram suas necessidades básicas e saudáveis atendidas na infância, podem ter essas necessidades de validação, aceitação, afeto, etc., atendidas, e a criança dentro de você pode se curar.*

Explicamos que leva cerca de seis sessões para começar a se sentir confortável em qualquer grupo e enfatizamos a importância de não tomar a decisão de desistir durante esse período. Também descrevemos os requisitos de assiduidade do programa nesse momento. Os pacientes ambulatoriais são obrigados a entrar em contato com uma pessoa designada se não puderem comparecer a uma sessão. Caso contrário, eles serão contatados por telefone. Essa ligação é, sobretudo, responsabilidade dos membros do grupo. Os papéis de quem recebe as ligações e quem liga para os membros ausentes são revezados mensalmente entre os pacientes.

Se um integrante do grupo não estiver aderindo às orientações de assiduidade, essa questão será abordada durante as sessões em grupo (ou, no caso de ausência, pode ser discutida sem a presença dele). O grupo terá a oportunidade de contribuir com sugestões sobre como lidar com a situação. Recomenda-se o confronto empático primeiro, seguido pelo estabelecimento de limites, se necessário. Naturalmente, todas essas respostas precisam considerar a razão das ausências. Um membro que se encontra hospitalizado, doente ou cuidando de um parente ou amigo doente, por exemplo, deve receber uma resposta distinta daquele que menciona "Esqueci", "Não estava com disposição para vir" ou "Fui ao cinema em vez disso". O primeiro conjunto de razões é aceitável, embora as questões de autossacrifício, limites saudáveis e a necessidade de cuidar de si mesmo possam ser exploradas no exemplo do cuidado aos outros. No caso de quem "esquece", isso pode ser devido ao estresse avassalador e, inicialmente, o grupo pode oferecer ajuda com lembretes por telefone. "Não estava com disposição para vir" precisa ser explorado, e "ir ao cinema em vez disso", confrontado de forma empática. Uma técnica que pode ser usada para comunicar a um membro ausente que ele é importante, e que sua ausência afeta o grupo, é pedir a todos que escrevam uma nota breve refletindo essas informações. Essas notas são colocadas na cadeira do membro ausente quando ele retorna. Quer seja devido a um arrependimento saudável por uma ausência (como no caso do paciente que queria dormir naquele dia) ou para oferecer conforto a um paciente evitativo, essa estratégia diminui as faltas.

Os pacientes ambulatoriais são informados de que, se faltarem a duas ou três sessões consecutivas e não puderem ser contatados por telefone ou não responderem, será enviada uma carta enfatizando a necessidade de entrar em contato. Todos os membros do grupo assinam essa carta com os terapeutas. Se não houver resposta a esse contato, será enviada uma carta informando que eles não fazem mais parte do programa e precisarão se inscrever se desejarem tratamento no futuro. Os pacientes internados são informados de que devem comparecer a todas as sessões, a menos que estejam fisicamente doentes e dispensados de uma sessão. Se faltarem a duas ou três sessões consecutivas, o mesmo processo de discussão e assunção de compromisso é adotado. Nesse caso, eles podem se reunir com a equipe de tratamento para discutir seu problema de assiduidade. Eles também podem ser retirados do programa por desrespeito às regras. Em alguns casos, isso significa que eles permaneceriam hospitalizados, mas seriam transferidos para outro programa de tratamento.

Fornecemos aos pacientes uma cópia das regras do grupo na primeira sessão de orientação, sugerindo que as leiam e voltem à última sessão com eventuais perguntas. As regras básicas também são mencionadas no grupo de boas-vindas. Informamos aos pacientes que essas são as diretrizes para a segurança e eficácia de um grupo de trabalho que desenvolvemos ao longo dos anos. Dizemos a eles que funcionaram para a maioria dos grupos, mas se houver algo nelas não relacionado à segurança que seu grupo específico queira mudar, ficaremos felizes em discutir. Um exemplo de nossas regras básicas é apresentado a seguir e está disponível no material do paciente como Folheto Informativo do Grupo de Boas-vindas 1: Regras Básicas da TEG (BVD 1).

Folheto Informativo do Grupo de Boas-Vindas 1: Regras Básicas da TEG

Os objetivos das sessões em grupo incluem:

- proporcionar uma nova maneira de entender seus problemas psicológicos e como se recuperar deles;
- como fazer mudanças em sua vida para funcionar melhor, ser mais feliz e mais realizado;
- ajudá-lo a aumentar sua sensação de estabilidade emocional, seu nível de conforto e sua capacidade de tolerar o sofrimento sem agir de maneiras prejudiciais.

Esses são objetivos ambiciosos que exigirão tempo e bastante esforço de sua parte. Este programa o auxiliará a explorar e compreender seus sentimentos, necessidades e pensamentos; entender o impacto das experiências da infância no presente; e desenvolver habilidades saudáveis de enfrentamento para experimentá-las em um ambiente seguro e de apoio proporcionado pelo grupo.

O objetivo das regras básicas não é criar muita burocracia, mas contribuir para fazer do grupo um ambiente seguro e de apoio para todos. Elas foram desenvolvidas ao longo dos anos com a consulta de muitos grupos de pacientes como você. Temos regras para que todos saibam o que esperar e o que é esperado deles, membros e terapeutas. Caso surjam questões relacionadas às regras, elas podem ser abordadas a qualquer momento durante as sessões. Se algo não estiver adequado a este grupo, discutiremos maneiras de contorná-lo, garantindo que a segurança não seja comprometida. Queremos que as regras funcionem para este grupo.

1. Assiduidade

Espera-se que os membros compareçam a todas as sessões e estejam pontualmente presentes. Ao longo dos anos, os grupos decidiram que se alguém chegar mais de 10 minutos atrasado sem uma razão de emergência ou algo fora de seu controle (por exemplo, atraso no trânsito devido a um acidente ou construção), ele não poderá se juntar enquanto a sessão em grupo estiver em andamento; precisará aguardar até o intervalo para participar. Apenas feriados, férias planejadas, emergências ou conflitos imprevistos são considerados razões suficientes para perder uma sessão do grupo. Se ocorrer uma emergência, por favor, entre em contato para que o grupo não se preocupe com sua segurança.

2. Sua responsabilidade como membro do grupo

Parte de sua responsabilidade como membro do grupo é tentar. Os exercícios foram desenvolvidos para ajudá-lo a compreender suas emoções e modos, e sentir que tem algum controle sobre eles. Espera-se que os membros tentem cuidar de si mesmos durante a sessão. Isso significa que, se o grupo estiver fazendo um exercício que você acredita que ainda não consegue realizar, é sua responsabilidade não o fazer. Normalmente, haverá uma tarefa sugerida para acompanhar a maioria das sessões. Essas tarefas são desenvolvidas para ajudá-lo a aplicar o que aprendeu no grupo às situações da vida fora dele. Parte de "tentar" envolve a expectativa de que os membros se esforcem ao máximo nas tarefas do grupo e individuais, e caso não consigam por algum motivo, devem nos informar sobre as dificuldades para que possamos oferecer assistência.

3. Respeito pelos outros membros

Espera-se que os membros respeitem o espaço físico e emocional dos outros. Isso significa que ninguém tocará em outra pessoa sem permissão, e se alguém não quiser responder a alguma pergunta, isso será respeitado. Gritar, proferir xingamentos, atirar objetos e ameaçar causar dano físico são exemplos evidentes de comportamento desrespeitoso inaceitável que não será tolerado. No nível emocional, isso implica fazer apenas perguntas a outro membro que você mesmo estaria disposto a responder, além de aceitar uma resposta do tipo "Não me sinto confortável respondendo a essa pergunta agora". Também é importante ser gentil com os outros quando estão no modo criança vulnerável. Entendemos que pode haver dificuldade em controlar a raiva e explosões verbais, assim, os terapeutas estarão presentes para ajudá-lo a lidar com esses comportamentos caso ocorram durante a sessão em grupo. Você não será "expulso" por manifestar esses sintomas. No entanto, será solicitado que faça uma pausa na área segura ou fora da sala para controlar um comportamento problemático.

4. O papel dos terapeutas de grupo

Todos os membros devem ter a garantia de que os terapeutas manterão a segurança e estabelecerão limites. Em alguns momentos, isso significa lembrá-lo das regras básicas e pedir que pare com um comportamento que as viole. Dessa forma, os papéis do terapeuta e do paciente no grupo são diferentes. Os terapeutas têm o papel de agir como bons pais, isso significa coisas diferentes dependendo do modo em que um membro do grupo está. Se estiver no modo criança vulnerável, um "bom pai" ou "boa mãe" descobrirá o que você precisa e, dentro dos limites da relação terapêutica, tentará atender à necessidade ou ajudá-lo a atendê-la. Por exemplo, uma pessoa no modo criança vulnerável frequentemente expressará sentir medo ou dor. Os terapeutas podem oferecer proteção, tranquilidade, conforto ou consolo. Se você estiver nos modos criança zangada ou impulsiva, que vemos como reações quando as necessidades não são atendidas, um "bom pai" ou "boa mãe" estabelecerá limites, uma vez que essa é uma necessidade desse modo. A criança zangada também precisa ser ouvida, às vezes para desabafar sentimentos de raiva, o que é diferente de atacar os outros. Ocasionalmente, desabafar em grupo pode ser muito disruptivo. Nesse caso, um dos terapeutas pode sair com um paciente por um curto período e retornar após o término do desabafo. Uma criança impulsiva pode precisar ser impedida de tomar ações que prejudicarão a si mesma ou aos seus relacionamentos. Modos de enfrentamento também podem ser acionados no grupo. Se um membro estiver exercendo o enfrentamento evitativo, ou seja, faltar, sair do grupo quando estiver chateado, desligar-se ou não prestar atenção, os terapeutas confrontarão isso de maneira empática. Isso vale para o modo de resignação. Os terapeutas apontarão isso e ajudarão a pessoa a determinar se essa ação realmente atende às suas necessidades na vida adulta. Os modos de hipercompensação, como o provocador-ataque, são aqueles que os terapeutas precisam responder com os limites mais firmes. Esses modos não podem ser ignorados, uma vez que podem prejudicar o ambiente do grupo e são os que mais causam problemas no mundo exterior. Podem levar a consequências sérias, como enfrentar processos judiciais, perder amizades e romper relações familiares. Quando os terapeutas atuam como "bons pais", os pacientes podem manifestar várias reações diferentes, algumas baseadas em seus relacionamentos com seus pais na infância. Em alguns momentos, os terapeutas acionarão esquemas ou modos levando a comportamentos antigos e não saudáveis de enfrentamento. Quando isso acontece, proporciona oportunidades importantes para o paciente aprender sobre o que os desencadeia e como acessar seu modo adulto saudável para expressar suas necessidades.

5. Confidencialidade

Os membros devem manter a confidencialidade para preservar a privacidade e a segurança de todos os envolvidos. O que quer que surja no grupo que seja de natureza pessoal sobre outro membro não pode ser repetido fora do grupo, exceto com seu psicoterapeuta individual. Evite informar a um colega o que ocorreu em uma sessão da qual ele não participou. Os terapeutas têm essa responsabilidade quando necessário. Os exercícios e as habilidades reais aprendidos no grupo podem ser compartilhados com outras pessoas.

> **6. Medicação/saída do grupo**
>
> ○ Evite tomar medicamentos sedativos p.r.n. ("se necessário") antes da sessão em grupo. *Não saia do grupo, a menos que seja uma emergência real.* Certifique-se de atender às suas necessidades fisiológicas antes da sessão para poder permanecer durante todo o período. Se precisar sair, informe ao grupo o que está acontecendo com o mínimo de interrupção possível. A saída de pessoas tem um efeito disruptivo, pois os demais frequentemente temem que alguém esteja saindo por causa de algo que disseram. Pode parecer desrespeitoso sair por motivos não emergenciais.
>
> **7. Seu comprometimento com o grupo**
>
> ○ Pedimos que considere seriamente seu comprometimento com o programa de TE. A terapia em grupo pode ser frustrante às vezes, e você pode ter sentimentos ou reações intensas em relação aos outros membros. Você é uma das oito pessoas aceitas neste programa em um determinado momento. Este programa de integração tem disponibilidade limitada. Estamos solicitando um comprometimento sério para que permaneça no grupo, e estamos investindo consideravelmente em você, tanto em termos de tempo quanto de recursos. Você pode ter esperado bastante tempo por uma vaga e saiba que outros estão aguardando pela vez deles. Pedimos que assuma a responsabilidade de aproveitar essa oportunidade para receber o tratamento especializado que está sendo oferecido. Você está aqui porque aqueles que o indicaram acreditam que você pode se beneficiar significativamente, e a equipe do programa concorda com essa avaliação. Temos certeza de que este programa pode beneficiá-lo se você o concluir.

(Essas regras por escrito são fornecidas aos pacientes.)

O AMBIENTE DO PROGRAMA DE TRATAMENTO

Equipes multidisciplinares em cenários intensivos

Para proporcionar segurança aos pacientes em um ambiente de internação ou atendimento clínico, onde diversas pessoas de diferentes profissões colaboram e alguns funcionários trabalham em turnos ou cobrindo colegas, é benéfico contar com um álbum de fotos contendo imagens de cada membro da equipe de tratamento, acompanhado por uma breve descrição (por exemplo, "Meu nome é...", "Eu trabalho como...") e outras informações que seriam normalmente compartilhadas.

Em geral, equipes de tratamento são compostas por diferentes profissionais, o que pode resultar em ideias diversas e, por vezes, conflitantes sobre como interagir e abordar os pacientes. Isso pode, ocasionalmente, causar conflitos, mas também oferecer oportunidades aos pacientes para praticar suas novas habilidades com pessoas de formações diferentes, permitindo-lhes desenvolver maneiras saudáveis de resolver conflitos. Ao implementar a TE com uma equipe de tratamento, é essencial aderir à abordagem de reparentalização limitada. Por exemplo, seria muito difícil para os pacientes entenderem por que um terapeuta da equipe de tratamento lhes oferece um objeto reconfortante quando estão no modo criança vulnerável, enquanto outro fornece uma análise comportamental e os envia para o quarto para concluí-la. Sem treinamento em TE, alguns membros da equipe podem interpretar equivocadamente a reparentalização limitada, acreditando que estão "mimando" os pacientes, sendo muito flexíveis, e assim por diante. É importante que os psicoterapeutas esclareçam que a reparentalização limitada deve estar alinhada com o modo em que o paciente se encontra no momento. Se estiver no modo criança vulnerável, são necessários cuidados suaves, proteção, tranquilização, validação, etc., contudo, o modo criança zangada ou impulsiva demanda orientação firme e estabelecimento de limites. A consistência é uma necessidade da infância que muitos pacientes não vivenciaram, sendo um requisito importante em um ambiente terapêutico. Variações sutis no comportamento dos terapeutas e entre eles são esperadas, no entanto, todos os membros da equipe de tratamento devem ter os mesmos objetivos gerais (consulte o Cap. 2) e seguir o modelo de tratamento da TE.

É crucial que todos os membros da equipe de tratamento envolvidos no programa tenham lido este livro. Em ambientes de internação, alguns membros da equipe multidisciplinar podem considerar aspectos da reparentalização limitada uma mudança de paradigma. Compreender os motivos dessas mudanças facilita a consistência entre todos os profissionais. Tentamos descrever de forma abrangente o conteúdo da TE para cada sessão deste programa, incluindo roteiros para terapeutas. Outra literatura útil sobre a TE inclui Young, Klosko e Weishaar (2003), Farrell e Shaw (2012) e Arntz e Jacob (2012). Naturalmente, a supervisão em TE é extremamente útil quando os terapeutas implementam o programa pela primeira vez. No Capítulo 6, descrevemos o treinamento e a supervisão em TE que recomendamos.

Explicamos aos pacientes a disponibilidade dos terapeutas individuais e de grupo fora das sessões e do horário comercial. Recomendamos que você adote a política geral de disponibilidade de sua prática ou ambiente clínico, assegurando-se de fornecer aos pacientes em ambientes ambulatoriais os números de contato para serviços de emergência. Em ambientes de internação, haverá membros da equipe presentes o tempo todo, contudo, é provável que os demais tenham disponibilidade limitada. Com frequência, os pacientes, especialmente aqueles com TPB, ficam insatisfeitos com o acesso limitado aos terapeutas. Expressamos preocupação com o bem-estar deles e garantimos que saibam como acessar recursos de emergência. Explicamos ainda a realidade de nossas limitações e a necessidade de uma vida equilibrada. Nossa posição em relação à disponibilidade é embasada no estudo de Nadort *et al.* (2009), que verificou a eficácia da TE com a disponibilidade do terapeuta para atender a chamadas telefônicas em comparação com um plano semelhante ao descrito aqui. O estudo não identificou diferenças significativas entre as duas condições. Também estabelecemos planos de segurança para indivíduos com crises que representam risco de vida no início do tratamento. Isso atribui a eles uma certa responsabilidade para identificar possíveis problemas de segurança em suas várias experiências nos modos. Para o modo criança vulnerável, utilizamos objetos transicionais, gravações de voz, anotações, etc. para ajudá-los a sentir nossa presença em momentos de dificuldade e em caso de pausa nas sessões devido a feriados.

O ambiente físico

Variáveis ambientais podem afetar o tratamento, e devemos estar atentos a elas. Uma delas, importante para os terapeutas que trabalham com o modelo da TE, é a decoração da sala onde a terapia é realizada. Os pacientes devem se sentir bem-vindos e confortáveis na sala de terapia. Para criar uma atmosfera de reparentalização limitada, sugere-se iluminação acolhedora e indireta e cadeiras confortáveis. Embora essa prática seja comum em consultórios particulares, profissionais que trabalham em ambientes de internação ou atendimento clínico frequentemente precisam dedicar atenção especial para tornar as salas menos institucionais. Para grupos de TE, é fundamental ter um espaço grande o suficiente para permitir movimento, o que normalmente é necessário para os exercícios experienciais. Idealmente, deve haver dois terapeutas para cada grupo. Em grupos, as cadeiras podem ser dispostas em círculo, com os terapeutas preferencialmente sentados um de frente para o outro, pois isso os ajuda a observarem os sinais mais facilmente. Entretanto, é importante observar que, quando um paciente está angustiado ou quando um exercício experiencial demanda, os terapeutas trocam de lugar, e pode não ser sempre possível sentar-se exatamente um de frente para o outro. É mais importante atender à necessidade dos pacientes do que a requisitos formais. Se você for o único terapeuta em um grupo, mude de posição regularmente para que diferentes pacientes possam sentar-se ao seu lado.

Os pacientes são incentivados a levar para a terapia coisas que os fazem se sentir seguros. Para dar uma noção do que esses objetos poderiam ser, as salas de terapia devem estar equipadas com almofadas, cobertores, pelúcias, fotos, pôsteres, livros e outros itens que possam ser utilizados para tranquilizar e proporcionar uma sensação de segurança. Sentir-se confortável ajudará os pacientes a superarem seus modos de enfrentamento desadaptativo. Em ambientes de internação ou atendimento clínico, é recomendável permitir que os pacientes decorem seus quartos e salas de terapia com pôsteres, obras criativas e itens pessoais. Se terapeutas criativos ou ocupacionais fizerem parte da equipe de tratamento, isso pode ser uma oportunidade para colaboração. É altamente útil fornecer aos pacientes pastas para organizar seus materiais de terapia. Eles gostam de ter a oportunidade de personalizar as pastas e apreciam o acesso a materiais criativos para esse fim. Colaborar com os pacientes dessa maneira é outra oportunidade para os terapeutas estabelecerem conexões. Em unidades de internação ou atendimento clínico, os membros da equipe têm inúmeras oportunidades de interagir com os pacientes e se conectar com eles em diferentes níveis. Atividades como cozinhar juntos, organizar um churrasco, jogar ou assistir a um filme podem ser exercícios terapêuticos. A influência total de todas as interações diárias, atividades compartilhadas e componentes do tratamento muitas vezes é mais do que a soma de suas partes.

Uma variedade de materiais é necessária para o ambiente e o componente experiencial da TE. A Tabela 3.4 apresenta uma lista dos itens que gostamos de ter à disposição. O propósito de alguns deles ficará mais claro após os Capítulos 4 e 5, que incluem descrições das intervenções experienciais.

TABELA 3.4 *Kit* de ferramentas do terapeuta do esquema

Geral	Criança zangada/impulsiva
• Quadro branco ou cavalete • Papel • Canetas, lápis • Papel cartão • Revistas – colagens • Tintas, pincéis • Gravador e fitas • Fichários para folhetos • Cartões de índice • Bolas antiestresse • Argila, massa de modelar • Novelos de lã • Mostruário de cores de tinta	• Toalhas para cabo de guerra • Panos para amarrar e arremessar em objetos • Argila, massa de modelar • Bolas antiestresse • Bolas maiores para quicar contra as paredes • Raquete de tênis para bater em um colchão ou sofá • Bexigas para inflar e estourar • Plástico bolha para pisar • Listas telefônicas para rasgar (nos Estados Unidos costumam ter alguns centímetros de espessura, mas uma menor serve)
Criança vulnerável	**Criança feliz**
• Cobertores • Xales • Pelúcias • Lenços de papel • Livros infantis • Música suave • Miçangas, fios para pulseiras	• Giz de cera, lápis de cor • Livros para colorir • Quebra-cabeças • Marionetes • Baralhos • Jogos • Bexigas • Música animada para dançar

As sugestões por modo têm o objetivo de fornecer ideias, não de limitar o uso de qualquer ferramenta para qualquer modo. Trata-se do momento ideal para ser criativo!

4

As sessões de terapia do esquema em grupo

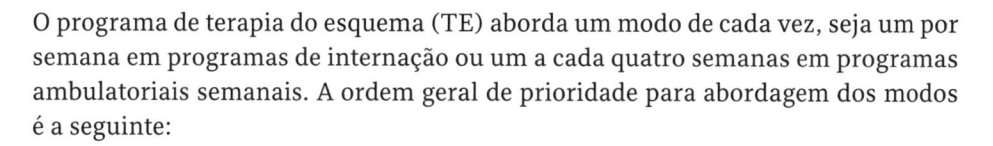

O programa de terapia do esquema (TE) aborda um modo de cada vez, seja um por semana em programas de internação ou um a cada quatro semanas em programas ambulatoriais semanais. A ordem geral de prioridade para abordagem dos modos é a seguinte:

1. Modos de enfrentamento desadaptativo (**MED**)
2. Modos pai/mãe internalizados disfuncionais (**MPD**), pai/mãe punitivo (**MPP**) e pai/mãe exigente (**MPE**)
3. Modo criança vulnerável (**MCV**)
4. Modos criança zangada e/ou impulsiva (**MCZ, MCI**)
5. Modo criança feliz (**MCF**)
6. Modo adulto saudável (**MAS**)

Esse ciclo se repete duas vezes. Em categorias de modos com mais de uma variante importante (ou seja, MED e MPD), os materiais terapêuticos são elaborados para que seja possível escolher o modo mais predominante em seu grupo de pacientes. Isso pode ser feito reservando algum tempo da sessão a cada variante ou alterando a variante no segundo ciclo. Para o MCV, é a tonalidade emocional principal que varia, por exemplo, tristeza, medo, solidão, abuso e/ou uma combinação são frequentes. Novamente, a composição do grupo determina o foco do MCV. Combinamos o MCZ e o MCI para que seja possível trabalhar ambos. Para cada modo, as sessões componentes seguem uma ordem sugerida: consciência de modo (CM), manejo de modo (MM), trabalho experiencial de modo (TEM). A consciência é necessária para avançar para o manejo de modo ou trabalho experiencial de modo. A Tabela 4.1 lista cada uma das tarefas terapêuticas e folhetos de acordo com o grupo correspondente, indicando também os números das páginas onde podem ser encontrados.

Há uma *ressalva importante* ao usar um livro e um programa estruturado para a TE. Embora especifiquemos o modo principal, o objetivo e o plano para cada sessão, também é necessário considerar os modos nos quais os pacientes estão atualmente.

TABELA 4.1 Lista de folhetos distribuídos em grupo, exercícios e tarefas por sessão, modo e local

Grupo	Tarefas e folhetos	Título	Página nº
Grupo de boas-vindas (BVD) 1 sessão, 50 a 60 minutos	Folheto BVD 1	Regras Básicas da TEG	39
	Folheto BVD 2	A Técnica da Bolha de Segurança	68
Grupo de psicoeducação sobre terapia do esquema (TE-ED) 5 sessões, 50 a 60 minutos	Folheto TE-ED 1	O Que é um Esquema?	71
	Folheto TE-ED 2	Identifique Suas Experiências de Modo I	78
	Folheto TE-ED 3	Identifique Suas Experiências de Modo II	83
	Folheto TE-ED 4	Terapia do Esquema	89
	Folheto TE-ED 5	Identificando Modos	92
Grupo de consciência de modo (CM) 12 sessões, 50 a 60 minutos	Tarefa CM 1-MED1	Consciência do Meu Modo de Enfrentamento Desadaptativo	97
	Tarefa CM 2a-MPD1	Consciência do Meu Modo Pai/Mãe Punitivo	99
	Tarefa CM 2b-MPD1	Consciência do Meu Modo Pai/Mãe Exigente	101
	Tarefa CM 3-MCV1	Consciência do Meu Modo Criança Vulnerável	103
	Tarefa CM 4-MCZ1	Consciência do Meu Modo Criança Zangada	105
	Tarefa CM 5-MCF1	Consciência do Meu Modo Criança Feliz	107
	Tarefa CM 6&12-MAS1&2	Acessando Meu Modo Adulto Saudável	112
	Tarefa CM 7-MED2	Conectar-me ao Meu Adulto Saudável a partir do Meu Modo de Enfrentamento	115
	Tarefa CM 8a-MPD2	Permitir que Meu Adulto Saudável Elimine Meu Modo Pai/Mãe Punitivo	117
	Tarefa CM 8b-MPD2	Permitir que Meu Adulto Saudável Reduza Meu Modo Pai/Mãe Exigente a Níveis Razoáveis	119

(Continua)

TABELA 4.1 Lista de folhetos distribuídos em grupo, exercícios e tarefas por sessão, modo e local *(Continuação)*

Grupo	Tarefas e folhetos	Título	Página nº
	Tarefa CM 9-MCV2	Deixar Meu Adulto Saudável Cuidar da Minha Criança Vulnerável	121
	Tarefa CM 10-MCZ2	Deixar Meu Adulto Saudável Ouvir as Necessidades da Minha Criança Zangada	123
	Tarefa CM 11-MCF2	Permitir que Meu Adulto Saudável Conheça Minha Identidade ao Ouvir Meu Modo Criança Feliz	125
Grupo de manejo de modo (MM) 12 sessões, 90 minutos	Tarefa MM 1-MED1	Reduzir o Poder dos Modos de Enfrentamento Desadaptativo	131
	Tarefa MM 2-MPD1	Combater Seus Modos Pai/Mãe Punitivo e Pai/Mãe Exigente	147
	Tarefa MM 3-MCV1	Cuidar dos Sentimentos de Tristeza e Ansiedade do Seu Modo Criança Vulnerável	153
	Tarefa MM 4-MCZ1	Gerenciar Seu Modo Criança Zangada	159
	Tarefa MM 5-MCF1	Desenvolver Seu Modo Criança Feliz	164
	Tarefa MM 6-MAS1	Fortalecer Seu Modo Adulto Saudável	168
	Tarefa MM 7-MED2	Estratégias de Longo Prazo para Reduzir o Poder dos Modos de Enfrentamento Desadaptativo	141
	Tarefa MM 8-MPD2	Estratégias de Longo Prazo para Combater Seus Modos Pai/Mãe Internalizados Disfuncionais	172
	Tarefa MM 9-MCV2	Estratégias de Longo Prazo para Atender às Necessidades do Seu Modo Criança Vulnerável	177

(Continua)

TABELA 4.1 Lista de folhetos distribuídos em grupo, exercícios e tarefas por sessão, modo e local *(Continuação)*

Grupo	Tarefas e folhetos	Título	Página nº
	Tarefa MM 10-MCZ2	Estratégias de Longo Prazo para Gerenciar Seu Modo Criança Zangada	182
	Tarefa MM 11-MCF2	Estratégias de Longo Prazo para Fortalecer Seu Modo Criança Feliz	185
	Tarefa MM 12-MAS2	Estratégias de Longo Prazo para Fortalecer Seu Modo Adulto Saudável	188
Grupo de trabalho experiencial de modo (TEM) 12 sessões, 90 minutos	Exercício TEM 1-MED1	Exercício de Focalização Experiencial	197
	Tarefa 1 TEM 1&7 MED 1&2	Roteiros para os Modos Esquemáticos	198
	Tarefa 2 TEM 1&7 MED 1&2	Prática de Imagem de Lugar Seguro	209
	Folheto TEM 2-MPD1	Punição e Reforço: Como Aprendemos?	215
	Exercício TEM 2-MPD1	Combater os Modos de Pai/Mãe Punitivo e Exigente: Coisas Que Um "Bom Pai/Boa Mãe" Diria a Uma Criança Amada	221
	Tarefa TEM 2&8-MPD 1&2	Prática: Recordando o Roteiro do Bom Pai/ Boa Mãe	224
	Tarefa TEM 3&9-MCV 1&2	Prática: Imagens para o Modo Criança Vulnerável	236
	Tarefa TEM 4&10-MCZ 1&2	Prática de Liberação de Raiva	245
	Tarefa TEM 5-MCF 1	Prática de Imagem para o Modo Criança Feliz	251
	Tarefa TEM 6&12-MCF 1&2	Desenvolver Seu Modo Adulto Saudável	257
	Tarefa TEM 11-MCF2	Permitir que Sua Criança Feliz Brinque	254

Por exemplo, é a semana do modo criança zangada, e você percebe, ao iniciar a sessão do grupo de manejo de modo, que a maioria de seus pacientes está no modo criança vulnerável. Você ignora isso e continua com seu plano? Na TE, a resposta é "não", não antes de abordar as necessidades desses pacientes de alguma forma. Isso pode ser feito reconhecendo o que você vê e perguntando sobre as necessidades manifestadas. A resposta provavelmente será algum grau de medo ou dor. Portanto, você utiliza algo reconfortante, como o exercício da "bolha de segurança" ou outra estratégia tranquilizadora e acolhedora, antes de prosseguir com o plano para o modo criança zangada. Antes de avançar, avalie quão bem-sucedida foi a intervenção e, em seguida, passe para o trabalho no modo criança zangada. Na pior das hipóteses, você pode passar grande parte da sessão com o modo criança vulnerável e condensar o trabalho no modo criança zangada nessa sessão. O modo criança zangada é uma resposta a necessidades não atendidas, portanto, abordar a necessidade do modo criança vulnerável deve também amenizar o modo criança zangada. O primeiro é um nível mais profundo de experiência do que o segundo, consequentemente, de certa forma, você está aproveitando a oportunidade para chegar ao cerne do trabalho de mudança de modo. Se existirem tarefas cruciais do modo criança zangada que não foram concluídas, é provável que surjam oportunidades futuras para abordá-las durante o tratamento, quando o grupo estiver focado nesse modo. A TE é um trabalho estratégico, portanto, não estamos sugerindo que abordemos qualquer tema levantado em uma sessão, como em grupos de processo ou psicodinâmicos. Abordar o modo presente é um exemplo de manter-se fiel aos objetivos da TE, adaptando seu plano específico para a sessão. Por sua vez, se você prosseguir com seu plano e ignorar os modos presentes, especialmente o modo criança vulnerável, é provável que encontre resistência. Além disso, você terá transgredido um princípio fundamental de reparentalização limitada, pois não terá respondido à necessidade presente, o que provavelmente será percebido pelos pacientes como invalidação. A flexibilidade descrita aqui é uma característica da TE que exige um nível mais elevado de habilidade dos terapeutas do que grupos de ensino de habilidades. No entanto, é essa flexibilidade que torna a TE tão eficaz (Farrell, Shaw, & Webber, 2009) e resulta em alta satisfação tanto dos pacientes quanto dos terapeutas (Reiss et al., 2013b; Spinhoven et al., 2007).

Profissionais iniciantes na TE podem seguir estritamente a ordem de sessões recomendada e utilizar os materiais do paciente correspondentes descritos aqui. Aqueles mais experientes podem optar por utilizar o material por modo. Terapeutas cognitivos podem testar os exercícios experienciais fornecidos, e terapeutas experienciais podem aproveitar as técnicas cognitivas e comportamentais também fornecidas. Terapeutas de grupo sem treinamento em TE podem explorar o modelo conceitual e testar os exercícios em grupo. Tentamos reunir os exemplos de roteiros para terapeutas e materiais para pacientes para obter máxima flexibilidade de uso. Todo o material do paciente foi testado em inúmeros grupos, modificado e adaptado com base em respostas e discussões pós-grupo. Sugerimos que os pacientes recebam fichários de folhas soltas nos quais possam reunir o material selecionado em uma pasta de trabalho.

DICAS GERAIS PARA TERAPEUTAS NA TERAPIA DO ESQUEMA EM GRUPO

Dicas gerais para terapeutas na terapia do esquema em grupo (TEG)

1. *Dicas fundamentais*
- Seja acolhedor, genuíno, compreensivo e presente. Seja você mesmo e confie em sua intuição.
- Pergunte a si mesmo o que um bom pai/uma boa mãe faria. Aja como um "bom pai/boa mãe"; ajude os pacientes a identificarem suas necessidades, tente atendê-las e auxilie-os a satisfazê-las.
- Transmita simpatia.
- Reconheça os pacientes pelo nome.
- Valide a experiência emocional dos pacientes.

2. *Seja como um maestro de orquestra*
- Encarregue-se de manter a segurança e a estrutura da TEG.
- O *timing* é crucial para conduzir um grupo; pense em um maestro de orquestra que reconhece cada integrante e extrai o melhor de todos para criar um produto colaborativo.
- Intervenha rapidamente para interromper que as coisas piorem quando um membro está "desafinado".
- De maneira não verbal, indique suavemente aos outros que esperem, para não interromper o ritmo.
- Forneça estrutura, especialmente no início.
- Seja competente: saiba o que fazer ou quando pedir ajuda de terceiros.
- Seja criativo e intuitivo.
- Una o grupo para formar um todo coeso.

3. *Estilo parental do terapeuta*
- Democrático dentro dos limites do julgamento clínico do que é seguro e dentro das regras do grupo.
- Colaborativo: peça a opinião do colíder ou dos membros do grupo (por exemplo, "Certo, o que decidiremos sobre isso?" [situação de um membro que chega 10 minutos atrasado, mas com uma justificativa razoável]).
- Demonstre paciência para permitir que o processo emocional se desenvolva ou dê ao paciente o tempo necessário para ponderar uma resposta.

- Utilize um estilo terapêutico de apoio, estimulante e interativo para o grupo. Atente para o nível geral de aflição e, se necessário, utilize exercícios de redução de estresse.
- Permita o uso do espaço e do tempo para amenizar o estresse, como caminhar de um lado para o outro.
- Dê tempo suficiente para que os membros do grupo respondam às perguntas, mas não tanto a ponto de aumentar o estresse.
- Utilize exemplos de sessões anteriores para ilustrar conceitos. Utilize exemplos de pacientes se tiver permissão.
- Incentive os pacientes a verbalizarem o que está diferente agora e o que estão fazendo de maneira diferente para obter um resultado melhor.
- Analise de forma precisa a avaliação da realidade em resposta a percepções distorcidas, sem, no entanto, questionar os sentimentos deles.
- Comunique aceitação e valorização dos pacientes e questione se o comportamento disfuncional realmente atende às suas necessidades. Tente separar pessoa e comportamento.
- Reforce as qualidades individuais e reconheça as conquistas e contribuições para o grupo.

4. *Construa o grupo facilitando a coesão*

- Integre pequenas informações pessoais sobre os membros no material didático para que eles se sintam envolvidos e percebam seu interesse neles. Faça um resumo, por exemplo: "Então, Paula e Kristie geralmente adotam o modo protetor desligado, enquanto Kristalyn, Scott, Kyle e Kathleen costumam recorrer ao modo protetor zangado. Quanto a Kelly e Rebecca, o estilo de enfrentamento habitual é o protetor evitativo. Estou correto?".
- Envolva-os por meio de exemplos de suas experiências compartilhadas com o grupo ou, se você estiver ciente de um exemplo das sessões individuais, peça permissão para compartilhá-lo. Isso deve ser feito de maneira discreta, que os informe sobre o que você está se referindo, mas não revele demais, a menos que tenha permissão para isso. Por exemplo: "Sue, tudo bem se você ou eu falasse um pouco para o grupo sobre a sua experiência relacionada ao que Jane compartilhou?".
- Prenda a atenção deles com perguntas relacionadas: "Alguém mais aqui já se sentiu assim?".
- Memorize quando os pacientes acenarem em concordância com uma pergunta e faça um comentário na hora ou posteriormente, por exemplo: "Paula, lembro-me de que você estava concordando quando falamos sobre como o modo pai/mãe punitivo pode fazer uma criança se sentir desvalorizada, e você também, Kathleen... já passaram por isso?". Prossiga com diversas variações.

5. Estilo geral do terapeuta

- Tenha um objetivo, mas seja flexível em relação ao seu plano para a sessão. Aproveite as oportunidades e os momentos experienciais.
- Mantenha-se ativo e estimule a discussão; períodos de silêncio de média duração (mesmo breves) geralmente levam a modos de enfrentamento desadaptativo devido à ansiedade ou a sentimentos de abandono. No entanto, evite se prolongar sobre um assunto. Se o grupo não estiver respondendo aos seus esforços, pare e aborde o processo com algo como uma verificação de modo. Isso pode ser tão simples quanto: "Estou percebendo certo desligamento enquanto apresento esse problema; o que está acontecendo?".
- Estimule a discussão; não deixe que os períodos de silêncio continuem. Tenha sempre algo para abordar como tópico, pergunta ou exercício.
- Esteja atento; mantenha-se conectado, faça contato visual e utilize acenos.
- Adote um comportamento não verbal, por exemplo, incline-se para a frente, faça gestos inclusivos como abrir os braços.
- Estimule em vez de pressionar. Molde a participação dos pacientes, por exemplo, permita que eles sejam "aprovados" no início.
- Demonstre interesse: "Você poderia nos contar um pouco mais sobre como foi sua experiência?".
- Evite rotular os sentimentos dos participantes; ajude-os a descobrir seus próprios rótulos emocionais.
- Compartilhe seletivamente informações sobre si mesmo e suas experiências de modo. Isso nos faz parecer humanos e geralmente deixa o paciente mais à vontade para expressar vulnerabilidade.
- Equilibre a atenção a cada pessoa. Seja o pai/mãe mais justo possível.

6. Tenha em mente as intervenções básicas da TE

- Esteja sempre ciente dos modos e aborde as necessidades subjacentes.
- Seja solidário e aceite a criança vulnerável.
- Permita que a criança zangada se expresse e se sinta ouvida.
- Estabeleça limites com o modo criança impulsiva.
- Confronte empaticamente os modos de enfrentamento. Se o modo provocador-ataque ou modo protetor zangado se manifestarem, estabeleça limites imediatos nos efeitos negativos sobre os outros.
- Estabeleça limites para os modos pai/mãe internalizados disfuncionais e identifique-os como "não" sendo o paciente, mas sim como os aspectos negativos internalizados dos seus responsáveis.

Fonte: Farrell e Shaw (2012)

Um terapeuta se concentra no grupo como um todo, enquanto o outro lidera uma seção do trabalho

1. Se alguém parecer muito estressado, aproxime-se e faça contato dizendo coisas tranquilizadoras como: "Você está seguro, está tudo bem, ouça as palavras, etc.".
2. Ao processarmos o conteúdo, observe o grupo quando outra pessoa estiver liderando, fazendo contato visual perceptível, acenos, etc.
3. Se você deseja assumir a liderança com alguém, use o sinal de "tocar no nariz". Caso contrário, é difícil saber se você vai intervir. Com esse tipo de grupo, não podemos deixar o silêncio chegar ao ponto em que um paciente intervém e desvia o foco. Isso funciona como uma forma de evitação quando estamos tentando nos concentrar em um conteúdo difícil. É mais fácil prevenir a perda de foco ou a evitação do que trazê-los de volta, portanto, o ritmo da intervenção não pode ser muito lento. Esse grupo de pacientes não responde bem a períodos muito longos de silêncio.
4. Em contrapartida, lembre-se de não intervir muito rapidamente após seu parceiro ter dito algo que um paciente precisa digerir. Evite ser influenciado pelo trabalho individual que outro terapeuta está fazendo, pois isso deixará o restante do grupo desatento. Intervenha apenas se achar que os esquemas do seu parceiro estão engatilhados ou se houver mal-entendidos ou equívocos.

Lidando com necessidades conflitantes

Como "pai/mãe" de uma família grande, devemos considerar todos os "filhos". É importante esclarecer os limites para a expressão da raiva no grupo, a fim de que todos fiquem seguros e ninguém seja magoado. Os demais membros do grupo precisam se sentir seguros quando a raiva está sendo expressa. Dependendo do grupo e do tamanho da sala, a liberação de emoções pode precisar ocorrer com um dos terapeutas em uma sala separada. Identifique para o grupo, antes ou depois, qual é o motivo da raiva, para descartar uma motivação pessoal. Isso pode gerar um conflito entre os membros e, nesse caso, é necessário promover uma mediação e encontrar uma solução em grupo. Ocasionalmente, isso não é possível, e a mediação pode ocorrer com os terapeutas e, em seguida, ser relatada ao grupo. Pode ser necessário conduzir um confronto empático em particular, uma vez que as pessoas podem se sentir expostas e vulneráveis quando estão em grupo. Em algumas situações, se um comportamento disruptivo ocorreu repetidamente em grupo, o confronto empático também precisa ocorrer em grupo. Achamos proveitoso "preparar o terreno" antes de começar um confronto empático, permitindo espaço para que outros membros se envolvam, desde que o ambiente permaneça empático e construtivo. Um terapeuta deve intervir se o que começa como um confronto empático se transforma em "ataque" a um paciente. Os participantes podem dar *feedback* a um membro sobre como são afetados por um acesso da criança zangada. Os terapeutas podem escolher compartilhar informações específicas sobre si mesmos para dar *feedback* também quanto aos efeitos sobre eles, podendo se manifestar como "Nós te amamos, mas nos sentimos magoados e irritados com esses ataques verbais repetidos". Uma breve discussão sobre intenção e efeito, bem como diferenças na atribuição entre ator e observador, pode ser um terreno útil para fornecer esse tipo de *feedback*. Ao trabalhar em grupo com pacientes com transtorno da personalidade, é importante, no nível cognitivo, que eles compreendam a diferença entre intenção e efeito, e que são responsáveis por suas ações. Nós orientamos a prática de expressões mais construtivas e moduladas de raiva – por exemplo, expressões mais brandas de raiva para pequenas irritações.

Os terapeutas podem enfatizar que estão disponíveis para oferecer suporte em qualquer situação que surja no grupo. Como último recurso, pode haver uma situação em que um terapeuta trabalhe com o paciente individualmente e o outro profissional atenda às necessidades do restante do grupo até que seja alcançado um ponto em que todos possam retomar a interação.

Aprendendo a compartilhar sua história em segmentos curtos ou por modo

Nas sessões em grupo, o compartilhamento de experiências difíceis da infância é feito em segmentos breves. Dessa forma, ao longo do tempo, as "histórias" dos pacientes são compartilhadas. Essa abordagem focada no grupo para compartilhar informações contrasta com a psicoterapia individual, na qual um bloco de tempo é reservado a uma única pessoa. Também é diferente do modelo de grupo centrado na pessoa, no qual é feito da mesma forma. Em algumas ocasiões, um membro pode querer compartilhar mais de sua história. Se ela não for muito detalhada em relação ao abuso e puder ser usada para transmitir o ponto básico importante de que "as crianças nunca são culpadas pelo abuso", podemos permitir que ela continue brevemente. Devemos estar atentos para desacelerar os pacientes se estiverem compartilhando muitos detalhes nas primeiras sessões, a fim de evitar que se sintam muito envergonhados para retornar ou que o grupo se sinta sobrecarregado. A forma como restringimos o compartilhamento excessivo de informações é salientando que não aprofundamos em detalhes sobre experiências dolorosas ou traumáticas, pois não queremos que as revivam. Explicamos que o que é importante para a cura é modificar o desfecho da experiência, para que o que deveria ter ocorrido (ou seja, a presença de um bom cuidador para protegê-los) aconteça durante o reprocessamento da imagem. Os pacientes costumam se sentir aliviados, pois frequentemente foram informados de que precisam relatar tudo e, em geral, têm receio de se sentir sobrecarregados ao fazer isso ou de sobrecarregar os outros.

Modele a participação no grupo

Alguns indivíduos, como os evitativos, podem inicialmente hesitar em compartilhar suas experiências verbalmente, optando por concordar com a cabeça (às vezes apenas um pouco, então esteja atento) em resposta a algo, ou se você pedir a todos que já sentiram medo de abandono para levantarem a mão. Recorra a qualquer uma dessas sugestões ao discutir o material para torná-lo o mais interativo possível. Tente se lembrar dos detalhes específicos compartilhados por cada paciente, pois isso tanto demonstra interesse quanto os ajuda a se sentirem incluídos no grupo. Aponte tanto as semelhanças em suas experiências quanto as diferenças individuais, pois você deseja modelar que existem tanto semelhanças quanto diferenças entre os participantes.

Reduzindo os ânimos alterados

Queremos que o grupo de TE seja um lugar seguro para expressar emoções. No entanto, durante o processo, em alguns momentos, pode ser necessário reduzir brevemente a intensidade ou evitar que um conflito se intensifique. Simplesmente interrompemos a ação e sugerimos: "Todos respirem fundo. Vamos conversar um pouco para garantir que todos se sintam seguros antes de continuarmos". Isso não precisa indicar aos pacientes que estão desabafando que precisam parar; em vez disso, oferece aos demais a oportunidade de agir ou tomar medidas para se proteger. A mensagem é que encontraremos uma maneira para que todos obtenham o que precisam, mesmo quando essas coisas são diferentes. Essa mensagem é central e importante para transmitir aos pacientes. Como terapeutas, também é aceitável interromper a ação para que possamos respirar fundo e ter um momento para refletir ou lidar com um modo próprio.

Lidando com memórias intensas, *flashbacks* e dissociação

1. Ajude o paciente que está vivenciando a emoção intensa, memória, reexperiência ou *flashback* a retornar à sua imagem de lugar seguro, afirmando *"Todos podem voltar ao seu lugar seguro. Saibam que vocês estão aqui com (indique o nome dos terapeutas presentes) e todo o grupo. Não há pessoas inseguras aqui. Vocês estão cercados por pessoas seguras e ninguém do seu passado pode machucá-los"*. Isso ajuda na orientação à realidade, como se faria individualmente para ajudar um paciente a sair de uma experiência de *flashback*. Complemente com qualquer outra coisa que você ache que facilitará estar na realidade de hoje com os membros do seu grupo.
2. Entre na experiência no papel de "bom pai/boa mãe" para interromper quem está ameaçando ou machucando o paciente. Você pode fazer os demais entrarem na imagem para ficar ao redor do paciente de maneira protetora. Também poderia dizer que estão fornecendo testemunhas e proteção adicional para o modo criança vulnerável.

3. Trabalhamos com pessoas que dissociam para reconhecer os sinais precoces e usamos intervenções sensoriais e táteis para evitar a dissociação. Para algumas delas, sentar-se em frente a um dos terapeutas ou a um colega específico e manter contato visual as ajuda a permanecer presentes. Algumas optarão por sentar-se ao lado dos terapeutas para esse fim, e os pedaços de tecidos reconfortantes também podem ser usados para estabelecer uma conexão concreta. Permanecer conectado pode evitar a dissociação. Se um paciente dissociar e não estiver ativamente estressado, podemos colocar um dos xales do *kit* do terapeuta ao redor dele e, se necessário, explicar ao grupo que ele está seguro. Em um grupo no qual apenas um ou dois pacientes passam por isso, explicaríamos isso como uma versão do protetor evitativo em um momento em que o paciente dissociado voltou a se conectar com o grupo. (Consulte o estudo de Farrell & Shaw, 2012, para uma discussão adicional sobre dissociação.)

Reparentalização limitada para o modo criança vulnerável

Nas sessões em que acessamos o modo criança vulnerável, os terapeutas precisam prestar atenção especial ao uso de um tom de voz caloroso e carinhoso e oferecer conforto, incluindo abraços, se solicitado ou se houver permissão. O contato físico é uma área sensível, mas significativa, para os pacientes nesse modo. A premissa fundamental é que não deve haver confusão quanto ao contato ser algo além de apoio, não sendo de natureza erótica ou sexual. Ao interagir com indivíduos no modo criança vulnerável, o contato deve ser apenas o de um bom pai/boa mãe. Isso significa não mais do que um abraço leve que poderíamos dar em um colega próximo (em algumas culturas), um tapinha nas costas ou no ombro (não no joelho ou na coxa) ou segurar a mão brevemente. A forma como o contato carinhoso é feito depende das normas de sua cultura, do código ético de seu ambiente e do seu nível de conforto. Afeição apropriada para a reparentalização limitada também pode ser realizada por meio de imagens. As diferenças de gênero também são consideradas.

Tarefas de terapia

Utilizamos tarefas de forma flexível. Concluí-las não é a única resposta aceitável, especialmente nas primeiras sessões. Por exemplo, conta se você "refletiu" sobre o tema ou se tornou consciente a respeito de um obstáculo para concluir a tarefa (por exemplo, o tópico desencadeou o modo protetor desligado ou outro modo). Essa abordagem em relação às tarefas é muito importante como uma maneira de incentivar pacientes evitativos e qualquer um com esquemas de fracasso e defectividade/vergonha a arriscar tentar. Se a não realização das tarefas tornar-se uma questão recorrente, é possível abordar o tema de maneira geral, sem mencionar ninguém em particular. Discuti-la de maneira solidária no grupo é vantajoso, pois os colegas podem ter ideias, com base em suas experiências, sobre qual é a dificuldade e quais soluções podem ser propostas. A experiência de receber ajuda dos terapeutas e do grupo quando estão enfrentando um problema é um antídoto eficaz para o esquema de desconfiança/abuso e modos pai/mãe internalizados disfuncionais. Trata-se de um exemplo do uso do processo e das experiências possíveis em um grupo, bem como do conteúdo.

A elaboração das tarefas dos terapeutas do grupo e a coordenação dos dois terapeutas como uma equipe de TEG podem ser encontradas no estudo de Farrell e Shaw (2012).

SESSÃO DO GRUPO DE BOAS-VINDAS

O objetivo desse grupo é, como o próprio nome diz, dar as boas-vindas aos pacientes ao programa de TE. Esse grupo funciona como uma orientação para o programa e para lembrar os pacientes de alguns dos tópicos que foram revisados brevemente durante a fase de avaliação. Também o consideramos uma oportunidade para um "incentivo" encorajador sobre o programa e uma possibilidade de instilar alguma esperança.

Iniciando a sessão

> *Olá. Queremos lhes dar as boas-vindas à parte do grupo do programa de tratamento de TE. Estamos felizes em ver todos vocês aqui e contentes por terem se comprometido a fazer parte do nosso programa e deste grupo. Vocês ainda não nos conhecem muito bem, nem uns aos outros, mas ao longo do tempo, todos os terapeutas estão comprometidos em fazer deste grupo um lugar seguro para todos vocês, como um ambiente familiar saudável, para trabalharmos juntos. Estamos ansiosos para trabalhar com cada um de vocês. Me nome é (diga seu nome) e, em alguns minutos, todos nós seremos apresentados em um exercício que gostamos de usar para começar o programa. Esta primeira sessão em grupo tem como objetivo fazer com que se sintam bem-vindos aqui, por isso falaremos sobre o que podem esperar e responderemos a quaisquer dúvidas que possam ter. A maneira como estabelecemos segurança e respeito está descrita nas regras básicas que vocês receberam quando foram aceitos no programa. Falaremos sobre elas um pouco mais tarde, porque primeiro faremos um pequeno exercício para nos conectar.*

Exercício em Grupo 1: Exercício de Conexão em Grupo

> *Agora faremos um exercício com este novelo. Primeiro, vou enrolá-lo duas vezes em minha mão para prendê-lo com firmeza, e depois vou jogá-lo para um de vocês. Quando eu fizer isso, falarei meu nome e o que faço no programa. O outro terapeuta (plural, conforme necessário) fará a mesma coisa. Gostaria que cada um de vocês nos dissesse seus nomes e de onde são. Enrolem o fio do novelo em sua mão, não muito apertado, e quando estiverem prontos para lançá-lo, façam contato visual com a pessoa para quem estão jogando e solte. Isso aumentará a chance de ele ser pego. A última pessoa a quem será lançado é o T2.*

Pacientes e terapeutas lançam o novelo de um lado para o outro, e cada pessoa enrola o fio em volta de sua mão, construindo assim uma teia de conexões dentro do círculo do grupo. Quando todos estiverem ligados ao fio, pedimos que façam outra conexão ao redor do círculo de pessoa para pessoa. Em seguida, comentamos sobre as conexões adicionais. [Certifique-se de utilizar um novelo grande o suficiente para permitir que todos façam duas conexões.]

> *Agora vamos fazer uma segunda conexão. Enrolem o fio em sua mão novamente e depois a passem para a pessoa à sua direita, dizendo seu nome mais uma vez. Quando chegar ao T2, ele lançará o novelo para mim. [Depois que isso for feito] estejam cientes de todas as conexões que temos agora, sintam a força delas* (os terapeutas puxam brincando suas várias conexões, fazendo contato visual com os membros do grupo e sorrindo). [Caso o fio se rompa, amarre rapidamente um nó para unir as extremidades e diga "Felizmente, mesmo se uma conexão se romper brevemente aqui, ela pode ser consertada."] *Memorizem nossa matriz de conexão para lembrar posteriormente de seu lugar no grupo. Olhem todas as conexões e vejam como estamos interligados. Todos vocês são importantes e essenciais para fortalecer e completar nosso grupo.*

A próxima parte do exercício inicia com o terapeuta e aborda o que cada pessoa deseja que uma de suas conexões represente ou contribua para o grupo. O T2 [um dos dois terapeutas daquele grupo que não liderou a sessão até agora] puxa um dos fios que o conecta ao grupo e diz:

> *Eu quero que este fio represente confiança.* (Em seguida, ele olha para o paciente à direita.) *O que você quer que sua conexão com o grupo represente?* (Isso se repete até que todos tenham participado. Em seguida, o terapeuta aponta novamente para as conexões.) *Vamos sentir a força de nossas conexões novamente* (puxando o fio descontraidamente). *Quero que vocês prestem muita atenção ao que acontece se eu fizer isso* (o T1 solta o fio). *Vocês conseguiram sentir? E se mais alguém soltar? O que acharam? O que aconteceu com a nossa conexão?* (Reserve algum tempo para que possam responder.) *Isso é o que acontece quando um de nós não está aqui: uma conexão é perdida.* [Depois de uma breve discussão] *Vamos reestabelecer nossa conexão agora. Como se sentem quando fazemos isso?* [Apesar de os pacientes terem acabado de se conhecer, eles geralmente respondem ao rompimento da conexão. Se ninguém verbalizar isso, o terapeuta pode modelar uma reação de alguma perda ou diferença de energia ou até temperatura; menos calor.] *Não faremos isso sempre, mas quando quisermos realmente sentir nossa conexão reforçada, podemos repetir esse processo. Por enquanto, vamos colocar o novelo no chão na nossa frente. Existem algumas maneiras de mantê-los cientes de nossa conexão no grupo.*

Dica para o Terapeuta

Esse exercício geralmente é positivo para os pacientes. Se surgir algum problema, tente lidar com ele em termos do modelo de TE. Por exemplo, se alguém se sentir desconfortável com a conexão, não force; em vez disso, estimule-os a se conectar no nível que conseguirem. Isso pode significar sentar-se com o fio ligado à cadeira, não ao corpo, ou se não se sentirem seguros em se conectar com o grupo como um todo, mas tiverem terapeutas ou pacientes com os quais se sintam seguros, permita que usem um pedaço do fio para se conectarem com essa pessoa. Seja criativo, pois tudo o que você está tentando alcançar é o estabelecimento da conexão.

O meio da sessão

Enfatizamos a conexão, pois o trabalho na construção de apego seguro é um conceito importante na TE, e o vínculo afetivo é onde o tratamento começa. Nesse momento, queremos dar aos pacientes um objeto tangível que simbolize seu pertencimento ao grupo. Foram testadas diversas variações, e as listamos aqui para que você escolha ou desenvolva a sua para o seu ambiente e grupo.

Variação 1: entregue a cada paciente um pedaço do fio para levar consigo, representando a conexão do grupo. Certifique-se de cortá-lo do mesmo novelo que foi usado, mas não da parte que ligou diretamente os pacientes aos terapeutas. Aprendemos da maneira mais difícil que quando cortamos o fio que usamos, os pacientes sentem que rompemos suas conexões. Psicoterapeutas na Holanda adaptaram esse processo para que os pacientes amarrassem o fio em seus pulsos como uma pulseira. Eles compartilharam com os pacientes a tradição asiática de usar um fio de um templo como pulseira até que ele se desgaste e caia. Esse grupo gostou da ideia e acrescentou que, quando a pulseira se desgastasse, eles fariam o exercício novamente para receberem um novo pedaço e renovarem a conexão. Esses pacientes ficaram surpresos na sessão seguinte ao ver que seus terapeutas ainda estavam usando as pulseiras de fio do grupo. Eles ficaram admirados ao perceberem que o grupo tinha um significado tão importante para os terapeutas a ponto de eles manterem as pulseiras feitas de fio. Isso sugere que o exercício da pulseira também pode fortalecer ou aprofundar os sentimentos de conexão do grupo com os terapeutas.

Variação 2: entregue a cada paciente uma miçanga que represente o grupo para colocar no fio, pedindo à pessoa ao seu lado no círculo para amarrá-la no seu pulso. Chamamos ela de "miçanga de participante", e ela é muito popular entre pessoas de diferentes gêneros. Encontramos pessoas anos mais tarde que ainda mantinham as miçangas transformadas em chaveiros ou penduradas em suas bolsas. (Consulte as Instruções para Terapeutas – Grupo de Boas-vindas: A Pulseira de Identidade do Grupo [BVD-IT].) Essa variação pode ser acompanhada de miçangas adicionais para várias outras experiências ou eventos em grupo. Por exemplo, uma miçanga para representar seu lugar seguro, para lembrar sua criança vulnerável, etc.

Variação 3: colaboramos com arteterapeutas que incentivaram seus grupos a pintar a rede de conexão: criando desenhos, fotografando ou envolvendo a rede literalmente em tinta para, posteriormente, transferi-la para uma folha de papel ampla, criando uma representação quase literal.

Instruções para Terapeutas – Grupo de Boas-vindas: A Pulseira de Identidade do Grupo

O **Um "objeto transicional progressivo"**

Acessíveis, mas diversas em forma, cor e tamanho, as miçangas são distribuídas aos pacientes nos seguintes momentos e em qualquer outro evento que você queira destacar ou fixar na memória:

1. Uma miçanga no início para representar a filiação ao grupo.
2. Uma miçanga que representa o lugar seguro deles.
3. Miçangas de "bom pai/boa mãe" dos terapeutas.
4. Uma miçanga por ter a força para superar seu modo protetor desligado (uma das miçangas que virá a representar seu modo adulto saudável).
5. Uma miçanga para lembrar de ser gentil com sua criança vulnerável.
6. Uma miçanga para a criança feliz. Ela pode estar relacionada à memória de momentos descontraídos em grupo.
7. Uma miçanga para representar a consciência dos pontos positivos ou realizações do modo adulto saudável. Com o intuito de promover coesão, repita esse processo para cada integrante do grupo, assegurando que ninguém se sinta excluído. Para preservar a autenticidade, a miçanga pode simbolizar uma conquista positiva ou habilidade na qual o membro do grupo está empenhado em fortalecer ou desenvolver.
8. As miçangas podem ser entregues para representar várias outras experiências, por exemplo, o grupo atingindo um patamar positivo do trabalho, lidando bem com um conflito, etc.
9. Uma miçanga para marcar diferentes estágios de crescimento, seja para o indivíduo e/ou como grupo.
10. Uma miçanga pode ser entregue antes de um feriado ou férias para proporcionar tranquilidade, funcionando como uma espécie de objeto transicional.
11. Todos os pacientes e terapeutas podem trocar miçangas em pontos de avaliação, por exemplo, quando a conceitualização do caso for concluída.

Informações sobre como a terapia do esquema em grupo funciona e o que é exigido dos participantes

Em seguida, discutimos como o grupo funciona, o que esperar e o que é exigido dos participantes. Fazemos referência às informações que foram fornecidas nas sessões de avaliação para o programa (ver Cap. 3). A seção a seguir lista os principais pontos que queremos abordar. Dependendo das características do seu grupo e do contexto em que está inserido, você pode adicionar ou excluir elementos para adequar as informações.

Introdução às imagens

A imagética em diversas formas é uma parte importante do trabalho experiencial em TE. Portanto, é fundamental desenvolver a capacidade dos pacientes de criar imagens mentais. A habilidade de usar imagens de segurança prepara o terreno para os pacientes serem capazes de suspender o uso de modos de enfrentamento desadaptativo nas sessões em grupo. É necessário desenvolver estratégias de enfrentamento

> ## Exemplo de Roteiro do Terapeuta:
> ## Sobre a Terapia do Esquema em Grupo
>
> Informamos a eles quão fundamental é seu papel para o sucesso do grupo e que todos são importantes para nós e para os demais. Dizemos a eles que nos importamos com todos e queremos que façam parte da "família".
>
> - Contamos a eles o que pacientes com os mesmos problemas falaram sobre a experiência em grupo; que eles têm um senso de pertencimento, se sentem compreendidos e aceitos, e que "existem pessoas como eu" pela primeira vez. Acrescentamos que esses sentimentos positivos podem levar tempo para se desenvolver e que reações negativas iniciais podem ser resultado de modos de enfrentamento protetores.
> - Descrevemos o conceito de reparentalização limitada da TE e o papel dos terapeutas em manter todos seguros, estabelecer limites quando necessário e evitar ataques verbais ou agressões.
> - Lembramos a eles das regras básicas de maneira solidária e enfatizamos que os apoiaremos para que possam segui-las em prol de um ambiente de grupo saudável.
> - Destacamos a importância do comprometimento, e o respeito, deles com o grupo e com os outros membros (por exemplo, confidencialidade, pontualidade, não interromper, não proferir xingamentos, ter noções de uma boa comunicação).
> - Descrevemos o papel dos terapeutas no grupo: que às vezes somos como o maestro de uma orquestra e, em outras vezes, como árbitros. Informamos que nosso objetivo é responder da maneira como um bom pai/boa mãe faria por uma criança amada quando estão em modos criança; que desempenharemos diferentes papéis em resposta aos diferentes modos em que eles estão. Quando estão no modo criança vulnerável, validaremos e apoiaremos; para o modo criança zangada, os ouviremos e permitiremos que expressem a raiva, mas ajudaremos a canalizá-la de maneira não destrutiva e separar os sentimentos de raiva das ações tomadas.
> - As regras básicas estão listadas no Capítulo 3, e o material fornecido aos pacientes é o Folheto Informativo do Grupo de Boas-vindas 1: Regras Básicas da TEG (BVD1) (BVD 1).
>
> Um exemplo de algumas declarações que fazemos nesta sessão: *Desejamos que este grupo seja um meio de apoio importante, assim como uma família saudável pode ser, mas isso demandará tempo e esforço de todos nós. É possível que você perceba ter reações em relação a outras pessoas no grupo, incluindo os terapeutas. Esperamos que esteja aberto para ir além das primeiras impressões, conhecer verdadeiramente os outros participantes e nos permitir conhecê-lo. O processo de formação de um grupo pode gerar ansiedade em alguns momentos.*

mais saudáveis como "substitutas" antes de esperarmos que os pacientes abandonem a única maneira de enfrentamento que conhecem. Afinal, essas foram as estratégias de sobrevivência que funcionaram para mantê-los vivos na infância e ainda são percebidas como formas de protegê-los de emoções avassaladoras, assustadoras e dolorosas que surgem quando os modos criança são acionados no presente. A utilização de imagens de segurança representa uma das estratégias substitutas mais importantes para os pacientes. Essa abordagem permite que eles permaneçam presentes quando emoções intensas são desencadeadas, evitando recorrer a modos de enfrentamento desadaptativo, como o protetor desligado. Durante o ensino do trabalho com imagens mentais, é frequentemente observado que os pacientes expressam completa incapacidade de visualização e relutam em discutir sobre seus "fracassos" em grupos de *mindfulness*. Portanto, começamos com uma história vívida que parece atrair a criança que existe em todos nós, por exemplo, uma visita a uma sorveteria com a oportunidade de escolher o que quiser em qualquer forma e quantidade.

Exemplo de Roteiro do Terapeuta: Visita à Sorveteria

Quero contar uma história, e gostaria que vocês apenas fechassem os olhos (ou olhasse para baixo) e percebessem quaisquer sentimentos que venham à tona enquanto a escutam. Hoje, recebi pelo correio um panfleto da minha sorveteria favorita informando que eu havia ganhado um sorteio dizendo que eu poderia levar 10 pessoas comigo e que poderíamos escolher absolutamente qualquer coisa para comer. Então, estou convidando todos vocês. Chegamos à sorveteria, e o dono nos cumprimenta animado, dizendo para eu começar, para pegar o que quiser. Primeiro, escolho minha casquinha. Pego uma casquinha de waffle *mergulhada em chocolate e depois coberta com amendoins. Coloco primeiro uma bola de chocolate no fundo, depois uma bola de caramelo, depois um pouco de favas de baunilha. Em seguida, pego alguns pedaços de Kit-Kat e um pouco de cobertura cremosa de* marshmallow. *Já está enorme, mas ainda coloco uma concha de calda de chocolate quente e cubro com creme chantili e amendoins. Agora é a vez de vocês, portanto, escolham o que quiserem e montem do jeito que desejarem.* [Aguarde cerca de um minuto ou dois.] *Certo, todos tiveram tempo para escolher seus sorvetes?* [Aguarde acenos de confirmação.] *Abram os olhos e voltem para o grupo.* [Depois, vire-se para o paciente ao lado e pergunte:] *O que você escolheu?* [Após um compartilhamento breve dessa informação, o T1 afirma:] *Você acabou de praticar a imagética. Uau, todos vocês conseguiram! Isso é maravilhoso! Sabíamos que vocês conseguiriam!* [e expressa muita positividade sobre essa habilidade.]

Raramente tivemos um paciente que não explicou espontaneamente o que escolheu. Quando isso ocorreu, em geral envolvia alguém com anorexia, e a solução foi sugerir que ele pedisse um expresso na sorveteria. Alguns pacientes também afirmam que não mereciam ser incluídos. A resposta para isso é que o terapeuta acredita que sim, ou não os teria convidado. Se a resistência persistir, explicamos que acreditamos que merecem e guardaremos o sorvete na geladeira para eles até que se sintam da mesma forma. O importante é lidarmos com qualquer resposta negativa sem ficar presos ou tentar convencer os pacientes de algo que eles não sentem.

Dica para o Terapeuta

A história deve ser contada de maneira dramática e com grande entusiasmo. Os participantes tendem a se envolver na história apesar de seus próprios obstáculos. É importante enfatizar a palavra *entusiasmo*. Como terapeutas de grupo, quando conseguimos expressar abertura e autenticidade ao compartilhar nossa alegria e descontração do modo criança feliz em um exercício que lideramos, os pacientes tendem a se envolver mais facilmente na emoção. Parece que chamamos a parte da criança feliz deles para brincar, e o "jogo" parece divertido. Ser capaz e estar disposto a investir nossas emoções nas interações como terapeutas é fundamental para o sucesso da TEG. Assim como os terapeutas do esquema têm diferentes personalidades, temperamentos e perfis de esquema, há várias maneiras distintas de interagir com os pacientes. Nós, as três autoras, temos estilos distintos. Os pacientes respondem a nós em momentos diferentes e para necessidades diferentes. O importante é ser autêntico e fiel a si mesmo. Naturalmente, é preciso estar ciente dos momentos em que seus esquemas e modos são acionados, conforme discutido no Capítulo 6 sobre supervisão.

Após demonstrar para o grupo que são capazes de fazer imagética, prosseguimos com a primeira imagem de segurança. Escolhemos esta porque é improvável que esteja ligada a situações de esquematização e é uma situação que une o grupo em segurança, e o lugar seguro é o próprio grupo. Posteriormente, ajudamos os pacientes a desenvolverem imagens pessoais de lugares seguros.

Exercício em Grupo 2: A Bolha de Segurança do Grupo

A primeira imagem de segurança que apresentamos aos pacientes é uma imagem simples que descobrimos funcionar com uma ampla variedade de pessoas. Trata-se de um exercício de imagética em que colocamos uma enorme "bolha de segurança mágica" ao redor de todo o grupo. Isso se alinha com a abordagem de desenvolvimento da TEG, que sugere que a segurança e a proteção inicialmente precisam vir dos terapeutas.

Exemplo de Roteiro do Terapeuta

Feche os olhos ou olhe para baixo e respire profunda e lentamente algumas vezes. Apenas sinta qualquer tensão deixando seu corpo e mente. Imagine que estamos cercados por uma enorme bolha transparente grande o suficiente para todos nós cabermos confortavelmente e preenchendo o espaço do grupo. É uma bolha linda com todas as cores do arco-íris. Você percebe até mesmo que ela tem um aroma maravilhoso. É uma bolha mágica que pode nos proteger de qualquer coisa do lado de fora. Nenhuma voz ou crítica prejudicial do pai/mãe consegue penetrar seus limites. A bolha não pode ser estourada. Ninguém pode entrar, mas você pode entrar e sair dela se precisar ou levá-la consigo conforme se desloca. Traga para dentro da bolha qualquer objeto reconfortante de que goste. Escolha qualquer coisa que seja reconfortante para você e que o ajude a se sentir forte e seguro. Ninguém pode trazer nada que possa ser usado para machucar. A bolha simboliza o casulo seguro que temos aqui no espaço do grupo. O T2 e eu não permitiremos que você se machuque aqui. Vamos protegê-lo e cuidar de você. Todos vocês são valiosos para nós, e queremos que saibam que aqui estão seguros. Apenas absorvam o calor, a segurança e as conexões da bolha. Mantenham o foco nesses sentimentos por alguns minutos e respirem profunda e lentamente. Quando voltarmos a abrir os olhos, deixem a bolha ficar ao nosso redor de forma protetora. Se sentirem a necessidade de ter sua própria bolha, imaginem que há uma bolha menor apenas ao seu redor. Inclusive você poderá levá-la para casa. Todos nós nos reconectaremos com ela antes de saírem hoje.

Folheto Informativo de Boas-vindas 2: A Técnica da Bolha de Segurança

Usos da Técnica da Bolha Fora do Grupo

Técnica da bolha 1

Imagine uma bolha grande o suficiente para você caber dentro. Imagine-a na cor que preferir e tão bonita quanto quiser. Trata-se de uma bolha mágica porque você pode entrar e sair dela sem estourá-la. Leve para dentro dela qualquer coisa que seja reconfortante para você e que o ajude a se sentir forte e seguro. Você pode permitir que outras pessoas entrem ou escolher ficar sozinho. Você não poderá levar nada que for prejudicial ou pouco saudável, pois quando estiver em sua bolha, não precisará dessas coisas porque se sentirá seguro e relaxado.

Depois de conseguir imaginar sua bolha e ter entrado nela com o que deseja, imagine a bolha flutuando para onde você quiser. Talvez queira fechar os olhos e até ouvir uma música tranquila enquanto flutua em sua bolha segura. Nenhuma voz ou crítica prejudicial do pai/mãe consegue penetrar na bolha mágica. Você pode permanecer nela pelo tempo que quiser ou precisar. É melhor ficar lá até decidir que consegue sair e estar seguro. Depois de sair da sua bolha, relaxe por alguns minutos antes de fazer qualquer outra coisa.

Técnica da bolha 2

Nesta técnica, imagine uma bolha, mas desta vez não entre ou coloque seus pertences nela. Em vez disso, coloque nela tudo o que está incomodando você. Por exemplo, você pode querer colocar nela as vozes que o incomodam ou o impulso de se machucar. O objetivo é escolher coisas negativas. Depois de colocar tudo o que deseja se livrar, feche a bolha e a envie para longe. Feche os olhos e imagine a bolha flutuando alto e longe de você até não conseguir mais vê-la. Quando se sentir seguro em relação às coisas negativas, abra os olhos e retome lentamente o seu dia.

Pratique ambas as técnicas todos os dias e escreva em seu diário sobre suas experiências ao usá-las.

© 2000, Shaw

Dica para o Terapeuta

Quando se trata de exercícios de imagética ou outras atividades experienciais, algumas pessoas podem expressar resistência em participar, rotulando-os como "bobagem" ou até mesmo uma "porcaria", recusando-se a tentar. É importante evitar uma discussão acerca disso. Podemos dizer: *"Fico contente que você tenha expressado sua opinião sobre achar uma bobagem. Isso exigiu coragem. Parabéns. Eu entendo o porquê de você achar que parece uma bobagem antes de tentar. Vejamos se você mantém a opinião depois de tentar. Descobrimos que isso ajudou muitas pessoas".* Na maioria das vezes, elas acabam tentando.

Outra reclamação comum é "eu não consigo usar uma bolha". Portanto, sugerimos algo que pareça atrativo: *"Certo, que tal um carro novinho com todos os acessórios de segurança disponíveis?".* Pode ser uma fortaleza ou qualquer outra coisa que você pensar ou que o paciente ofereça. É importante não ignorar as objeções deles, mas trabalhar com elas e ser flexível. Nós "escolhemos nossas lutas" e geralmente as limitamos a situações que são perigosas para eles ou para outros. Em geral, discutir com os pacientes ativa o modo criança zangada ou um modo de enfrentamento desadaptativo, tornando ainda mais desafiador estabelecer uma conexão. Uma alternativa é sugerir uma bolha de segurança individual; a mesma imagem, mas uma bolha separada só para a pessoa. Ela pode ter alguma conexão com o grupo, e a pessoa na bolha individual é bem-vinda a entrar quando desejar.

Em raras ocasiões, teremos alguém que não tentará nada. Aqui está um exemplo do que podemos falar *"Certo, respeitarei isso hoje, mas vou pedir a você em outro dia que me respeite e tente o exercício. Combinado?"* ou a abordagem de *"É bom que você esteja cuidando de si mesmo. Um travesseiro ou cobertor ajudaria você a se sentir seguro o suficiente enquanto tentamos o exercício?"*.

Em geral, eles pegam o objeto reconfortante, e você pode incorporar isso na imagética. Por exemplo: *"Então, todos estamos nesta bolha protetora juntos, e podemos ver a Jean ali enrolada no cobertor reconfortante, parecendo tranquila e calma"*. Você pode trazê-la para a bolha aos poucos. Por exemplo, faça com que ela se aproxime na imagética e estenda a mão para segurar a mão dela de dentro da bolha de segurança ou qualquer pensamento criativo que venha à sua mente. Ao continuar tentando, pare após duas tentativas e deixe-a em segurança na sala. Ela pode não conseguir se juntar no início, e desde que isso seja reconhecido, não precisa ser nada de mais.

CINCO SESSÕES DE PSICOEDUCAÇÃO SOBRE TERAPIA DO ESQUEMA

No início do tratamento, os pacientes precisam conhecer os conceitos centrais da TE, como esquemas e modos, e como entender os problemas que apresentam em termos da abordagem. Os materiais do grupo de psicoeducação sobre TE fornecem a pacientes e terapeutas os exercícios e folhetos necessários para esse fim. Os materiais são concebidos para uso em sessões em grupo e para tarefas terapêuticas. Geralmente, o grupo de psicoeducação sobre TE é o que inicia o tratamento. Sugerimos não começar as outras sessões antes da conclusão da segunda sessão do grupo de psicoeducação sobre TE. Posteriormente, o trabalho relativo aos modos de enfrentamento desadaptativo em outros grupos pode começar. Em cenários de tratamento intensivo, é aconselhável reservar diariamente uma hora para o grupo de psicoeducação sobre TE durante a primeira semana. Em cenários ambulatoriais e possivelmente de apenas um grupo por semana, também sugerimos começar com as sessões de psicoeducação antes de passar para os outros componentes. Abordar o programa dessa forma permite que os pacientes comecem a se sentir seguros e não se sintam sobrecarregados por um modelo de tratamento novo para eles. A linguagem da TE é acessível, e em pouco tempo os pacientes entenderão e usarão os termos. As pessoas também inventam seus próprios nomes para os modos, o que deve ser estimulado. O modo protetor desligado pode se tornar o "cadete espacial" e o modo pai/mãe punitivo, o "punidor", e assim por diante.

Na **sessão 1 de psicoeducação sobre TE**, os pacientes aprendem o que são esquemas e modos e como eles se desenvolvem. Precisam compreender que os esquemas são estruturas pervasivas e semelhantes a traços que moldam nossas maneiras específicas de ver, sentir e vivenciar o mundo, nós mesmos e outras pessoas. Os esquemas têm vários componentes, como cognitivos, emocionais e até mesmo fisiológicos. Auxiliam na estruturação do nosso mundo, mas, quando são disfuncionais, dificultam a adaptação às mudanças em nosso ambiente. Além disso, os pacientes precisam entender que os esquemas disfuncionais se desenvolvem quando as necessidades básicas da infância não são atendidas. No folheto da **Sessão 1 de Psicoeducação sobre Terapia de Esquema: O Que É um Esquema?** (TE-ED 1), são identificadas as necessidades básicas da infância, e os pacientes são encorajados a falar sobre como elas foram ou não atendidas em sua infância. Isso pode ser muito emotivo para alguns pacientes que de repente sentem o impacto de não ter tido suas necessidades atendidas. Dado o tempo limitado disponível em grupo, recomenda-se encaminhar os pacientes de volta às sessões de TEI se desejarem explorar mais as necessidades infantis e abordar suas necessidades individuais não atendidas na infância.

Em geral, não há tempo suficiente na sessão 1 para abordar todos os esquemas listados na última parte dos materiais da sessão 1. Pode ser sugerido que os pacientes leiam sobre os esquemas como uma tarefa terapêutica e, se tiverem dúvidas muito específicas sobre seus próprios esquemas, encaminhe-os para TEI.

Sessão 1 de Psicoeducação sobre Terapia do Esquema: O que é um Esquema?

Um esquema é um padrão

Ele se desenvolve durante a infância e a adolescência e é ativado repetidamente durante a vida. Como um esquema se torna mais rígido ao longo do tempo, nossas reações se tornam menos flexíveis. Como consequência, nossas reações baseadas em esquemas frequentemente não se adequam aos requisitos de muitas situações presentes.

Existem esquemas adaptativos e desadaptativos

Um esquema desadaptativo:

- é autolesivo;
- tem raízes em algo que foi feito conosco (por exemplo, críticas, negligência, invalidação, abuso, proteção excessiva);

- domina nossa vida, de modo que vivenciamos repetições dessas situações prejudiciais (por exemplo, podemos permanecer em um relacionamento amoroso abusivo);
- nos faz reagir de maneira autodestrutiva e geralmente inflexível em situações semelhantes àquelas que nos machucaram no desenvolvimento de nossa infância;
- torna difícil para nós atendermos com sucesso às demandas de algumas situações importantes em nossa vida adulta.

○ Na TE, isso é definido como esquemas iniciais desadaptativos (EIDs).

Como os esquemas se desenvolvem?

Os EIDs se desenvolvem a partir da interação entre temperamento e necessidades não atendidas na infância

1. O temperamento é herdado. Trata-se de nossa maneira específica de reagir ao mundo. É um aspecto neurobiológico "embutido" com o qual nascemos. Como crianças, não conseguimos controlar nosso temperamento. Pesquisas sugerem que pessoas com transtornos psiquiátricos têm um temperamento mais sensível e reativo.
2. As necessidades não atendidas referem-se ao quão bem meus primeiros cuidadores e ambiente atenderam às minhas necessidades básicas na infância.

Quais são as "necessidades" básicas da infância?

Pesquisas sobre o desenvolvimento infantil concordam que existem cinco necessidades básicas que todas as crianças têm:

1. apego seguro (segurança, estabilidade, nutrição, aceitação; sensação de pertencimento);
○ 2. autonomia, competência e senso de identidade (poder fazer tarefas apropriadas para a idade sozinho e receber *feedback* preciso sobre si mesmo);

3. liberdade (expressar seus próprios sentimentos e necessidades);
4. espontaneidade e descontração (autoexpressão e capacidade de aproveitar a vida);
5. limites realistas (aprender autocontrole apropriado para a idade).

O atendimento insuficiente ou excessivo dessas necessidades resulta no desenvolvimento de esquemas desadaptativos!

Como os esquemas desadaptativos se desenvolvem e nos afetam agora

1. Se você tem o esquema de abandono, então...
    ... na infância, você não teve atendida a necessidade de segurança, estabilidade ou previsibilidade por seus primeiros cuidadores.
    ... na idade adulta, quando esse esquema é ativado, você pode ter a sensação de insegurança, solidão completa, sem ninguém para fornecer segurança, apoio emocional, conexão, força ou proteção de que necessita desesperadamente, tendo poucos recursos para providenciar isso para si mesmo.
2. Se eu tenho o esquema de defectividade, então eu...
    ... tenho a sensação de que sou defectivo, sem valor, ruim, incapaz ou inútil em aspectos importantes da minha vida.
3. Se eu tenho o esquema de desconfiança/abuso, então eu...
    ... tenho a expectativa de que os outros vão mentir para mim, me trapacear, machucar ou abusar de mim, me manipular, envergonhar ou usar.
4. Se eu tenho o esquema de privação emocional, então eu...
    ... tenho a expectativa de que minha necessidade de apoio emocional, atenção, compreensão, empatia e ajuda nunca será suficientemente atendida por outras pessoas.
5. Se eu tenho o esquema de indisciplina, então eu...
    ... tenho dificuldade com o autocontrole; por exemplo, expresso meus sentimentos e impulsos de maneira extrema.
    ... ou tenho baixa tolerância à frustração ao tentar alcançar meus próprios objetivos; por exemplo, não gosto de fazer um esforço contínuo.

6. Se eu tenho o esquema de isolamento social, então eu...
   ... tenho a sensação de estar isolado do resto do mundo ou de que sou diferente das outras pessoas ou que não faço parte de um grupo, que não pertenço a lugar algum.
7. Se eu tenho o esquema de dependência/incompetência, então eu...
   ... estou convencido de que, sem o apoio contínuo dos outros, não conseguirei lidar com a rotina.
8. Se eu tenho o esquema de vulnerabilidade a danos/doenças, então eu...
   ... temo constantemente catástrofes que não consigo evitar.
9. Se eu tenho o esquema de emaranhamento, então eu...
   ... me apego muito intensamente a uma ou mais pessoas em minha vida e tento ficar próximo a elas ao ponto de não ter vida social ou interesses próprios.
10. Se eu tenho o esquema de fracasso, então eu...
    ... estou convencido de que falhei ou vou falhar em áreas nas quais o desempenho é importante, como esportes, escola ou trabalho.
11. Se eu tenho o esquema de grandiosidade, então eu...
    ... estou convencido de que sou melhor do que os outros ou especial, ou que tenho mais direitos do que os outros.
12. Se eu tenho o esquema de subjugação, então eu...
    ... cedo facilmente o controle aos outros porque sinto que devo (por exemplo, por medo de consequências).
13. Se eu tenho o esquema de autossacrifício, então eu...
    ... tento excessivamente, em situações cotidianas, satisfazer as necessidades dos outros ao custo da minha própria felicidade.
14. Se eu tenho o esquema de busca de atenção, então eu...
    ... tento excessivamente obter aprovação, elogio ou atenção dos outros, ou tento me encaixar ao custo de desenvolver meus próprios sentimentos verdadeiros.
15. Se eu tenho o esquema de negatividade, então eu...
    ... foco nos aspectos negativos de tudo ao longo da minha vida (por exemplo, a abordagem de "copo meio vazio" para a vida).
16. Se eu tenho o esquema de inibição emocional, então eu ...
    ... inibo excessivamente meus sentimentos, ações ou comunicação espontâneos, geralmente para evitar sentimentos de antipatia ou vergonha, ou para evitar perder o controle sobre meus impulsos.

17. Se eu tenho o esquema de padrões inflexíveis, então eu...
    ... estou convencido de que devo trabalhar constantemente para tentar alcançar meus próprios padrões muito altos de comportamento e realização, para evitar críticas de mim mesmo ou de outros.
18. Se eu tenho o esquema de caráter punitivo, então eu...
    ... estou convencido de que as pessoas devem ser punidas severamente se cometerem erros.

- ✓ Os esquemas são como as "questões" ou áreas problemáticas com as quais uma pessoa tem dificuldade.
- ✓ Os esquemas não estão ativados o tempo todo. Eles precisam ser ativados ou desencadeados por algo, geralmente uma situação em que você está ou uma interação com alguém.
- ✓ Quando nossos esquemas são ativados, são acionados estados intensos que incluem sentimentos, sensações, pensamentos, ações e, às vezes, memórias.
- ✓ Esses estados são chamados de **modos** na TE. Os modos serão o foco da maior parte do seu trabalho neste programa.
- ✓ Fornecemos esta lista de esquemas para que você reflita sobre eles e possa discuti-los com seu terapeuta individual como parte do desenvolvimento do seu plano de tratamento individual.

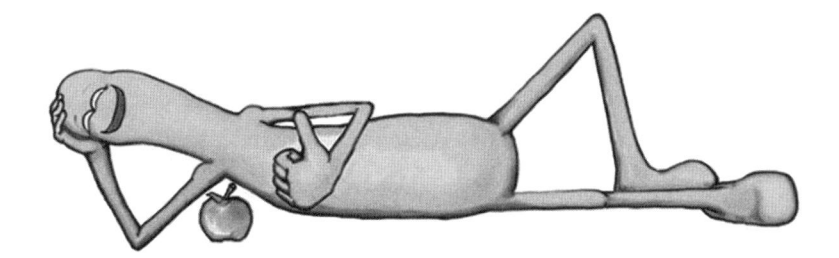

Explicação dos modos esquemáticos

Modos esquemáticos são os estados emocionais e as respostas de enfrentamento momento a momento que todos nós vivenciamos. Muitas vezes, nossos modos esquemáticos são acionados por situações cotidianas às quais somos excessivamente sensíveis (nossos "botões emocionais"). Um modo esquemático é acionado quando os esquemas são ativados. Os modos esquemáticos são compostos por emoções intensas e/ou estilos rígidos de enfrentamento que assumem o comando, controlando o funcionamento de um indivíduo.

O modo em que estamos pode mudar rapidamente, e os modos podem se sobrepor. Chamamos isso de "troca de modos", e é muito comum em pessoas com transtornos psiquiátricos. A troca de modos parece assustadora, "desequilibrada", avassaladora e é exaustiva.

Modos nos quais focaremos

1. Os modos de enfrentamento desadaptativo são as estratégias de sobrevivência que usamos na infância para nos proteger das emoções associadas a mágoa, dor, negligência e abuso:

    ✓ Modos de evitação
    ✓ Modos de hipercompensação
    ✓ Modos de resignação

2. Os modos criança ocorrem em resposta às nossas necessidades não atendidas:

    ✓ Modo criança vulnerável
    ✓ Modo criança zangada/impulsiva

3. Os modos pai/mãe internalizados disfuncionais são a internalização dos aspectos negativos de nossos cuidadores na infância e os sentimentos que acompanhavam nossa experiência com eles.

    ✓ Modo pai/mãe punitivo
    ✓ Modo pai/mãe exigente

4. Os modos saudáveis são respostas adaptativas ao nosso ambiente adulto e a capacidade de acessar aspectos alegres e criativos da infância:

    ✓ Modo adulto saudável
    ✓ Modo criança feliz

Conheça a família de modos

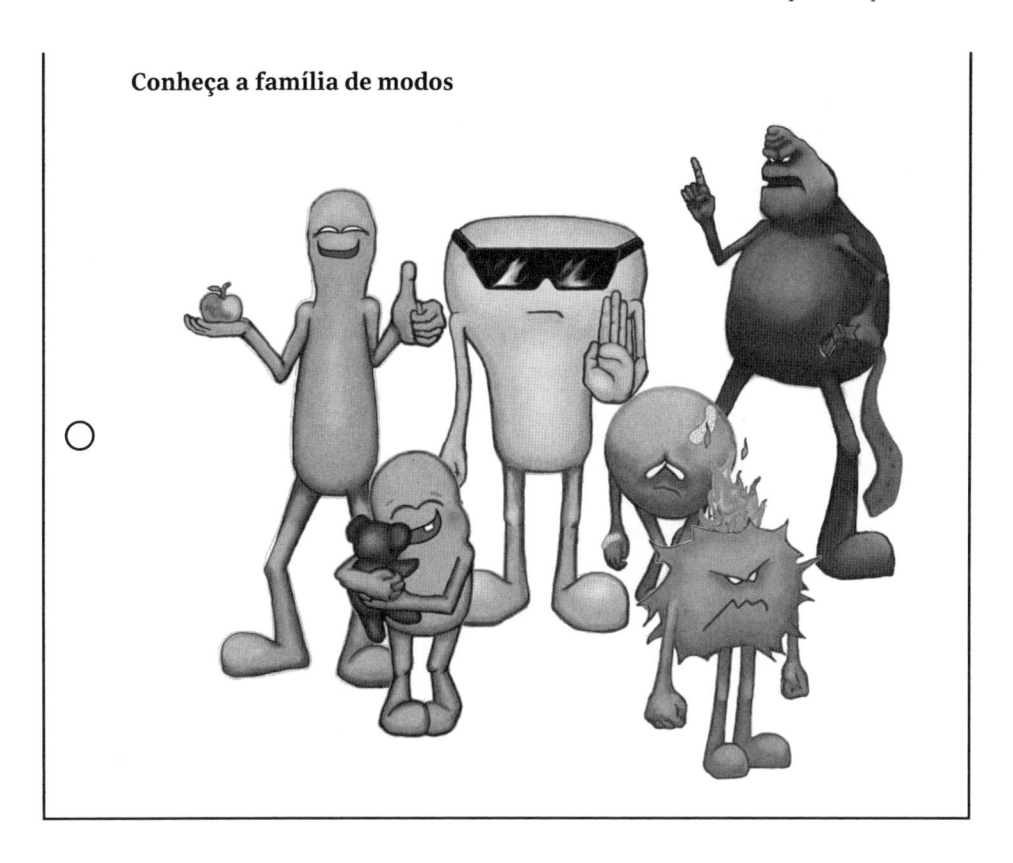

As duas próximas sessões, **sessões 2 e 3 de psicoeducação sobre TE**, aprofundam-se nos modos esquemáticos. A estrutura dos folhetos é semelhante. O objetivo é compreender os componentes cognitivo, emocional, fisiológico e comportamental de cada modo para cada paciente. A **sessão 2** concentra-se nos modos de enfrentamento desadaptativo, modos criança e modos pai/mãe internalizados disfuncionais. Quando apresentamos os modos pai/mãe internalizados disfuncionais, deixamos claro que a fonte dessa internalização negativa crítica não precisa ser do pai ou da mãe; pode ser a voz crítica ou punitiva de um cuidador inicial, um valentão da infância ou um grupo de colegas adolescentes. Quando se trata do pai ou da mãe, é recomendável, para alguns pacientes que podem ter dificuldades com a lealdade familiar, deixar claro que estamos falando apenas dos aspectos negativos seletivos deles, não sugerindo que eles sejam "totalmente ruins" ou que precisam perder seu verdadeiros pais. A **sessão 3** descreve os modos saudáveis, o modo adulto saudável e o modo criança feliz. É importante esclarecer que todos têm um modo criança feliz e um modo adulto saudável, mesmo que seja muito pouco ou vivenciado raramente. É útil fornecer exemplos específicos da criança feliz ou do adulto saudável do paciente, se você os observou. Se não observou nenhum comportamento de adulto saudável, você pode usar o fato de ele ter procurado tratamento como um exemplo de comportamento desse modo. Dê exemplos de pensamentos, comportamentos ou sentimentos típicos para cada modo, incluindo o compartilhamento de suas próprias experiências, dentro dos limites terapêuticos. Compartilhar experiências próprias é uma das maneiras pelas quais os terapeutas do esquema demonstram que são "pessoas reais", genuínas e às vezes vulneráveis. É importante ressaltar que todos vivenciamos modos, mas quando eles são graves ou frequentes e interferem no funcionamento saudável, na vida diária e na satisfação das necessidades adultas, eles precisam de tratamento.

Sessão 2 de Psicoeducação sobre Terapia do Esquema: Identifique Suas Experiências de Modo I

1. **Modos de enfrentamento desadaptativo**

   - Em um modo de enfrentamento, você pode manter todos os sentimentos distantes. Isso pode ser útil em situações de sobrevivência ou abuso. Contudo, se adotado em excesso, pode levar a sentimentos crônicos de vazio interior.
   - Outra desvantagem de usar muito esse modo é que, quando em um modo de enfrentamento, você não consegue acessar nenhum sentimento, seja ele doloroso ou positivo, nem mesmo em sessões de terapia!
   - Em um modo de enfrentamento, você pode: cortar necessidades e sentimentos; desligar-se emocionalmente das pessoas e rejeitar sua ajuda; sentir-se recuado, distraído, desconectado, despersonalizado, vazio ou entediado; buscar atividades excessivas de distração, acalmando-se ou estimulando-se; adotar uma postura cínica, distante ou pessimista para evitar investir em pessoas ou atividades.

   SE EU ESTIVER EM UM MODO DE ENFRENTAMENTO DESADAPTATIVO, EU SINTO (SENTIMENTOS):
   _____
   _____
   _____

   SE EU ESTIVER EM UM MODO DE ENFRENTAMENTO DESADAPTATIVO, EU PENSO (PENSAMENTOS):
   _____
   _____
   _____

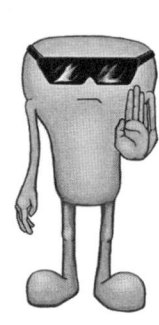

AÇÕES TÍPICAS QUE EU TOMO NO MODO DE ENFRENTAMENTO DESADAPTATIVO:

_____
_____
_____

SITUAÇÕES TÍPICAS QUE DESENCADEIAM O MODO DE ENFRENTAMENTO DESADAPTATIVO:

_____
_____
_____

Três versões dos modos de enfrentamento desadaptativo

Todos os modos de enfrentamento desadaptativo que analisaremos são versões das reações automáticas de emergência dos seres humanos quando a sobrevivência é ameaçada: fuga, luta e paralisação. Eles se desenvolveram na infância para permitir que você sobrevivesse não tendo suas necessidades básicas atendidas. São destinados a situações de emergência, mas acabam sendo usados em excesso. Hoje, o uso deles mantém os outros a distância, cria problemas interpessoais, afasta todos os sentimentos e limita sua capacidade de lidar com as demandas de sua vida com sucesso. Os modos de enfrentamento estão tentando proteger os modos criança, especialmente a criança vulnerável, para que ela não sofra mais.

Evitação – fuga

- Associado à estratégia de reação: FUGA.
- Protege evitando, fugindo, acalmando-se, afastando-se psicologicamente, dissociando.
- As estratégias que esse protetor usa são dormir, conversar em bate-papo *on-line* ou simplesmente não comparecer.
- Um dos lugares em que esse protetor aparece é em situações em que se espera que se realize algo.

Hipercompensação – luta

- Associado à estratégia de reação: LUTA.
- Protege sendo antipático, frio ou hostil com os outros, afastando-os para se proteger de ser machucado.
- Provocador-ataque; se ele se sente machucado, retalia para machucar de volta.

- Pode ser sarcástico ou cínico, às vezes usa "humor ácido", passivo-agressivo.
- Autoengrandecedor: acredita e age como se fosse melhor que os outros.

Resignação – paralisação
- Associado à estratégia de reação: PARALISAÇÃO.
- Essa forma de lidar é ceder ou aceitar seus esquemas, por exemplo, render-se à defectividade seria aceitar que você é defectivo.
- É uma espécie de desistência.

2. **Modo criança vulnerável**
- O modo em que nossas necessidades de apego e segurança são mais fortes.
- Apresenta os esquemas que mais nos afetam e podem acionar os modos de enfrentamento.
- Nesse modo, as pessoas se sentem de alguma ou de todas essas formas: solitárias, isoladas, tristes, incompreendidas, não acolhidas, defectivas, privadas, sobrecarregadas, incompetentes, duvidam de si mesmas, carentes, indefesas, sem esperança, assustadas, ansiosas, preocupadas, vitimizadas, sem valor, não amadas, indesejadas, sem rumo, frágeis, fracas, derrotadas, oprimidas, sem poder, excluídas, pessimistas.

SE EU ESTIVER NO MEU MODO CRIANÇA VULNERÁVEL,
EU SINTO (SENTIMENTOS):
_____
_____
_____

SE EU ESTIVER NO MEU MODO CRIANÇA VULNERÁVEL,
EU PENSO (PENSAMENTOS):
_____
_____
_____

AÇÕES TÍPICAS QUE EU TOMO NO MEU MODO CRIANÇA VULNERÁVEL:
_____
_____
_____

SITUAÇÕES TÍPICAS QUE DESENCADEIAM MEU MODO CRIANÇA VULNERÁVEL:
_____
_____
_____

3. Modo criança zangada/impulsiva

- Nesse modo, as pessoas se sentem de alguma ou de todas essas formas: intensamente zangadas, enfurecidas, irritadas, frustradas, impacientes – porque as necessidades emocionais (ou físicas) básicas da criança vulnerável não estão sendo atendidas.
- No modo criança zangada, você pode liberar sentimentos intensos que foram contidos por muito tempo e que não se relacionam apenas à situação presente em que você se encontra.
- No modo criança impulsiva, você pode sentir o que a criança zangada sente, mas também agir de maneira egoísta ou descontrolada para atender às suas necessidades e você pode parecer "mimado".
- O comportamento da criança zangada/impulsiva frequentemente leva a dificuldades com outras pessoas.

SE EU ESTIVER NO MEU MODO CRIANÇA ZANGADA/IMPULSIVA, EU SINTO (SENTIMENTOS):
_____
_____
_____

SE EU ESTIVER NO MEU MODO CRIANÇA ZANGADA/IMPULSIVA, EU PENSO (PENSAMENTOS):
_____
_____
_____

AÇÕES TÍPICAS QUE EU TOMO NO MEU MODO CRIANÇA ZANGADA/IMPULSIVA:

_____
_____
_____
_____

SITUAÇÕES TÍPICAS QUE DESENCADEIAM MEU MODO CRIANÇA ZANGADA/IMPULSIVA:

_____
_____
_____
_____

Objetivos da terapia do esquema para esses modos

Fortalecer e desenvolver seu adulto saudável para que ele seja capaz de:

1. Reassegurar e substituir os modos de enfrentamento desadaptativo:
   - Reconhecer que sua antiga estratégia de enfrentamento o ajudou a sobreviver na infância, mas não atende às suas necessidades hoje.
   - Reconhecer os limites desse modo em sua vida adulta.
   - Vivenciar as emoções conforme surgem, sem bloqueios.
   - Conectar-se com os outros, estabelecer relacionamentos estáveis.
   - Expressar suas necessidades.
2. Cuidar e proteger sua criança vulnerável:
   - Lidar com as necessidades não atendidas de segurança, cuidado, autonomia, autoexpressão e conexão.
   - Fazer o que um bom pai/boa mãe faria por uma criança amada.
   - Ser capaz de acalmar-se.
   - Ser capaz de acolher a criança vulnerável quando assustada ou enfrentando desafios.
3. Validar as emoções e as necessidades da criança zangada e canalizar a ação da criança impulsiva em uma ação saudável:
   - Aprender a diferença entre sentir raiva e agir impulsivamente.
   - Agir assertivamente para atender à necessidade da criança zangada dentro dos limites da situação.
   - Aprender maneiras saudáveis de expressar raiva.

Sessão 3 de Psicoeducação sobre Terapia do Esquema: Identifique Suas Experiências de Modo II

1. **Modo pai/mãe punitivo/exigente**

   - Nesses modos, você é dominado pelas mensagens e visões de cuidadores ou figuras de autoridade (pais, professores, treinadores, colegas, valentões, etc.) punitivos ou negligentes de sua infância e adolescência.
   - Esses modos apresentam toda a raiva/ódio/rejeição interna que você vivenciou quando criança.
   - No modo pai/mãe punitivo, você sente que merece punição ou culpa e frequentemente age com base nesses sentimentos, culpando-se ou sendo punitivo ou abusivo consigo mesmo (por exemplo, se machucando).
   - No modo pai/mãe exigente, você sente que deve ser perfeito, alcançar um nível muito alto, manter tudo em ordem, envidar esforços para atingir um *status* alto, colocar as necessidades dos outros antes das suas, ou ser eficiente e evitar desperdiçar tempo. Você acha errado expressar sentimentos ou agir espontaneamente.
   - A diferença entre as duas versões é que o pai/mãe punitivo se concentra em como as regras são aplicadas, e o pai/mãe exigente se concentra nos padrões e regras em si, não em sua aplicação. Um pai/mãe punitivo pode ou não ser exigente, e um pai/mãe exigente pode ou não ser punitivo.

   SE EU ESTIVER NO MEU MODO PAI/MÃE PUNITIVO/EXIGENTE,
   EU SINTO (SENTIMENTOS):
   _____
   _____
   _____
   _____

   SE EU ESTIVER NO MEU MODO PAI/MÃE PUNITIVO/EXIGENTE,
   EU PENSO (PENSAMENTOS):
   _____
   _____
   _____
   _____

AÇÕES TÍPICAS QUE EU TOMO NO MODO PAI/MÃE PUNITIVO/EXIGENTE:

_____
_____
_____
_____

SITUAÇÕES TÍPICAS QUE DESENCADEIAM O MODO PAI/MÃE PUNITIVO/EXIGENTE:

_____
_____
_____
_____

2. **Modo adulto saudável**

- Nesse modo, nutrimos, validamos e afirmamos nossa criança vulnerável; estabelecemos limites para nossa criança zangada e impulsiva; promovemos e acolhemos nossa criança feliz; combatemos e eventualmente substituímos os modos de enfrentamento desadaptativo; neutralizamos ou moderamos nosso pai/mãe desadaptativo.
- O modo adulto saudável é aquele em que conseguimos equilibrar o atendimento às nossas necessidades com as responsabilidades e funções do nosso papel, permitindo-nos desfrutar da vida.
- Pessoas com transtornos psiquiátricos frequentemente não tiveram um ambiente de apoio na infância necessário para desenvolver seu modo adulto saudável. No entanto, isso pode mudar por meio do trabalho na TE. O adulto saudável é a parte de você que é fortalecida e desenvolvida com o tratamento.

SE EU ESTIVER NO MODO ADULTO SAUDÁVEL, EU SINTO (SENTIMENTOS):

_____
_____
_____
_____

SE EU ESTIVER NO MODO ADULTO SAUDÁVEL, EU PENSO (PENSAMENTOS):

_____
_____
_____
_____

AÇÕES TÍPICAS QUE EU TOMO NO MODO ADULTO SAUDÁVEL:

_____
_____
_____
_____

SITUAÇÕES TÍPICAS QUE EXIGEM O MODO ADULTO SAUDÁVEL:

_____
_____
_____
_____

3. **Modo criança feliz**

- Nesse modo, sentimos amor, contentamento, conexão, satisfação, plenitude, proteção, apreciação, valorização, orientação, compreensão, validação, autoconfiança, competência, autonomia apropriada ou autoconfiança, segurança, resiliência, força, controle, adaptabilidade, otimismo e espontaneidade.
- Nossas necessidades emocionais básicas estão sendo atendidas no momento, se estivermos nesse modo.
- Em geral, as pessoas com transtornos psiquiátricos não foram criadas em um ambiente que incentivasse a alegria e a descontração. Portanto, muitas vezes elas não sabem o que gostam de fazer e não desenvolveram *hobbies* ou atividades recreativas para sua vida. Aprender mais sobre e desenvolver o modo criança feliz dará ao seu adulto saudável uma sensação necessária de descontração e diversão.

SE EU ESTIVER NO MODO CRIANÇA FELIZ, EU SINTO (SENTIMENTOS):

_____
_____
_____

SE EU ESTIVER NO MODO CRIANÇA FELIZ, EU PENSO (PENSAMENTOS):
_____
_____
_____
_____

AÇÕES TÍPICAS QUE EU TOMO NO MODO CRIANÇA FELIZ:
_____
_____
_____
_____

SITUAÇÕES TÍPICAS QUE EXIGEM O MODO CRIANÇA FELIZ:
_____
_____
_____
_____

Objetivos da terapia do esquema para esses modos

Fortalecer e desenvolver seu adulto saudável para que ele seja capaz de:

1. Eliminar modos pai/mãe internalizados disfuncionais:
   a) Derrubar e banir o modo pai/mãe punitivo.
      - Reconhecer a origem desse modo e entender que não é realmente você.
      - Aprender a ignorar essa voz em vez de ficar tentado a se defender.
      - Substituir a autopunição por respostas mais saudáveis, como exercer remorso apropriado, recompensar-se, assumir a responsabilidade que é sua, trabalhar na mudança quando necessário.
      - Reconhecer que reforçar o positivo funciona melhor do que a punição.
   b) Reduzir o pai/mãe exigente a níveis razoáveis:
      - Aprender a aceitar o que é "suficientemente bom".
      - Aprender a se dar pausas.
      - Trabalhar para conquistar o que é importante para você.
2. Desenvolver ainda mais os modos saudáveis:
   a) Desenvolver o modo adulto saudável para que você possa:
      - Acessar essa parte de você quando necessário.
      - Atingir seu potencial. Reconhecer sua força. Aceitar elogios sinceros.

- Formar e manter relacionamentos saudáveis.
- Desenvolver uma compreensão precisa e estável da identidade.

b) Desenvolver o modo criança feliz para que você possa:
- Participar de atividades lúdicas, como jogos e quebra-cabeças. Interessar-se e obter satisfação com *hobbies*.
- Encontrar meios para expressar e canalizar impulsos criativos.
- Aprender a brincar com os outros e rir mais.

Tarefa de casa

Uma representação gráfica da distribuição dos meus modos hoje. Desenhe linhas para representar o tamanho aproximado dos seis modos ou partes de si mesmo:

Uma distribuição mais saudável para trabalhar na TE se assemelha a isso:

○

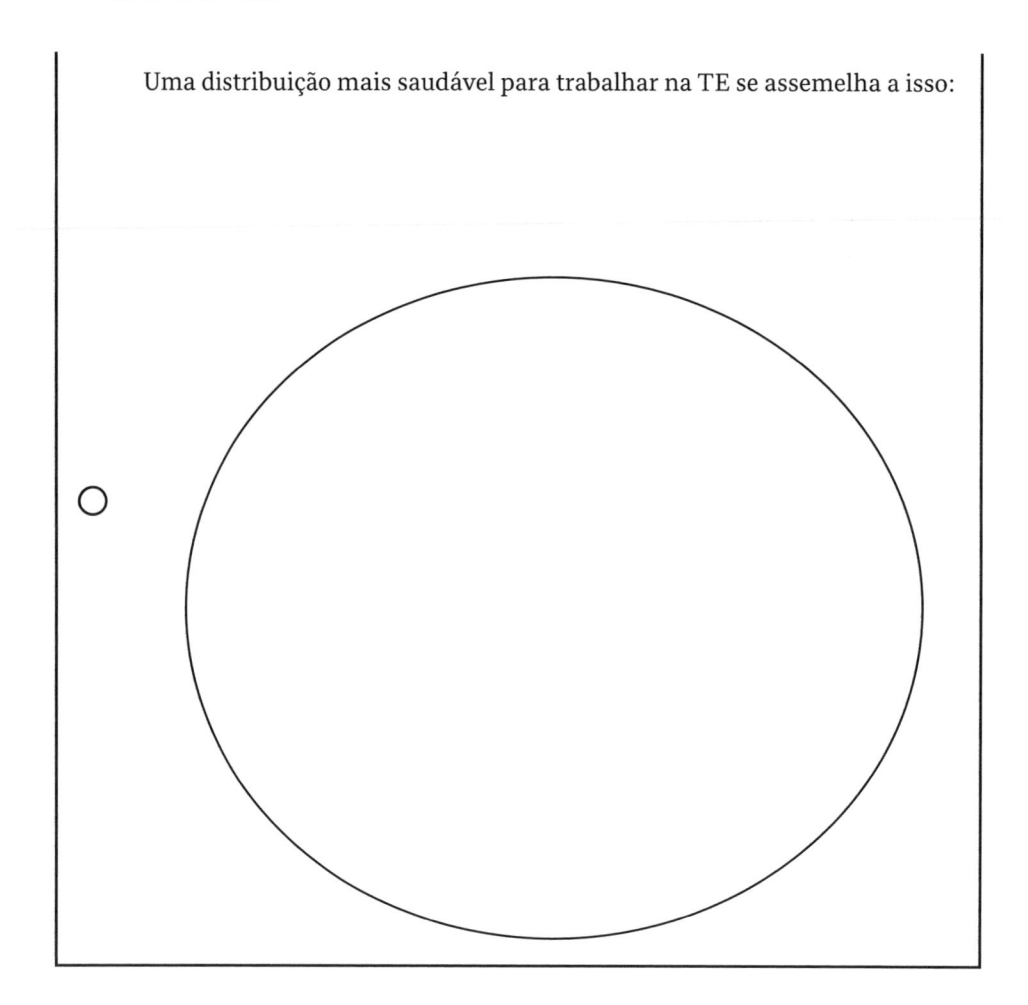

(◯ large circle)

A **sessão 4** da psicoeducação sobre TE descreve as principais intervenções usadas na abordagem. A TE integra trabalho de quebra de padrões cognitivos, experienciais e comportamentais, e essa integração é uma das características únicas do modelo. Os pacientes geralmente estão familiarizados com intervenções cognitivas e comportamentais, portanto, o foco aqui é nas intervenções experienciais e no trabalho que integra as três abordagens. O trabalho com imagens, incluindo o reprocessamento de imagens, é explicado e discutido. Utilizamos um exercício que demonstra aos pacientes que eles são capazes de "criar imagens" e que não se trata de uma experiência dolorosa ou exigente. Isso é detalhadamente descrito nas notas para o terapeuta para essa sessão.

A **sessão 5** concentra-se no modo adulto saudável. A aprendizagem sobre os modos continua utilizando jogos como veículo, os quais são descritos nas notas para o terapeuta.

Na última sessão, é importante ter desenvolvido certa facilidade em falar sobre os modos e o interesse dos pacientes em aprender sobre seus próprios modos. Isso ajuda a eliminar a sensação de culpa ou de ser "ruim" por ter experiências de modos e proporciona uma visão menos orientada para a psicopatologia de si mesmos. Eles começam a entender que as pessoas ao seu redor estão em vários modos o tempo todo, quer tenham diagnósticos psicológicos ou não. Essa abordagem também facilita a universalidade, um importante fator terapêutico que os grupos de TE desejam promover.

Sessão 4 de Psicoeducação sobre Terapia do Esquema: Terapia do Esquema

○ Seus esquemas e modos são identificados por meio de:

- discussão de suas experiências de infância;
- questionários sobre seu comportamento e sentimentos habituais;
- exercícios de imagética nos quais os modos são ativados;
- observação de quando esquemas ou modos são ativados em contato com seus terapeutas, membros do grupo ou outras pessoas;
- reações emocionais *intensas* muitas vezes indicam a ativação de um esquema ou modo importante – momentos em que sua reação parece maior do que a situação em que você está, mas é compreensível no contexto de suas experiências de vida. Essas reações intensas podem ser medo, raiva ou ativação de um modo de enfrentamento e podem ser usadas como pistas para descobrir qual esquema foi ativado e qual modo foi acionado.

EXEMPLO:
_____
_____
_____
○ _____

Técnicas da terapia do esquema
A TE inclui técnicas ou métodos cognitivos, experienciais e comportamentais. As principais técnicas são descritas a seguir.

1. **Técnicas cognitivas são métodos que usam nosso pensamento e raciocínio**
   - Listas de prós e contras: quais são as vantagens ou benefícios e desvantagens ou custos do meu modo atual?
   - Quais distorções cognitivas estão atuando para manter meu modo (por exemplo, pensamento de tudo ou nada, catastrofização, leitura de mentes)?
   - Diálogos entre diferentes modos. Em grupos, esses diálogos incluem terapeutas e colegas desempenhando o papel dos comportamentos do meu modo e, em sessões individuais, o trabalho com a cadeira vazia é usado para eu assumir todos os meus papéis de modo.
   - *Flashcards* de modos.
   - Monitoramento de modos: registro de momentos em que você percebe a ocorrência de modos.

2. **Técnicas experienciais são métodos que nos ajudam a vivenciar nossas emoções**

Por que isso é necessário?

O modo criança vulnerável guarda as emoções e memórias dolorosas de situações que chamamos de "raízes". Quando nesse modo, você pode ou não ter uma memória consciente da situação raiz. Você pode apenas estar ciente de sentimentos assustadores ou dolorosos. As lembranças nem sempre vêm para nós na forma de detalhes específicos de uma experiência dolorosa. Às vezes, recebemos apenas a parte emocional de uma lembrança e não sabemos a que situação do passado ela está relacionada. Isso acontece quando as experiências fundamentais de necessidades básicas não atendidas, abuso ou negligência ocorreram em uma idade muito precoce. Estudos sobre memória indicam que, possivelmente, não guardamos de forma confiável memórias completas e precisas de eventos ocorridos antes dos 6 anos. Além disso, se o evento teve uma emoção intensa como parte dele, isso também pode interferir no conteúdo da memória que está sendo armazenado. Portanto, não pense que há algo errado se você não puder identificar facilmente as raízes de forma imediata. Se o evento ocorreu antes de você aprender a falar, ele não será armazenado verbalmente.

Estamos pedindo que você esteja ciente das experiências "raízes" dos modos, para que seu modo adulto saudável seja capaz de construir antídotos psicológicos, ou seja, experiências tranquilizadoras e reconfortantes para a sua parte criança, para que ela possa se curar e você possa viver de maneira mais saudável e feliz.

O que acontece nos exercícios de imagética?

- Em exercícios de imagética, você geralmente ficará no modo criança vulnerável, e isso é importante! Esse é o modo que precisa ser acessado para a cura.
- Modos de enfrentamento automaticamente tentam evitar a sensação de dor e sofrimento. Isso é útil em situações extremas ou de emergência, mas não durante exercícios de imagética ou em sessões de terapia!

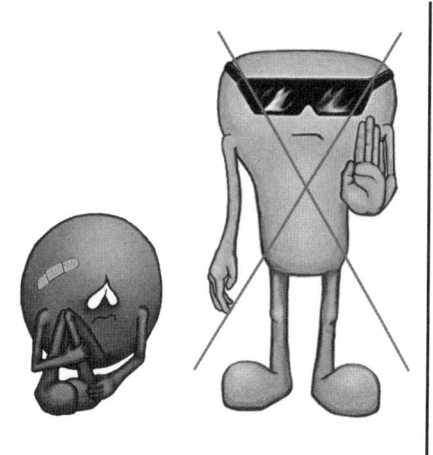

Como funcionam os exercícios de imagética?

- Eles criam deliberadamente, tanto quanto possível, uma experiência que seus terapeutas descrevem para você.
- Feche os olhos e permita que a imagem venha à mente, tente vê-la com os olhos da mente.
- Use uma linguagem no tempo presente, em primeira pessoa ("Eu sou...", "Eu vejo...").
- Descreva a imagem com o máximo de detalhes possível, como se fosse uma cena de um filme passando diante dos olhos da sua mente.
- Tente vivenciar as imagens como se estivesse realmente lá (aromas, sabores, ruídos).
- O que as pessoas nesse "filme" pensam, sentem e vivenciam?
- Em seguida, você pode conversar com seu grupo ou seu terapeuta individual sobre a experiência.
- Não pedimos que você reviva experiências dolorosas. Nosso objetivo é parar em uma imagem antes de algo ruim acontecer e mudar o desfecho para o que deveria ter acontecido e, assim, atender às necessidades da criança.

3. **Técnicas comportamentais são métodos para quebrar nossos velhos hábitos e desenvolver novas habilidades**

Infelizmente, *não* é suficiente:

- fazer a parte cognitiva do trabalho e mudar seu pensamento;
- ou mesmo fazer a parte experiencial do trabalho para que suas emoções mudem.

O objetivo da terapia do esquema

- Somente substituindo seus comportamentos e padrões prejudiciais, orientados pelo modo, por habilidades de adulto saudável, você pode perceber totalmente os efeitos positivos em sua vida a partir das mudanças que faz na psicoterapia.

A TE é única como tratamento, pois inclui os três componentes necessários para fazer mudanças positivas significativas em sua vida. Acreditamos que é por isso que a pesquisa sobre a abordagem está demonstrando mudanças positivas tão significativas nas pessoas com transtornos psiquiátricos e melhorias em sua qualidade de vida.

Sessão 5 de Psicoeducação sobre Terapia do Esquema: Identificando Modos

1. Jogo "Qual é o meu (modo)?"

Vamos fazer um jogo para praticar a identificação de modos. É como o antigo *game show* da TV estadunidense, em que pessoas de diferentes profissões entram e os participantes fazem perguntas para tentar adivinhar a profissão delas. No nosso jogo, você tentará adivinhar o modo em que a pessoa está. O grupo inteiro será o painel de participantes que podem fazer perguntas aos jogadores sobre quem, o quê, onde, quando e por quê. Observe o membro do grupo que está participando responder às perguntas em um *modo*. Eles não podem fazer perguntas específicas sobre o modo, mas podem perguntar qualquer outra coisa, por exemplo, "Você tinha muitos amigos quando era criança?", "Qual é sua atividade favorita?", e assim por diante. Há cartões com sugestões de perguntas.

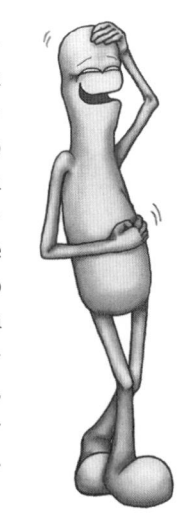

2. Trechos de filmes

Tente identificar os modos nos personagens dos trechos de filmes que mostramos para você. Se não tiver certeza, sinta-se à vontade para adivinhar...

Trecho de filme 1

EU VI OS SEGUINTES COMPORTAMENTOS E REAÇÕES FÍSICAS:
_____
_____
_____
_____

EU ACREDITO QUE A PESSOA SENTIU E PENSOU:
_____
_____
_____
_____

A PESSOA PODE ESTAR NO SEGUINTE MODO: _____
_____

Trecho de filme 2

EU VI OS SEGUINTES COMPORTAMENTOS E REAÇÕES FÍSICAS:
_____
_____
_____
_____

EU ACREDITO QUE A PESSOA SENTIU E PENSOU:
_____
_____
_____
_____

A PESSOA PODE ESTAR NO SEGUINTE MODO: _____
_____

Trecho de filme 3

EU VI OS SEGUINTES COMPORTAMENTOS E REAÇÕES FÍSICAS:
_____
_____

EU ACREDITO QUE A PESSOA SENTIU E PENSOU:
_____
_____
_____
_____

A PESSOA PODE ESTAR NO SEGUINTE MODO: _____
_____

Trecho de filme 4

EU VI OS SEGUINTES COMPORTAMENTOS E REAÇÕES FÍSICAS:
_____
_____
_____
_____

EU ACREDITO QUE A PESSOA SENTIU E PENSOU:
_____
_____
_____
_____

A PESSOA PODE ESTAR NO SEGUINTE MODO: _____
_____

Trecho de filme 5

EU VI OS SEGUINTES COMPORTAMENTOS E REAÇÕES FÍSICAS:
_____
_____
_____
_____

EU ACREDITO QUE A PESSOA SENTIU E PENSOU:
_____
_____
_____
_____

A PESSOA PODE ESTAR NO SEGUINTE MODO: _____

AS 12 SESSÕES DE CONSCIÊNCIA DE MODO

Após a introdução ao conceito de modos no grupo de psicoeducação sobre TE, os pacientes precisam aprender a estar cientes de seus próprios modos em seu cotidiano. A consciência tem um componente cognitivo ("O que estou pensando?"), um componente emocional ("Como estou me sentindo?"), um componente fisiológico ("Consigo perceber alguma mudança no meu corpo?") e um componente comportamental ("Quais ações eu tomo?"). O objetivo dessas sessões é fazer os pacientes ficarem cientes de que um modo foi acionado antes de agirem. As seis primeiras sessões concentram-se na consciência dos componentes cognitivos, emocionais e fisiológicos dos modos, suas situações atuais de desencadeamento e as experiências passadas vinculadas ao modo. As seis últimas sessões concentram-se no uso da consciência para o trabalho de mudança de modo. Uma das maneiras como o grupo de consciência de modo ensina os pacientes sobre os modos é vendo e ouvindo exemplos das experiências de outros participantes. Para isso, eles são solicitados a completar a Tarefa de Consciência de Modo 1: Consciência do Meu Modo de Enfrentamento Desadaptativo (CM 1-MED1) antes da primeira sessão. Os pacientes recebem esse folheto no final da última sessão de psicoeducação sobre TE.

Essas sessões facilitam a consciência do modo adulto saudável, as cognições, os sentimentos e as habilidades necessários para atender à necessidade presente sob o modo, por exemplo, substituir um modo disfuncional por um comportamento de enfrentamento mais saudável. No segundo ciclo de sessões de consciência de modo, o foco está no uso da consciência para mudar o comportamento do modo.

As sessões de 1 a 4 começam com a discussão de um folheto que apresenta exemplos relacionados ao modo em foco. Fornecer exemplos reduz o medo dos pacientes de "errar" ou "serem idiotas", facilita uma compreensão mais precisa das tarefas e aumenta a probabilidade de que elas sejam concluídas. O exemplo identifica a situação que desencadeou o modo, os pensamentos, os sentimentos e as reações físicas associados, a necessidade subjacente ao modo e a relação da experiência atual com memórias de infância de experiências semelhantes. Se os pacientes não conseguirem identificar quaisquer memórias de infância associadas, focamos na necessidade subjacente. Esteja ciente de que a incapacidade de lembrar-se de memórias da infância pode ser resultado de um modo de enfrentamento evitativo ou indicar que a memória subjacente ao modo remonta a um estágio pré-oral do desenvolvimento. Nesse caso, a necessidade subjacente aos modos de enfrentamento seria a segurança. É importante evitar produzir memórias para preencher a lacuna.

A **sessão 1** concentra-se nos modos de enfrentamento desadaptativo. Para permitir as consideráveis diferenças possíveis nos grupos, não especificamos qual modo de enfrentamento desadaptativo. Os pacientes podem simplesmente escrever seu modo, referindo-se ao material de psicoeducação sobre TE se necessário.

A **sessão 2** concentra-se nos modos pai/mãe internalizados disfuncionais (modo pai/mãe punitivo e modo pai/mãe exigente). Fornecemos dois folhetos para essa sessão, a versão A focando no modo pai/mãe punitivo e a versão B focando no modo pai/mãe exigente. Se os indivíduos em seu grupo tiverem mais dificuldade com um desses dois modos, concentre-se nele. Ao fazer a conexão com as experiências da infância, você pode ter uma ideia de quais figuras importantes na vida de um paciente estão relacionadas aos modos pai/mãe internalizados disfuncionais. Trata-se de um exemplo do tipo de informação que é importante compartilhar com os outros terapeutas, especialmente o terapeuta individual do paciente.

A **sessão 3** concentra-se no modo criança vulnerável. O conceito de criança vulnerável da TE varia um pouco, dependendo dos sentimentos presentes e da natureza da necessidade não atendida que cria a vulnerabilidade. O exemplo no folheto foca em um modo criança vulnerável solitário, mas você pode substituí-lo por outro exemplo se a emoção primária que seus pacientes vivenciam for diferente, por exemplo, um modo envergonhado ou um modo com medo/abandonado.

A **sessão 4** concentra-se no modo criança zangada. Para esse modo, é especialmente útil se os pacientes aprenderem a estar cientes de sinais físicos como ondas de calor, cabeça quente, agitação, tensão muscular, ranger de dentes, e assim por diante. Quando uma pessoa está em seu modo criança zangada, geralmente é difícil pensar, portanto, sinais físicos são particularmente úteis para usar como pistas de consciência.

A **sessão 5** concentra-se no modo criança feliz, e o folheto muda um pouco. Pessoas com dificuldades psicológicas muitas vezes têm dificuldade em se permitir vivenciar esse modo. Por esse motivo, no folheto, analisamos os modos que interferem na experiência do modo criança feliz. Memórias de infância negativas podem estar associadas aos modos interferentes. Em casos raros em populações de pacientes, memórias de infância positivas vêm à mente e podem ser compartilhadas.

Tarefa de Consciência de Modo 1:
Consciência do Meu Modo de Enfrentamento Desadaptativo

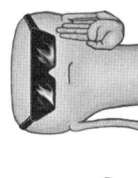

Dia	Em que situação você estava?	Pensamentos	Sentimentos	Físico	Necessidade e modo	Memórias da infância relacionadas à situação
Exemplo	Discussão em grupo	Eu não entendo sobre o que estão falando. Eu sou simplesmente muito idiota. Não posso deixar ninguém perceber o quão idiota eu sou.	Eu me sinto muito vulnerável; estou com medo.	Estou ficando distraído; não sinto meu corpo.	Não me sentir sobrecarregado; me sentir seguro; protetor desligado.	Está relacionado à época do ensino fundamental, quando as outras crianças me intimidavam e diziam que eu era idiota. Eu tinha esses sentimentos naquela época também.
Segunda-feira						
Terça-feira						
Quarta-feira						

Quinta-feira	Sexta-feira	Sábado	Domingo	

Tarefa de Consciência de Modo 2a:
Consciência do Meu Modo Pai/Mãe Punitivo

Dia	Em que situação você estava?	Pensamentos	Sentimentos	Físico	Necessidade e modo	Memórias da infância relacionadas à situação
Exemplo	Eu fiz uma entrevista de emprego e não consegui a vaga.	Eu pensei "Eu sou um fracasso, sempre serei um perdedor".	Eu senti vergonha, ódio de mim mesmo e nojo.	Eu me sinto enjoado.	Eu preciso que alguém mande o meu pai/mãe punitivo calar a boca. Eu preciso que alguém me diga que fazer uma entrevista é um grande passo para mim e que fiz um bom trabalho, mesmo que não tenha sido contratado.	Está relacionado à minha professora do jardim de infância me dizendo que eu era uma criança ruim, idiota e que eu era tão desajeitado que nem conseguia amarrar meus próprios cadarços.
Segunda-feira						
Terça-feira						
Quarta-feira						

Quinta-feira			
Sexta-feira			
Sábado			
Domingo			

Tarefa de Consciência de Modo 2b:
Consciência do Meu Modo Pai/Mãe Exigente

Dia	Em que situação você estava?	Pensamentos	Sentimentos	Físico	Necessidade e modo	Memórias da infância relacionadas à situação
Exemplo	Eu preciso limpar meu quarto.	Eu acho que preciso estar perfeitamente limpo, senão não faz sentido começar. Meus pensamentos estão acelerados.	Senti-me pressionada. Não consigo dar nome a um sentimento.	Meu corpo todo está tenso. Eu começo a me sentir tonta.	Eu preciso que alguém me diga para fazer apenas o básico, por exemplo, aspirar, tirar o lixo, limpar as bancadas da cozinha e o vaso sanitário hoje. É muita coisa, então eu deveria descansar. Eu posso escolher mais quatro tarefas para amanhã.	Está relacionado à minha mãe, que sempre me ensinou a ser a dona de casa perfeita e nunca permitir que eu descansasse.
Segunda-feira						
Terça-feira						

	Quarta-feira	Quinta-feira	Sexta-feira	Sábado	Domingo

Tarefa de Consciência de Modo 3:
Consciência do Meu Modo Criança Vulnerável

Dia	Em que situação você estava?	Pensamentos	Sentimentos	Físico	Necessidade e modo	Memórias da infância relacionadas à situação
Exemplo	Eu estava no meu quarto. Minha amiga ligou e cancelou a visita.	Eu acho que ela não gosta mais de mim.	Eu me sinto vulnerável e triste.	Eu choro. Sensação de tremor no estômago.	Não me sentir sozinho.	Está relacionado a ser deixado sozinho frequentemente quando minha mãe ia trabalhar.
Segunda-feira						
Terça-feira						

Quarta-feira	Quinta-feira	Sexta-feira	Sábado	Domingo	

Tarefa de Consciência de Modo 4:
Consciência do Meu Modo Criança Zangada

Dia	Em que situação você estava?	Pensamentos	Sentimentos	Físico	Necessidade e modo	Memórias da infância relacionadas à situação
Exemplo	Eu tinha que marcar uma consulta importante. Eu sabia que isso era estressante e difícil para mim, mas minha amiga me disse que eu estava exagerando.	Eu penso: "Eu te odeio! Eu nunca mais vou te contar nada!".	Eu me sinto realmente zangado.	Minha cabeça está quente. Minha mandíbula está tensa.	Eu quero que minha amiga entenda que isso é difícil para mim e quero que ela me apoie.	Está relacionado à minha família me dizendo que eu não deveria ser tão sensível acerca de tudo. Eles me faziam sentir que eu estava errado ou que meus sentimentos estavam errados.
Segunda-feira						
Terça-feira						
Quarta-feira						

Quinta-feira	Sexta-feira	Sábado	Domingo

Tarefa de Consciência de Modo 5:
Consciência do Meu Modo Criança Feliz

Dia	Em que situação você estava?	Pensamentos	Sentimentos	Físico	Necessidade e modo	Memórias da infância relacionadas à situação
Exemplo	Meus colegas de quarto pediram pizza e me convidaram para comermos juntos e assistirmos a um filme.	Eu penso: "Oba!".	Eu me sinto feliz.	Eu sorri e tive uma sensação quente no estômago. Eu não conseguia manter minhas mãos paradas.	O modo pai/mãe exigente me diz que devo fazer minha tarefa em grupo primeiro.	Está relacionado aos meus amigos me pedindo para brincar com eles e meu pai/mãe me dizendo que eu não poderia ir porque não tinha limpado meu quarto e que eu era preguiçoso por querer brincar primeiro.
Segunda-feira						
Terça-feira						

Terapia do esquema **107**

Quarta-feira	Quinta-feira	Sexta-feira	Sábado	Domingo

Notas para o Terapeuta:
Grupos de Consciência de Modo de 1 a 6

O que se segue é um exemplo de roteiro de como apresentamos o trabalho de consciência de modo aos pacientes. Esta sessão de exemplo destina-se aos modos de enfrentamento desadaptativo. Nas sessões de 2 a 5, você apresentará o material de maneira semelhante para cada um dos outros modos principais. Você pode usar o mesmo roteiro de exemplo e substituir pelo modo da sua sessão. Também fornecemos algumas dicas para lidar com questões que frequentemente surgem nesses momentos.

> *Olá, estou feliz que todos vocês estejam aqui e estou contente em vê-los. Este é o grupo de consciência de modo e, nessas sessões, vamos nos concentrar em aumentar sua consciência sobre quando você está em um modo; em outras palavras, como você pode monitorar seus modos. Antes de começarmos, gostaríamos que você sentisse seus pés no chão, respirasse profundamente algumas vezes e direcionasse sua atenção para estar aqui no grupo conosco.*
>
> *Vocês receberam uma planilha para registrar seu monitoramento de modo três vezes ao dia.*
>
> *Focamos em um modo de cada vez. Qualquer que seja o modo em que estivermos focando, ele será a ênfase principal em seus três grupos e em sua sessão individual. Hoje estamos nos concentrando nos modos de enfrentamento desadaptativo (indique o grupo de foco aqui). Então, hoje, vamos nos concentrar em situações em que vocês estavam nesse modo. Vamos começar analisando um exemplo juntos.*

Forneça a eles o folheto de consciência de modo para a sessão. Aqui, você explica o exemplo em detalhes, respondendo às perguntas e facilitando a participação dos membros do grupo nas discussões. O que se segue é um exemplo de como fazemos isso.

> *Imagine que você está em uma sessão de grupo e há uma discussão. Se estiver no modo de enfrentamento desadaptativo, você pode pensar: "Eu não entendo sobre o que estão falando. Eu sou simplesmente muito idiota. Não posso deixar ninguém perceber o quão idiota eu sou". Você pode perceber que está ficando distraído e não sente mais seu corpo. Por trás da "máscara" do modo de enfrentamento desadaptativo, você pode se sentir muito vulnerável e assustado e ter a necessidade de não se sentir sobrecarregado e de se sentir seguro.*
>
> *Alguém reconhece a experiência de algum desses sentimentos, pensamentos ou sensações físicas quando está no modo de enfrentamento desadaptativo?*

Reconheça aqueles que sinalizarem familiaridade com qualquer um desses sentimentos, pensamentos ou sensações físicas quando estiverem no modo de enfrentamento desadaptativo. O aceno com a cabeça também deve ser reconhecido para incentivar a participação. Pode levar um tempo para que os pacientes falem no grupo, portanto, é importante incentivar sua participação reforçando pequenos passos, incluindo o envolvimento não verbal.

> *Nossas experiências atuais podem ter relações com experiências passadas que são semelhantes. Por exemplo, a experiência de estar no grupo poderia relacionar-se a uma memória de outra experiência de estar em um grupo, por exemplo, no ensino fundamental, sendo intimidado por outras crianças. Esse tipo de conexão entre a experiência presente e uma memória dolorosa pode fazer seus sentimentos e reação serem "maiores" no presente. É como se você não estivesse apenas reagindo aos sentimentos de estar nesse grupo agora, mas também à memória do bullying.*

> *Faz sentido para você?* [Se alguém disser "não"]: *Você sabe qual parte não ficou clara?* [Tente esclarecer ou peça a outro membro do grupo para resumir com suas próprias palavras.]
> *Vocês têm alguma dúvida?* [Responda a todas às perguntas.]
> *Alguém aqui vivenciou um modo de enfrentamento desadaptativo na segunda-feira? Vamos analisar a situação.*
> [Faça isso para todos os dias da semana. Deixe os pacientes se voluntariarem e, em seguida, faça um rodízio, pedindo aos demais que deem um exemplo para que todos tenham a oportunidade de falar.]

> [Encerramento do grupo:] *Ótimo trabalho hoje, pessoal. Aqui está a planilha para a próxima semana.* [Forneça a eles a Tarefa de Consciência de Modo 3 e a folha de monitoramento semanal.] *Esta é a tarefa para a próxima semana. Seria ótimo se vocês pudessem tentar monitorar seu modo criança vulnerável a partir de hoje e preencher os espaços na planilha. Se tiverem dúvidas ou precisarem de ajuda, podem perguntar às enfermeiras ou ao seu terapeuta individual, caso não estejamos disponíveis.*
> *Ficamos muito felizes por tê-los aqui. Até logo. Desejo a todos um resto de dia maravilhoso.*

Este roteiro, com ajustes mínimos de conteúdo e para se adequar ao seu grupo e estilo, pode ser usado para as Tarefas de Consciência de Modo 2 a 6.

As **sessões 6 e 12** concentram-se no modo adulto saudável. O folheto para essas sessões (Tarefas de Consciência de Modo 6 e 12: Acessando Meu Modo Adulto Saudável [CM 6&12-MAS1&2]) foca em mudar comportamentos de modo. Tentamos agora mudar o foco para os modos adaptativos que um paciente tem e aumentar a consciência sobre os comportamentos do modo adulto saudável em seu repertório. Quando essas sessões acontecem, se você estiver seguindo a sequência recomendada dos grupos, os pacientes terão tido algumas sessões de manejo de modo e trabalho de modo experiencial, as quais terão proporcionado ferramentas para usarem a fim de mudar comportamentos de modos desadaptativos ou disfuncionais. Primeiro, pede-se aos pacientes que decidam qual modo desejam trabalhar e o descrevam em termos de consciência. Em seguida, são solicitados a criar uma situação que poderia desencadear o modo escolhido. Os folhetos de psicoeducação sobre TE nos quais os pacientes registraram situações que desencadeiam certos modos podem ser usados como referência. Depois que uma situação específica é decidida, desenvolve-se uma "perspectiva do bom pai/boa mãe". Conceituamos o "bom pai/boa mãe" como uma parte do modo adulto saudável, que sempre tem uma atitude carinhosa e uma visão positiva dos modos criança e pode entender a origem e a função original de sobrevivência dos modos de enfrentamento desadaptativo. A "perspectiva do bom pai/boa mãe" muitas vezes é aquela que os pacientes têm e usam ao lidar com os outros, especialmente crianças, mas não aplicam a si mesmos. Vemos a identificação da presença dessa atitude em relação aos outros como uma etapa intermediária para poder usá-la consigo mesmo. Vemos essa atitude do "bom pai/boa mãe" como parte do modo adulto saudável, que pode cuidar do modo criança vulnerável. Depois que a perspectiva do bom pai/boa mãe é identificada, um plano de ação a partir da perspectiva do adulto saudável pode ser desenvolvido e as habilidades necessárias para colocá-lo em prática são identificadas. Os resultados positivos esperados do plano e quaisquer dificuldades ou consequências negativas podem ser discutidos. Queremos que os pacientes comecem a planejar como mudar modos disfuncionais em situações específicas. Incentivamos que sejam proativos em seu planejamento, em vez de esperar que situações apropriadas surjam. O folheto de atividades para essa sessão também pode ser usado na TEI para desenvolver experimentos comportamentais para a mudança de modo.

As **sessões 7, 8 e 10** têm o mesmo foco, ou seja, usar a consciência das habilidades do modo adulto saudável para sair de modos problemáticos: modos de enfrentamento desadaptativo (sessão 7; Tarefa de Consciência de Modo 7: Conectar-me ao Meu Adulto Saudável a partir do Meu Modo de Enfrentamento [CM 7-MED2]), modo pai/mãe internalizados disfuncionais (sessão 8a para modo pai/mãe punitivo e 8b para modo pai/mãe exigente; Tarefa de Consciência de Modo 8a: Permitir que Meu Adulto Saudável Elimine Meu Modo Pai/Mãe Punitivo [CM 8a-MPD2] e Tarefa de Consciência de Modo 8b: Permitir que Meu Adulto Saudável Reduza Meu Modo Pai/Mãe Exigente a Níveis Razoáveis [CM 8b-MPD2]) e modos criança zangada ou criança impulsiva (sessão 10; Tarefa de Consciência de Modo 10: Deixar Meu Adulto Saudável Ouvir as Necessidades da Minha Criança Zangada [CM 10-MCZ2]). O folheto de

Tarefas de Consciência de Modo 6 e 12: Acessando Meu Modo Adulto Saudável

Dia	Qual modo você está tentando trabalhar? Enfrentamento desadaptativo, pai/mãe punitivo ou exigente, criança vulnerável, criança zangada	Consciência do modo Pensamentos? Sentimentos? Fisiológico? Necessidade subjacente?	Em qual situação seu adulto saudável pode trabalhar neste modo?	Perspectiva do bom pai/ boa mãe. Quais são os fatos e interpretações alternativas?	Plano do modo de adulto saudável. Qual é o seu plano?	Habilidades do modo de adulto saudável. Quais habilidades seu adulto saudável pode usar para que seu plano funcione?	Consequências. O plano funcionou?
Exemplo	Criança vulnerável.	Eu acho que ninguém gosta de mim. Eu me sinto triste. Eu choro e me escondo no meu quarto.	Eu posso trabalhar este modo depois de discutir com alguém, pois sempre me sinto sozinho em seguida.	Tudo bem ficar triste quando você discute com alguém de que gosta e não consegue chegar a um consenso. Isso não significa que ninguém mais gosta de você. Muitas pessoas gostam de você, e eu também.	Eu planejo ligar para um dos meus outros amigos para me sentir conectado a alguém.	Posso fazer uma lista de prós e contras para a questão de fazer uma ligação telefônica. Posso considerar quem seriam boas pessoas para ligar. Posso imaginar o que meu terapeuta diria para me motivar a me conectar com amigos quando me sinto sozinho.	Meu plano deu certo. Imaginei o que meu terapeuta diria para me motivar a, em seguida, liguei para um amigo. Depois da ligação telefônica, eu não me senti mais sozinho.

	Segunda-feira	Terça-feira	Quarta-feira	Quinta-feira	Sexta-feira	Sábado	Domingo

atividades para essas sessões é semelhante ao do modo adulto saudável (sessões 6 e 12). Pede-se ao paciente: situação, necessidade, consciência, perspectiva do adulto saudável e habilidades, e consequências. Novamente, cabe aos terapeutas escolherem o modo específico para trabalhar, com base em cada paciente.

A **sessão 9** aplica as habilidades do modo adulto saudável para o modo criança vulnerável. O folheto (Tarefa de Consciência de Modo 9: Deixar Meu Adulto Saudável Cuidar da Minha Criança Vulnerável [CM 9-MCV2]) distingue as diferentes versões do modo criança vulnerável, pois diferentes habilidades funcionam para nuances diferentes de sentimentos, como tristeza, medo, solidão, vergonha, etc. É útil aqui se referir aos planos do grupo de manejo de modo que foram desenvolvidos.

A **sessão 11** concentra-se na interferência de modos com o modo criança feliz e no uso das habilidades do modo adulto saudável para acessá-lo (Tarefa de Consciência de Modo 11: Permitir que Meu Adulto Saudável Conheça Minha Identidade ao Ouvir Meu Modo Criança Feliz [CM 11-MCF2]).

A **sessão 12** é a mesma da sessão 6.

AS 12 SESSÕES DE MANEJO DE MODO

O principal foco desse grupo é desenvolver um **plano de manejo de modo** individualizado. Trata-se de um plano que lista o conjunto pessoal de estratégias cognitivas, comportamentais e experienciais do paciente para contrariar modos desadaptativos acionados. Ele é elaborado em forma de *flashcards* ou outra forma acessível. Alguns de nossos pacientes internados fizeram pequenos cartões ligados por um fio para prendê-los aos seus cadernos ou bolsas, de modo que fiquem sempre disponíveis. Os planos de manejo de modo acionam o modo adulto saudável, a partir do qual os indivíduos conseguem atender às suas necessidades de maneira adaptativa e saudável e cumprir as funções necessárias para ter uma vida feliz. No componente de manejo de modo, incluímos uma seção sobre habilidades experienciais que um paciente poderia usar em determinadas situações. O **trabalho experiencial de modo** é um grupo separado, contudo, desvencilhar os três tipos de habilidades é difícil e um tanto arbitrário, pois há sobreposição. A principal diferença é que nessas sessões, o foco está na mudança por meio de intervenções experienciais orientadas pelo terapeuta no momento, que proporcionam experiências emocionais corretivas. As técnicas experienciais concentram-se na capacidade do paciente de usar as experiências no grupo de trabalho experiencial de modo, especialmente a imagética e a evocação de imagens reprocessadas.

A **sessão 1** do manejo de modo concentra-se nos modos de enfrentamento desadaptativo. O objetivo em TE para esses modos não é eliminá-los por completo, mas estar ciente de quando são ativados, permitindo tomar a decisão sobre se a resposta anterior atenderá à necessidade na situação presente ou se é necessário empregar uma estratégia de enfrentamento diferente. Um modo de enfrentamento desadaptativo pode ter várias estratégias diferentes. Em muitos casos, o problema não é o uso da estratégia de enfrentamento em si, mas o uso excessivo de uma delas (ou seja,

Tarefa de Consciência de Modo 7: Conectar-me ao Meu Adulto Saudável a partir do Meu Modo de Enfrentamento

Dia	Em que situação você estava?	Necessidade e modo subjacente	Consciência física e emocional? Pensamentos?	Perspectiva do adulto saudável. Quais são as suas sugestões? Tenha o seu bom pai/boa mãe sempre em mente. Quais escolhas você tem?	Habilidades do adulto saudável. Experimente uma técnica cognitiva, comportamental ou experiencial	Resultados. Registre quaisquer efeitos que a habilidade teve, tanto negativos quanto positivos. Você mudou para outro modo?
Exemplo	Discussão em grupo	Não me sentir sobrecarregado; me sentir seguro (modo criança vulnerável).	Ficando distraído; não sinto o corpo. Quero ir embora.	O grupo tem sido seguro. Eu posso me desligar ou permanecer presente.	Use a bolha de segurança.	Eu escolhi usar a bolha de segurança. Consegui permanecer no grupo e aprendi sobre os prós e contras do modo protetor desligado.
Segunda-feira						
Terça-feira						

Quarta-feira	Quinta-feira	Sexta-feira	Sábado	Domingo

Tarefa de Consciência de Modo 8a: Permitir que Meu Modo Adulto Saudável Elimine Meu Modo Pai/Mãe Punitivo

Dia	Em que situação você estava?	Necessidade e modo subjacente	Consciência física e emocional? Pensamentos?	Perspectiva do adulto saudável. Quais são as suas sugestões? Tenha o seu bom pai/boa mãe sempre em mente. Quais escolhas você tem?	Habilidades do adulto saudável. Experimente uma técnica cognitiva, comportamental ou experiencial	Resultados. Registre quaisquer efeitos que a habilidade teve, tanto negativos quanto positivos. Você mudou para outro modo?
Exemplo	Eu fiz uma entrevista de emprego e não consegui a vaga.	Eu preciso que alguém mande meu pai/mãe punitivo se calar e me dizer que fazer uma entrevista é um grande passo para mim e que fiz um bom trabalho lá (modo criança vulnerável).	Eu me senti envergonhado e culpado. Pensei que sou um fracasso e me senti enjoado.	Eu não consegui o emprego, mas consegui fazer a entrevista. Eu posso desistir ou posso tentar conseguir mais entrevistas.	Eu mandei meu pai/mãe punitivo se calar. Eu também disse a mim mesmo que fazer uma entrevista é um grande passo para mim e que fiz um bom trabalho lá. Imaginei como me senti quando recebi a carta-convite para a entrevista de emprego.	Não me senti tão fracassado. Meu pai/mãe punitivo não se calou, mas sua voz não estava tão alta. Mudei para o meu modo criança vulnerável, mas consegui me acalmar e depois me candidatei a outra vaga.
Segunda-feira						

	Terça-feira	Quarta-feira	Quinta-feira	Sexta-feira	Sábado	Domingo

Tarefa de Consciência de Modo 8b: Permitir que Meu Adulto Saudável Reduza Meu Pai/Mãe Exigente a Níveis Razoáveis

Dia	Em que situação você estava?	Necessidade e modo subjacente	Consciência física e emocional? Pensamentos?	Perspectiva do adulto saudável. Quais são as suas sugestões? Tenha o seu bom pai/boa mãe sempre em mente. Quais escolhas você tem?	Habilidades do adulto saudável. Experimente uma técnica cognitiva, comportamental ou experiencial	Resultados. Registre quaisquer efeitos que a habilidade teve, tanto negativos quanto positivos. Você mudou para outro modo?
Exemplo	Eu preciso limpar meu quarto.	Eu preciso de ajuda e proteção contra os padrões implacáveis do meu modo pai/mãe exigente.	Senti-me pressionada. Meus pensamentos estavam acelerados.	Eu preciso lavar minhas roupas para ter algo para vestir. Posso fazer o resto da limpeza depois ou posso fazer tudo, e vai levar muito tempo.	Eu imaginei um pai/mãe bom e solidário, que me disse para fazer apenas a parte necessária do trabalho hoje e descansar depois.	Senti-me menos pressionada. Lavei uma pilha de roupas. Depois, descansei. Acredito que, quando me permito fazer pausas, fica mais fácil retomar o trabalho.
Segunda-feira						

Terça-feira	Quarta-feira	Quinta-feira	Sexta-feira	Sábado	Domingo	

Tarefa de Consciência de Modo 9: Deixar Meu Adulto Saudável Cuidar da Minha Criança Vulnerável

Dia	Em que situação você estava?	Necessidade e modo subjacente	Consciência física e emocional? Pensamentos?	Perspectiva do adulto saudável. Quais são as suas sugestões? Tenha o seu bom pai/boa mãe sempre em mente. Quais escolhas você tem?	Habilidades do adulto saudável. Experimente uma técnica cognitiva, comportamental ou experiencial	Resultados. Registre quaisquer efeitos que a habilidade teve, tanto negativos quanto positivos. Você mudou para outro modo?
Exemplo	Eu estava no meu quarto. Minha amiga ligou e cancelou a visita.	Não me sentir abandonado.	Eu me sinto vulnerável e triste. Eu choro e acho que ela não gosta mais de mim.	Ela ligou e disse que precisava trabalhar. Ela nunca mentiu para mim antes. Eu posso me esconder no meu quarto ou fazer algo reconfortante.	Eu posso tomar um chocolate quente para me acalmar e, então, ligar para ela para remarcar sua visita. Eu posso relembrar a imagem dela me dizendo que se importa comigo.	Eu consegui vivenciar a decepção com segurança, me acalmar e ligar para minha amiga. Ela disse que iria me visitar no sábado e que lamentava ter que mudar os planos.
Segunda-feira						

Terça-feira	Quarta-feira	Quinta-feira	Sexta-feira	Sábado	Domingo	

Tarefa de Consciência de Modo 10: Deixar Meu Adulto Saudável Ouvir as Necessidades da Minha Criança Zangada

Dia	Em que situação você estava?	Necessidade e modo subjacente	Consciência física e emocional? Pensamentos?	Perspectiva do adulto saudável. Quais são as suas sugestões? Tenha o seu bom pai/boa mãe sempre em mente. Quais escolhas você tem?	Habilidades do adulto saudável. Experimente uma técnica cognitiva, comportamental ou experiencial	Resultados. Registre quaisquer efeitos que a habilidade teve, tanto negativos quanto positivos. Você mudou para outro modo?
Exemplo	Eu tinha que marcar uma consulta importante. Eu sabia que isso era difícil para mim, mas minha amiga me disse que eu estava exagerando.	Ser compreendido e validado.	Minha cabeça está quente. Estou realmente zangado. Quero gritar com minha amiga.	Eu quero que meu amigo entenda que isso é difícil para mim e quero que ele me apoie. Posso gritar com ela agora ou tentar aliviar minha raiva em outro lugar e depois conversar sobre o problema.	Eu posso ir para o meu quarto e socar o travesseiro para aliviar minha raiva. Posso falar com minha amiga de novo e dizer a ela que a situação pode ser mais difícil para mim do que para ela, por causa do meu histórico, e que me ajudaria se ela me apoiasse durante a ligação.	Minha amiga me ouviu quando contei o que estava acontecendo. Ela até disse que iria me ajudar. Em seguida, meu modo pai/mãe punitivo veio à tona e disse que eu era tão idiota por precisar de ajuda com tudo. Isso foi difícil.

Segunda-feira	Terça-feira	Quarta-feira	Quinta-feira	Sexta-feira	Sábado	Domingo	

Tarefa de Consciência de Modo 11: Permitir que Meu Adulto Saudável Conheça Minha Identidade ao Ouvir Meu Modo Criança Feliz

Dia	Em que situação você estava?	Necessidade e modo subjacente	Consciência física e emocional? Pensamentos?	Perspectiva do adulto saudável. Quais são as suas sugestões? Tenha o seu bom pai/boa mãe sempre em mente. Quais escolhas você tem?	Habilidades do adulto saudável. Experimente uma técnica cognitiva, comportamental ou experiencial	Resultados. Registre quaisquer efeitos que a habilidade teve, tanto negativos quanto positivos. Você mudou para outro modo?
Exemplo	Meus colegas de quarto pediram pizza e me convidaram para comermos juntos e assistirmos a um filme.	Eu pensei: "Oba!". Sinto-me feliz e consigo perceber um sorriso surgindo no meu rosto quando eles perguntaram. Tinha uma sensação quente na barriga e não conseguia manter minhas mãos paradas. Imaginei-me com uma grande fatia de pizza, sentado no sofá com os outros e rindo do filme. Lembrei-me de como era bom rir ao brincar com meus primos quando eu era pequeno.	Meu modo pai/mãe exigente me disse que eu deveria fazer minha tarefa de casa primeiro ("Primeiro as obrigações, depois a diversão"). Depois, o modo disse que pizza não era saudável e eu engordaria. Então, meu modo pai/mãe punitivo começou a aparecer também.	Eu tenho a manhã inteira para fazer minha tarefa de casa. E eu sei que não posso comer pizza todos os dias porque seria prejudicial à saúde, mas está tudo bem comer de vez em quando e não vou engordar por isso. Acredito que está tudo bem permanecer no modo criança feliz.	Eu imaginei o momento em que meus colegas de quarto me convidaram para participar, foquei na sensação quente na minha barriga e na imagem de nós no sofá com a pizza e o filme engraçado.	Eu fui até lá e me diverti com eles, comi pizza e assisti ao filme. Aprendi que posso me divertir com eles, que gosto de comer pizza e de assistir a filmes engraçados com os outros. Sinto-me feliz quando faço essas coisas.

Segunda-feira	Terça-feira	Quarta-feira	Quinta-feira	Sexta-feira	Sábado	Domingo

Notas para o Terapeuta:
Grupos de Consciência de Modo de 7 a 12

O que se segue é um exemplo de roteiro de como apresentamos a segunda metade do trabalho de consciência de modo aos pacientes. Esta sessão de exemplo destina-se ao modo criança vulnerável, que é a sessão 9. Nas outras sessões de 7 a 12, você apresentará o material de maneira semelhante para cada um dos outros modos principais. Você pode usar o mesmo roteiro de exemplo e substituir pelo modo da sua sessão. Também fornecemos algumas dicas para lidar com questões que frequentemente surgem nesses momentos.

> *Olá, estou feliz que todos vocês estejam aqui e estou contente em vê-los. Este é o grupo de consciência de modo. Na primeira série de sessões, quando abordamos um modo de cada vez, focamos em aumentar sua consciência a respeito de sua experiência em cada modo. Nesta segunda série de sessões, concentramo-nos em como você pode contar com a ajuda do seu modo adulto saudável para atender às necessidades ou conduzir os modos desadaptativos ou disfuncionais, bem como fortalecer os modos adaptativos ou saudáveis.*
>
> *Mas antes de começarmos, gostaríamos que você sentisse seus pés no chão, respirasse profundamente algumas vezes e direcionasse sua atenção para estar aqui no grupo conosco.*
>
> *Vocês receberam uma planilha para registrar suas situações e sua consciência da perspectiva e habilidades do modo adulto saudável. Além disso, vocês foram solicitados a registrar os resultados do uso desse modo em particular, que revisaremos hoje.*
>
> *Como vocês já sabem, focamos em um modo de cada vez. Qualquer que seja o modo em que estivermos focando, esse será a ênfase principal em seus grupos e em sua sessão individual. Hoje estamos nos concentrando no modo criança vulnerável (indique o grupo de foco aqui). Então, hoje, vamos nos concentrar em situações em que vocês estavam neste modo. Vamos começar analisando um exemplo juntos.*

Forneça a eles o folheto sobre consciência de modo para a sessão. Aqui, você explica o exemplo em detalhes, respondendo às perguntas e facilitando a participação dos membros do grupo nas discussões. O que se segue é um exemplo de como fazemos isso.

> *Agora, deem uma olhada na planilha. Vamos analisar o exemplo juntos. Imaginem que vocês estavam em seu quarto e sua amiga ligou cancelando uma visita. Se estivessem no modo criança vulnerável, poderiam pensar que sua amiga não gosta mais de você, perceberiam uma sensação instável no estômago e começariam a chorar. Vocês poderiam se sentir vulneráveis e tristes e ter a necessidade de estar com alguém.*
>
> *Alguém reconhece a experiência de algum desses sentimentos, pensamentos ou sensações físicas quando está no modo criança vulnerável?*

Reconheça aqueles que sinalizarem familiaridade com qualquer um desses sentimentos, pensamentos ou sensações físicas quando estiverem no modo criança vulnerável. O aceno de cabeça também deve ser reconhecido, contudo, neste ponto do tratamento você pode pedir uma resposta verbal também, dizendo algo como *"Você poderia falar um pouco sobre sua experiência?"*. Se houver alguém novo no grupo, também reconheça isso.

> *Agora, vamos olhar para as últimas três colunas. A primeira delas é a "perspectiva do adulto saudável". Quais sugestões você tem ao considerar como lidar com essa situação a partir da sua "perspectiva de adulto saudável"? Considere o que você acha que um "bom pai/boa mãe" aconselharia. Quais escolhas você tem? Vamos analisar as sugestões do exemplo. A pessoa poderia avaliar como essa amiga se comportou em situações anteriores. Ela pode pensar sobre as escolhas que tem, por exemplo, pode se esconder em seu quarto ou se acalmar. Você tem outras sugestões sobre o que a pessoa poderia pensar ou outras ações a tomar?*

Discuta as diferentes ideias e alternativas mencionadas e avalie com eles se elas podem funcionar e quais podem ser as possíveis consequências negativas das ações que sugerem.

> *A próxima coluna foca em habilidades cognitivas, comportamentais ou experienciais do adulto saudável. No exemplo, a pessoa poderia tomar um chocolate quente para se acalmar. Ela pode, então, ligar para a amiga para remarcar a visita. Você tem outras sugestões sobre o que a pessoa poderia pensar ou fazer?*

Discuta as diferentes habilidades cognitivas, comportamentais e experienciais mencionadas e avalie com eles se elas podem funcionar.

> *Isso faz sentido para todos vocês?* [Se alguém disser "não"]: *Você sabe o que não ficou claro?* [Tente esclarecer ou peça a outro membro do grupo para resumir em suas palavras.] *Vocês têm alguma pergunta?* [Discuta brevemente todas as perguntas.]

> *A última coluna foca nos resultados da ação tomada. A pessoa em nosso exemplo conseguiu vivenciar a decepção de forma segura e conseguiu se acalmar. A amiga disse que iria fazer a visita no sábado.*
>
> *Às vezes, como resultado do uso de uma habilidade do modo adulto saudável, pode ocorrer uma troca de modo. Isso pode significar que você precisa usar mais habilidades do adulto saudável se a troca for para um modo não saudável, como o modo pai/mãe punitivo. No exemplo, parece que a pessoa conseguiu permanecer no modo adulto saudável.*

Análise do monitoramento de consciência dos pacientes

> *Certo, agora vamos discutir algumas de suas experiências ao longo da última semana. Alguém aqui vivenciou um modo criança vulnerável nessa semana?*

Deixe os pacientes se voluntariarem e, em seguida, faça um rodízio, pedindo aos demais que deem um exemplo para que todos tenham a oportunidade de falar. O objetivo é obter um exemplo de todos os participantes.

Dica para o Terapeuta

Em um grupo, pode ser um desafio equilibrar a quantidade de tempo que cada paciente usa sem que a definição do limite desestimule a participação futura e as preocupações com "*Ah, acho que estou falando muito, e o terapeuta vai me chamar a atenção por isso*". Tente controlar a situação desde o início dizendo coisas como: "Acho que conseguiremos abordar um exemplo de cada um de vocês" e "Estou bastante interessado no que têm a compartilhar, mas peço paciência até que todos tenham tido a chance de se expressar". Com o último exemplo, é importante retornar a essa pessoa, mesmo que seja para dizer "Notei que não voltamos ao seu exemplo e agora estamos sem tempo. Lamento que tenha ocorrido dessa forma. Às vezes, parece que há mais a ser discutido do que o tempo nos permite. Poderia trazer isso para nossa discussão na próxima semana, caso esteja relacionado ao que estamos abordando?". No entanto, não importa o quão gentil tentemos ser, alguém sempre se sentirá magoado ou zangado. Quando isso ocorre, consideramos como um exemplo de

> ativação de modo e, se for pertinente ao conteúdo da sessão, exploramos qual modo é acionado, examinando as memórias de infância associadas a isso e se trata-se de uma reação baseada no passado, além do presente.
>
> 66 *Ótimo trabalho hoje, pessoal. Aqui está o folheto de atividades para a próxima semana e sua ficha de monitoramento. Apenas dê uma olhada no folheto de atividades, e vamos discuti-la em detalhes na próxima sessão do grupo de consciência de modo.* [Forneça a eles o próximo folheto de atividades de consciência de modo e a ficha de monitoramento semanal.] *Essas são suas tarefas para a próxima semana. Gostaríamos que tentassem monitorar seu modo adulto saudável ao lidar com seu* [indique conforme apropriado] *a partir de hoje e tentassem preencher os espaços nas tarefas.* [No caso de modos com mais de uma variação: *Vocês receberam duas folhas de exercícios, uma para o modo pai/mãe punitivo e outra para o modo pai/mãe exigente* (ou modos de enfrentamento desadaptativo). *Vocês podem alternar entre os dois folhetos de exercícios se vivenciarem ambos os modos, ou podem focar em apenas um deles, se preferirem.*] *Se tiverem dúvidas ou precisarem de ajuda, podem perguntar às enfermeiras ou outros profissionais ou ao seu terapeuta individual, caso não estejamos disponíveis.*
>
> *Ficamos muito felizes por tê-los aqui. Até logo. Desejo a todos um resto de dia maravilhoso.* 99
>
> Este roteiro, com ajustes mínimos de conteúdo e para se adequar ao seu grupo e estilo, pode ser usado para as sessões de consciência de modo 7 a 12.

às vezes podemos escolher evitar uma determinada confrontação, mas não é útil se sempre evitarmos todas as confrontações). Outras estratégias de enfrentamento podem ter efeitos negativos regularmente e precisam ser eliminadas (por exemplo, consumir drogas ilícitas). Os modos de enfrentamento desadaptativo são medidas de sobrevivência destinadas a serem usadas em situações extremamente ameaçadoras (ou seja, lutar, fugir ou paralisar). O problema de nossos pacientes é que eles os utilizam em situações cotidianas que, na realidade, não são ameaçadoras à sobrevivência, mas parecem ser assim porque estão ligadas a situações da infância em que a sobrevivência estava em risco devido às necessidades básicas não atendidas. Classificamos essas estratégias de enfrentamento como modos de enfrentamento desadaptativo porque elas não são adequadas para a situação de vida atual e não contribuem de maneira eficaz para atender às necessidades. Para situações de sobrevivência, elas podem ser necessárias e mantidas para esse propósito, mas não para uso cotidiano, pois seus efeitos são extremos e podem ser exaustivos.

A **sessão 1** começa com uma breve introdução sobre modos de enfrentamento desadaptativo e o objetivo da TE em relação a eles. Em seguida, realizamos um exercício experiencial que pede aos pacientes que imaginem uma situação em que ouvem uma mensagem de um modo de enfrentamento desadaptativo (Sessão de Manejo de Modo 1: Reduzir o Poder dos Modos de Enfrentamento Desadaptativo [MM 1-MED1]). Essa abordagem visa aumentar a consciência dos pacientes sobre o modo em questão. Em seguida, perguntamos a eles o que seu adulto saudável poderia dizer ao seu modo de enfrentamento desadaptativo nessa situação. Depois disso, trabalhamos as habilidades comportamentais e cognitivas a serem usadas em curto prazo. Por "curto prazo", queremos dizer que nos concentramos em habilidades que ajudarão imediatamente um paciente assim que perceber que um modo de enfrentamento desadaptativo foi ativado.

Sessão de Manejo de Modo 1: Reduzir o Poder dos Modos de Enfrentamento Desadaptativo

○ Todos os modos de enfrentamento desadaptativo foram desenvolvidos para tentar proteger seus modos criança de sentir dor emocional, que pode ter origem externa (outras pessoas) ou interna (seus próprios modos pai/mãe internalizados disfuncionais).

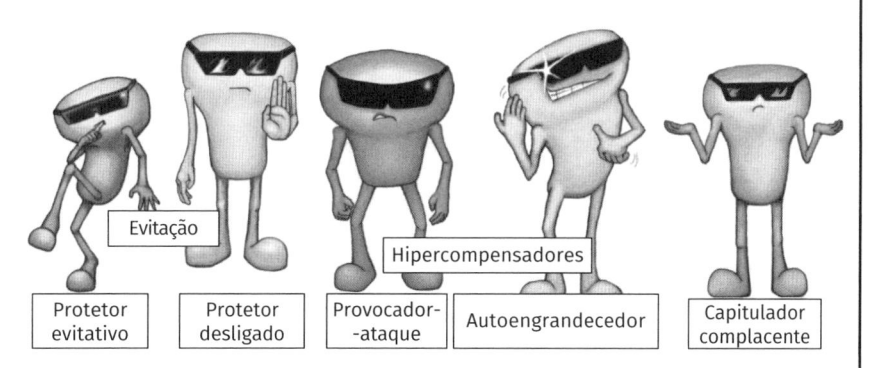

Evitação — Protetor evitativo, Protetor desligado
Hipercompensadores — Provocador-ataque, Autoengrandecedor, Capitulador complacente

Nosso objetivo é ajudá-lo a reduzir quaisquer variações dos modos de enfrentamento desadaptativo que você tenha com a ajuda do seu modo adulto saudável. Não queremos eliminá-los completamente, pois são necessários de vez em quando em situações de sobrevivência. Quando esses modos se tornam muito dominantes, podem se transformar em formas automáticas de enfrentamento que assumem o controle, impedindo você de utilizar estratégias de enfrentamento do adulto saudável para situações não

○ emergenciais, outras pessoas ou até mesmo seus outros modos.

O objetivo principal é que você possa escolher qual estratégia de enfrentamento atenderá às suas necessidades na situação em que se encontra atualmente. Queremos ajudá-lo a desenvolver estratégias para lidar com esses antigos modos de enfrentamento quando sentir que um deles está assumindo o controle.

Imagine uma situação em que você ouve uma mensagem do seu modo de enfrentamento desadaptativo.

O que seu modo adulto saudável pode dizer ao seu modo de enfrentamento desadaptativo?

_____
_____
_____
_____
_____
_____
_____
_____
_____

Reduzindo seus modos de enfrentamento desadaptativo: estratégias comportamentais e cognitivas de curto prazo

Elabore uma lista de pensamentos saudáveis e coisas que você pode fazer quando perceber que está preso no seu modo de enfrentamento desadaptativo e que ele não está atendendo à sua necessidade. Hoje, discutiremos estratégias mais imediatas e de curto prazo. Da próxima vez que abordarmos esse modo, nos concentraremos em estratégias de longo prazo para reduzir o domínio desse modo.

	Reduzindo o protetor evitativo	Reduzindo o capitulador complacente	Reduzindo o hipercompensador
Exemplo	Meu protetor evitativo me mantém preso em meu apartamento. Tenho uma consulta com um novo psicoterapeuta que estou ansioso para ir.	Meu capitulador complacente me impede de expressar à minha amiga como me sinto quando ela cancela nossos encontros por mensagem de texto em cima da hora.	Meu hipercompensador impede meu terapeuta de me proporcionar a compreensão de que necessito quando perco um compromisso importante com a agência de empregos, mas estou sendo bastante sarcástico sobre o assunto.

	Reduzindo o protetor evitativo	**Reduzindo o capitulador complacente**	**Reduzindo o hipercompensador**
Estratégias comportamentais de curto prazo	*Eu poderia ligar para uma ex-colega de tratamento que sempre me apoia, dizendo que eu consigo ir.*	*Eu poderia ligar para ela imediatamente e dizer que isso me deixa chateado. Eu também poderia dizer a ela que, quando ela cancela assim, me preocupo que possa não querer mais ser minha amiga. Eu poderia pedir que me tranquilizasse e marcar uma nova data.*	*Eu poderia comunicar ao meu terapeuta que ainda não me sinto confortável discutindo os motivos pelos quais perdi a consulta, mas isso não significa que não considere importante. Eu poderia pedir a ele que me relembre ocasiões semelhantes em que isso me ajudou a falar sobre as dificuldades que enfrento. Eu também poderia ser lembrado de que ele não vai me criticar ou me rejeitar.*
Suas estratégias			
Exemplo	*Meu protetor evitativo me impede de comparecer a uma entrevista de emprego.*	*Meu capitulador complacente me impede de estudar para minhas provas finais, depois que meu novo namorado me disse que eu deveria estudar menos e trabalhar mais para ganhar dinheiro.*	*Meu hipercompensador me impede de admitir os erros que cometi.*

	Reduzindo o protetor evitativo	Reduzindo o capitulador complacente	Reduzindo o hipercompensador
Estratégias cognitivas de curto prazo	*Eu poderia listar 10 motivos positivos pelos quais seria bom eu comparecer e explicar por que nada terrível poderia ocorrer nessa situação.*	*Eu poderia refletir sobre o que cairá na prova. Poderia organizar meu cronograma em períodos semanais, reservando tempo para estudo e momentos livres, a fim de evitar sentir-me sobrecarregado. Eu poderia pensar em como deixar claro para meu namorado que estudar é importante para mim.*	*Eu poderia pensar por que cometi o erro e por que agi da maneira que agi. Eu poderia reconhecer que não cometi o erro de forma intencional e, em seguida, ponderar sobre como poderia lidar com a situação de maneira diferente na próxima vez.*
Suas estratégias			

Reduzindo o poder dos seus modos de enfrentamento desadaptativo: técnicas experienciais de curto prazo

No grupo de trabalho de modo experiencial, usamos algumas técnicas para lidar com os modos de enfrentamento desadaptativo no nível emocional ou baseado na experiência. Experimentaremos mais técnicas ao longo desse programa. Essas técnicas incluem o exercício de foco experiencial, exercícios de reprocessamento de imagens, diálogos de modos e outros. Elabore uma lista das técnicas experienciais que você pode usar quando perceber que está preso em um de seus modos de enfrentamento desadaptativo e que ele não está atendendo às suas necessidades.

Exemplo	*Meu protetor evitativo me impede de contar à minha assistente social que eu voltei a beber no fim do dia.*	*Meu capitulador complacente me diz para simplesmente aceitar o exercício proposto pela minha terapeuta e não dizer a ela que a atividade me assusta de verdade.*	*Meu hipercompensador me faz parecer muito hostil quando conheço pessoas novas.*
Técnicas experienciais de curto prazo	*Posso acessar minha memória sobre ela me ajudando da última vez que confessei que havia voltado a beber. Diferentemente do meu pai/mãe, ela não gritou comigo, mas disse que tentaria me ajudar a parar novamente. Jogamos o resto da bebida fora e fizemos um plano do que eu poderia fazer nesta noite.*	*Posso imaginar a primeira sessão que tivemos juntos, quando ela disse ao meu capitulador complacente que ela queria estar lá para a minha criança vulnerável e que entendia o quão importante o capitulador complacente foi para mim no passado. Lembro-me também dela mencionar que poderíamos conduzir a terapia no meu próprio ritmo, o que me proporcionou uma sensação de segurança.*	*Lembro-me do exercício de foco experiencial, no qual percebi que o hipercompensador surge quando as pessoas se aproximam rápido demais de mim. Lembro-me também de como me senti quando pude me aproximar delas e como isso foi melhor para mim, porque eu tinha mais controle. Talvez eu consiga superar meu hipercompensador ao me permitir controlar minha proximidade física com novas pessoas e dar a mim mesmo tempo para avaliar se me sinto seguro com elas.*

Suas estratégias (Sim, consigo lembrar...)			

Plano de manejo de modo de curto prazo para meus modos de enfrentamento desadaptativo

Nesta sessão, desenvolvemos estratégias e técnicas comportamentais, cognitivas e experienciais de curto prazo e imediatas que seu modo adulto saudável pode usar para lidar com diferentes tipos de modos de enfrentamento desadaptativo.

A seguir, crie um plano de manejo de modo com suas *estratégias e técnicas preferenciais* para cada um dos modos de enfrentamento desadaptativo que vivencia. Mantenha-o como um *flashcard* ou um plano de emergência para apoiar as mudanças que está buscando.

Protetor evitativo	Capitulador complacente	Hipercompensador
Adicione mais técnicas ao seu plano à medida que identificar outras estratégias que funcionem para você.		

Não espere que seu plano de manejo de modo seja finalizado hoje ou mesmo nas próximas semanas. Você pode adicionar novas técnicas conforme as identifica durante o tratamento. Não podemos garantir que seu plano de manejo de modo funcionará em todas as situações ou 100%, pois isso não ocorre com ninguém. O que podemos afirmar é que ele funcionará melhor ou terá menos consequências negativas do que seus modos de enfrentamento desadaptativo. Os planos de manejo de modo precisam corresponder a tipos específicos de situações e serem testados e adaptados. No início, pode ser que você precise da assistência dos seus terapeutas, da equipe de tratamento e dos seus colegas para incluir técnicas no seu plano. No entanto, com o tempo, seu adulto saudável internalizará todas essas técnicas saudáveis de enfrentamento, e você se tornará mais hábil em acessá-las e lembrar de utilizá-las com mais frequência.

Notas para o Terapeuta: Grupos de Manejo de Modo de 1 a 6

O que se segue é um exemplo de roteiro de como apresentamos o trabalho de manejo de modo aos pacientes. Esta sessão de exemplo destina-se aos modos de enfrentamento desadaptativo. Nas sessões de 2 a 6, você apresentará o material de maneira semelhante para cada um dos outros modos principais. Você pode usar o mesmo roteiro de exemplo e apenas substituir pelo modo da sua sessão. Também fornecemos algumas dicas para lidar com questões que frequentemente surgem nesses momentos.

> *Olá, estou feliz que todos vocês estejam aqui e estou contente em vê-los. Este é o grupo de manejo de modo. Nas sessões deste grupo, vamos focar em habilidades específicas que você pode usar quando perceber que está preso em um modo que não atende às suas necessidades atuais. Mas antes de começarmos, gostaríamos que você sentisse seus pés no chão, respirasse profundamente algumas vezes e direcionasse sua atenção para estar aqui no grupo conosco.*

> *Aqui está o material que usaremos hoje. Focamos em um modo de cada vez. Qualquer que seja o modo em que estivermos focando, esse será a ênfase principal em seus grupos e em sua sessão individual. Cada sessão de manejo de modo concentra-se em um modo ou conjunto de modos diferentes. Hoje, são os modos de enfrentamento desadaptativo (indique o grupo de foco aqui). Agora, lembre-se de que existem diferentes versões deles que as pessoas podem vivenciar. O desafio com todas essas versões é que elas tomam o controle, em vez de permitir que seu modo adulto saudável escolha um comportamento eficaz para a situação em que você se encontra. Então, trabalharemos em estratégias para conduzir seus modos de enfrentamento desadaptativo. Para começar, vamos todos imaginar uma situação em que você estava em um modo de enfrentamento desadaptativo. Todos conseguiram imaginar? [Aguarde cerca de 1 minuto.] Certo, vamos dar uma olhada no material de hoje.*

Forneça a eles o folheto sobre manejo de modo para a sessão. Escute o que os pacientes têm a dizer. Reforce as afirmações acenando ou elogiando a participação.

> *Observe a primeira pergunta e pense na situação que você acabou de imaginar. O que seu modo adulto saudável poderia dizer ao seu modo de enfrentamento desadaptativo?*
>
> *Ótimas sugestões. Vamos anotá-las. Algo mais? Sim, ótimo, vamos anotar também...*

Aqui, você explica o exemplo em detalhes, respondendo às perguntas e facilitando a participação dos pacientes nas discussões. O que se segue é uma descrição de como fazemos isso.

> *Agora, vamos dar uma olhada na próxima página. Precisamos de uma lista de estratégias de curto prazo ou imediatas quando você percebe que um dos modos de enfrentamento desadaptativo assumiu o controle. Hoje, vamos explorar coisas que podem ajudá-lo imediatamente quando você fica preso. Da próxima vez que abordarmos esse modo, nos concentraremos nas coisas que você pode fazer em longo prazo para reduzir a frequência e a intensidade do modo e ser capaz de acessar seu modo adulto saudável.*
>
> *Vamos analisar o exemplo do protetor evitativo:*
>
> *"Meu protetor evitativo me mantém preso em meu apartamento. Tenho uma consulta com um novo psicoterapeuta que estou ansioso para ir".*
>
> *Alguém já passou por uma situação assim?*

Reconheça aqueles que sinalizarem familiaridade com uma situação semelhante quando estiverem no modo de enfrentamento desadaptativo. Também é importante reconhecer o aceno de cabeça, pois pode levar um tempo para que os pacientes falem no grupo. Portanto, é importante incentivar sua participação reforçando pequenos passos, incluindo o envolvimento não verbal.

> *Certo, vamos considerar uma habilidade comportamental para sair dessa situação.*
>
> *"Eu poderia ligar para um amigo que sempre me apoia, dizendo que eu consigo ir."*
>
> *Essa é uma boa sugestão. Alguém já tentou isso? Funcionou? Isso é muito bom. Certo, e o que mais você poderia fazer para sair da situação... alguém consegue pensar em algo?*

Se os pacientes não conseguirem identificar outras habilidades comportamentais, ofereça sugestões, como criar uma lista de prós e contras, ouvir uma música estimulante enquanto se prepara, levar o cachorro consigo para não enfrentar a situação sozinho, e assim por diante.

> *Sim, essas são ótimas sugestões. Vamos anotar todas elas para que você possa escolher entre diferentes estratégias de enfrentamento da próxima vez que estiver em uma situação como essa.*
>
> *Passemos para o próximo exemplo.*
>
> *"Meu protetor evitativo me impede de comparecer a uma entrevista de emprego."*
>
> *Nessa situação, o que poderia ajudá-lo a sair do modo protetor evitativo com uma habilidade cognitiva? O exemplo sugere uma dose da realidade.*
>
> *"Eu poderia listar 10 motivos positivos pelos quais seria bom eu comparecer e explicar por que nada terrível poderia ocorrer nessa situação."*
>
> *O que mais você consegue pensar ou lembrar, se estiver em um modo de enfrentamento evitativo?*

Se os pacientes não conseguirem identificar outras habilidades cognitivas, ofereça sugestões, como a lista de prós e contras, diálogo interno positivo, entre outras.

> **❝** Fico feliz que você consiga pensar em tantas coisas. Foi um bom trabalho. Vamos anotar todas elas para que você possa escolher entre diferentes estratégias de enfrentamento da próxima vez que estiver em uma situação como essa. **❞**

Faça isso para todas as variações de modos no folheto. Deixe os pacientes se voluntariarem e, em seguida, faça um rodízio, pedindo aos demais que deem um exemplo para que todos tenham a oportunidade de falar.

Em seguida, discuta detalhadamente o plano de manejo de modo com cada participante. O que se segue é um exemplo de como fazemos isso.

> **❝** Agora, vamos olhar para a última página. Aqui, queremos desenvolver um plano de manejo de modo para seus modos de enfrentamento desadaptativo que você possa usar todos os dias. Quem tem um modo de enfrentamento evitativo? [Reconheça as pessoas que estão acenando em concordância. Escolha uma delas.]
>
> *Está tudo bem se começarmos com você?* [Aguarde a resposta.] *Quais das três técnicas que discutimos hoje você deseja anotar para o seu plano de manejo de modo para o seu modo de enfrentamento evitativo?* [Faça isso para todos os pacientes que apresentam um modo de enfrentamento evitativo.] *Quem tem um modo capitulador complacente?* [Reconheça as pessoas estão acenando em concordância. Escolha uma delas.]
>
> *Está tudo bem se começarmos com você?* [Aguarde a resposta.] *Quais das três técnicas que discutimos hoje você deseja anotar para o seu plano de manejo de modo para o seu capitulador complacente?* [Faça isso para todos os pacientes que apresentam um modo de enfrentamento de resignação.]
>
> *Quem tem um modo de enfrentamento de hipercompensação?* [Reconheça as pessoas estão acenando em concordância. Escolha uma delas.]
>
> *Está tudo bem se começarmos com você?* [Aguarde a resposta.] *Quais das três técnicas que discutimos hoje você deseja anotar para o seu plano de manejo de modo para o seu modo de enfrentamento de hipercompensação?* [Faça isso para todos os pacientes que apresentam um modo de enfrentamento de hipercompensação.] **❞**

> **❝** [Encerramento do grupo:] *Ótimo trabalho hoje, pessoal. Então, a tarefa terapêutica que propomos a partir da sessão em grupo de hoje é que você monitore seu modo adulto saudável ao lidar com seus modos de enfrentamento desadaptativo até a nossa próxima reunião e tente preencher mais algumas lacunas. Aqui está o folheto de atividades para a próxima semana. Ficamos muito felizes por tê-los aqui.*
>
> *Até logo. Desejo a todos um resto de dia maravilhoso.* **❞**

> Este roteiro, com ajustes mínimos de conteúdo e para se adequar ao seu grupo e estilo pessoal, pode ser usado para as sessões de manejo de modo 2 a 6.

Nas **Sessões 7 a 12**, trabalhamos habilidades de longo prazo para manejar cada um dos modos. Essas sessões foram elaboradas para auxiliar os pacientes a diminuírem a intensidade ou a frequência de um modo em longo prazo, embora não ofereçam resultados imediatos. Na sessão 7, distinguimos os três estilos de enfrentamento: modos de enfrentamento evitativo, como protetor desligado e capitulador complacente, e modos de enfrentamento de hipercompensação, como provocador-ataque e autoengrandecedor. Primeiro, são desenvolvidas situações de exemplo e uma habilidade comportamental ou cognitiva para cada modo e, em seguida, o mesmo é feito com técnicas experienciais para os modos de enfrentamento desadaptativo. Na última página do folheto para a sessão 7 (Sessão de Manejo de Modo 7: Estratégias de Longo Prazo para Reduzir o Poder dos Modos de Enfrentamento Desadaptativo – MM 7-MED2), essas estratégias, técnicas e habilidades são organizadas em um plano de manejo de modo para cada estilo de modo de enfrentamento desadaptativo com o qual o paciente está trabalhando. Os participantes registram as habilidades cognitivas, comportamentais ou experienciais que desejam vivenciar nas próximas semanas de tratamento.

Sessão de Manejo de Modo 7: Estratégias de Longo Prazo para Reduzir o Poder dos Modos de Enfrentamento Desadaptativo

Elabore uma lista de pensamentos e coisas que você pode fazer quando perceber que está preso em uma versão dos seus modos de enfrentamento desadaptativo e que este modo não está atendendo à sua necessidade. Hoje, registre apenas ações que você pode realizar ao longo de um período mais prolongado para reduzir de maneira mais permanente esses modos. Observe que isso também ajudará você a modificar seus esquemas.

	Reduzindo o protetor evitativo	Reduzindo o capitulador complacente	Reduzindo o hipercompensador
Exemplo	Meu protetor evitativo me mantém preso em meu apartamento.	Meu protetor desligado me impede de comunicar às pessoas próximas a mim quais são meus limites.	Meu protetor zangado me impede de ter relacionamentos com pessoas que poderiam se importar comigo.

	Reduzindo o protetor evitativo	Reduzindo o capitulador complacente	Reduzindo o hipercompensador
Quebra de padrões comportamentais em longo prazo	*Eu poderia descansar no parque por 20 minutos, 3 vezes por semana. Se eu conseguir fazer isso por 2 semanas consecutivas, posso começar a ir a uma padaria por 1 hora toda semana, e assim por diante.*	*Eu poderia começar escrevendo sempre que percebo que meu capitulador complacente assume o controle, porque alguém ultrapassou meus limites. Em seguida, poderia tentar discutir isso com a pessoa que ultrapassou meus limites e com quem me sinto mais à vontade. Se isso der certo, poderia tentar fazer o mesmo com pessoas que são mais difíceis de lidar.*	*Eu poderia considerar ativamente estabelecer novas relações, por exemplo, me matriculando em um clube esportivo. Eu poderia tentar conversar com algumas pessoas do clube após os treinos para descobrir se gostaria de ser amigo delas. Eu poderia me concentrar nas características positivas que vejo nelas.*
Esquema relacionado	Abandono	Inibição emocional	Privação emocional
Suas estratégias			
Seu esquema relacionado			

	Reduzindo o protetor evitativo	**Reduzindo o capitulador complacente**	**Reduzindo o hipercompensador**
Exemplo	*Meu protetor evitativo me impede de conseguir um emprego.*	*Meu capitulador complacente me diz que não adianta estudar para minha prova bimestral porque sei que vou reprovar.*	*Meu hipercompensador me impede de reconhecer meus pontos fracos ou os pontos fortes dos outros.*
Estratégias cognitivas de longo prazo	*Eu poderia pensar sobre as habilidades que tenho para uma vaga de trabalho específica. Eu poderia avaliar os prós e contras de trabalhar nesse emprego e em outros.*	*Eu poderia me lembrar de quando discutimos antecipações negativas durante a sessão em grupo e perceber que estou me conformando em reprovar ao não estudar. Também poderia me lembrar de que não tentar é uma maneira certa de reprovar. Poderia me lembrar de que fui aprovado em provas e que não sou um fracasso. Eu poderia começar a me preparar para minhas provas bimestrais.*	*Eu poderia considerar o fato de que todo mundo tem pontos fracos, inclusive eu. Quando nego os meus, posso me complicar, pois acabo agindo como se soubesse tudo. Eu poderia pensar nas habilidades das outras pessoas e não as julgar tão negativamente. Eu poderia tentar ter uma visão mais equilibrada de mim mesmo e dos outros.*
Esquema relacionado	*Padrões inflexíveis*	*Fracasso/ incompetência*	*Defectividade/ vergonha*

	Reduzindo o protetor evitativo	**Reduzindo o capitulador complacente**	**Reduzindo o hipercompensador**
Suas estratégias			
Seu esquema relacionado			
Exemplo	*Meu protetor evitativo me impede de fazer qualquer atividade com outras pessoas.*	*Meu capitulador complacente me impede de ter meus próprios sentimentos e reconhecê-los.*	*Meu hipercompensador é muito maldoso e amargo com meus amigos se eles prometem algo e não cumprem.*
Técnicas experienciais para mudança em longo prazo	*Posso lembrar em imagens como foi começar a me sentir seguro nos meus grupos de terapia. Nas imagens, posso reviver a sensação de gostar de conversar com os outros nos intervalos. Posso acessar a sensação*	*Posso acessar as memórias de infância associadas a isso. Em seguida, posso pedir ao meu terapeuta para me ajudar a reprocessar essas memórias. Posso, então, acessar a situação reprocessada ouvindo-a no meu celular. Depois, posso tentar acessar lentamente meus sentimentos no presente*	*Se algo assim acontecer, antes de desabafar com meus amigos, posso me dar alguns minutos para acessar a bolha de segurança que aprendi no grupo. Então, posso ter um diálogo interno para identificar as necessidades dos meus diferentes modos. Em seguida, meu modo adulto saudável pode escolher*

		calorosa na minha barriga e treinar-me para acessá-la três vezes ao dia quando estiver na companhia de outras pessoas (no trabalho, na terapia, etc.).	e talvez até mesmo contar às pessoas mais próximas como me sinto.	uma ação apropriada que não prejudique minhas amizades.
	Esquema relacionado	*Isolamento social*	*Inibição emocional*	*Arrogo*
	Suas estratégias			
	Seu esquema relacionado			

Trabalhamos estratégias, técnicas e habilidades comportamentais, cognitivas e experienciais de longo prazo que seu modo adulto saudável pode usar para reduzir o poder de todos os modos de enfrentamento desadaptativo.

A seguir, elabore um plano de manejo de modo para cada modo de enfrentamento desadaptativo que vivencia e que deseja testar nas próximas semanas. Ele pode servir como um *flashcard* de consulta enquanto você trabalha na mudança.

Plano de manejo de modo de longo prazo para meus modos de enfrentamento desadaptativo		
Protetor evitativo	Capitulador complacente	Hipercompensador
Adicione mais técnicas ao seu plano à medida que tenta coisas novas e identifica o que funciona melhor para você.		

Não espere que seu plano de troca de modo seja finalizado hoje ou mesmo nas próximas semanas. Sempre há novas técnicas de mudança de longo prazo para experimentar ao longo de sua vida. Você pode adicionar novas técnicas conforme as identifica durante o tratamento. Não podemos garantir que seu plano de troca de modo funcionará em todas as situações ou 100%, pois isso não ocorre com ninguém. Algumas coisas são mais difíceis de mudar do que outras. O que podemos afirmar é que ele funcionará melhor em longo prazo do que seus modos de enfrentamento desadaptativo. Os planos de manejo de modo precisam corresponder a tipos específicos de situações e serem testados e adaptados. No início, pode ser que você precise da assistência dos seus terapeutas, da equipe de tratamento ou dos seus colegas para incluir técnicas no seu plano. No entanto, com o tempo, seu adulto saudável internalizará todas essas técnicas saudáveis de enfrentamento, e você se tornará mais hábil em acessá-las e lembrar de utilizá-las com mais frequência.

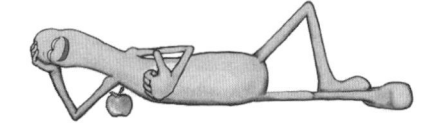

Em um ambiente intensivo, é vantajoso compartilhar uma cópia do plano de manejo de modo com a equipe de tratamento para garantir que todos possam acessá-lo. No contexto hospitalar, também é útil manter outra cópia disponível para pacientes e membros da equipe na unidade.

A **sessão 2** concentra-se nos modos pai/mãe internalizados disfuncionais. Os mesmos passos são seguidos em relação aos modos anteriores. A única diferença é que, dessa vez, perguntamos aos pacientes o que seu modo adulto saudável pode dizer ao seu modo pai/mãe internalizados disfuncionais (Sessão de Manejo de Modo 2: Combater Seus Modos Pai/Mãe Punitivo e Pai/Mãe Exigente [MM 2-MPD1]).

Sessão de Manejo de Modo 2: Combater Seus Modos Pai/Mãe Punitivo e Pai/Mãe Exigente

○ Os modos pai/mãe punitivo e pai/mãe exigente criam pressão interna e ódio de si mesmo, frequentemente desencadeando modos de enfrentamento desadaptativo.

Na TE, buscamos fortalecer o modo adulto saudável, praticar formas de enfrentar o modo pai/mãe punitivo e encontrar maneiras de reduzir as demandas do modo pai/mãe exigente para níveis razoáveis.

Imagine uma situação em que você ouviu uma mensagem dos seus modos pai/mãe internalizados disfuncionais.

O que seu modo adulto saudável pode dizer ao seu modo pai/mãe punitivo?
_____
_____
_____
_____

O que seu modo adulto saudável pode dizer ao seu modo pai/mãe exigente?
_____
_____
_____
_____

○ Um dos objetivos da TE é libertá-lo do impacto negativo desses modos em sua vida.

Combater os seus modos pai/mãe punitivo e pai/mãe exigente: estratégias comportamentais e cognitivas de curto prazo

Registre o que você pode dizer ou fazer quando perceber que está preso em seu modo pai/mãe punitivo ou pai/mãe exigente e reconhecer que isso não é bom para você.

	Combatendo o seu modo pai/mãe punitivo	**Combatendo o seu modo pai/mãe exigente**
Exemplo	É segunda-feira de manhã e sua lista de afazeres está cheia.	
	Seu modo pai/mãe punitivo: "Você não vai conseguir! Você é um perdedor. Você nunca será nada na vida".	*Seu modo pai/mãe exigente:* "Você tem que terminar tudo, sem desculpas! Não importa o quão tarde você fique acordado, sem intervalos. Não há desculpa para não concluir tudo perfeitamente".
Estratégias comportamentais de curto prazo	*Posso dizer em alto e bom som: "Chega. Você está errado. Já passei por muitos momentos estressantes na minha vida e posso enfrentar novamente. Não permitirei que você me rebaixe assim!". Então, posso começar a fazer uma tarefa de cada vez.*	*Posso organizar um cronograma e fazer uma tarefa de cada vez. Vou reservar momentos para fazer pausas para descansar. Também vou priorizar tarefas na lista, identificando o que é urgente para hoje e o que pode ser feito amanhã ou em um momento posterior.*
Suas estratégias		
Exemplo	Você reprovou em uma prova.	
	Seu modo pai/mãe punitivo: "Você é muito idiota para conseguir fazer qualquer coisa. Você é incapaz e sem valor".	*Seu modo pai/mãe exigente:* "Você deveria ter estudado muito mais! Não deveria ter feito outra coisa, nem por um minuto. Agora você precisa estudar a cada minuto até poder fazer a prova de recuperação!".

	Combatendo o seu modo pai/mãe punitivo	**Combatendo o seu modo pai/mãe exigente**
Estratégias cognitivas de curto prazo	*Posso dizer a mim mesmo: "Eu reprovei na prova e isso não me torna um fracasso. Não tive tempo suficiente para me preparar, e estava distraído porque minha avó estava gravemente doente. Também tive azar com as perguntas que caíram na prova. Essas são as circunstâncias que tornaram a situação desafiadora para mim. Não sou incapaz ou idiota. Também posso me lembrar de situações de prova em que me saí muito bem, por exemplo, passei na faculdade com sucesso. Não ouvirei esse modo, ele está errado".*	*Posso dizer a mim mesmo: "Preciso me preparar para a prova de recuperação, mas é crucial equilibrar o estudo e o descanso e garantir uma boa noite de sono para estar em plena forma. Posso me lembrar de que esta foi a primeira prova do semestre, então há tempo para recuperar. As dificuldades que enfrentei não estarão presentes na próxima prova".*
Suas estratégias		

○ **Combater os seus modos pai/mãe punitivo e pai/mãe exigente: técnicas experienciais de curto prazo**

No grupo de trabalho de modo experiencial, usamos técnicas para combater os modos pai/mãe punitivo e pai/mãe exigente no nível experiencial ou focado na emoção, e experimentaremos mais ao longo do tratamento. Essas técnicas incluem o exercício de punição-reforço, exercícios de efígies e outros. Elabore uma lista das técnicas desse grupo que você pode usar quando quiser parar ou diminuir o volume nos seus modos pai/mãe internalizados disfuncionais.

Exemplo	Sua amiga diz que não pode estar presente para apoiá-lo o tempo todo.	
	Seu modo pai/mãe punitivo: "Ninguém gosta de você. Você reclama demais. Você é um fardo para os outros. Seria melhor se você morresse".	Seu modo pai/mãe exigente: "Eu te disse que você precisava se esforçar mais para ficar saudável. Se tivesse feito isso, não precisaria ligar para ela. Você precisa se esforçar mais, entendeu?!".
Técnicas experienciais de curto prazo	Posso voltar ao exercício de imagética que fizemos, no qual descobri que o modo pai/mãe punitivo tem a voz da minha professora do 1º ano, que me fazia sentir mal por tudo o que eu realizava. Também posso me lembrar da sessão de terapia em que conversamos sobre como eu não quero me tratar da mesma maneira que aquela professora me tratava. Posso acessar a força que senti naquele momento e mandar o meu modo pai/mãe punitivo se calar.	Posso acessar a imagem de dizer "chega" à efígie do meu modo pai/mãe exigente. Posso me lembrar de como foi ter todos os outros no grupo dizendo à efígie do meu modo pai/mãe exigente que ele estava errado e precisava se calar. Posso acessar meu modo adulto saudável e descobrir quantas vezes seria razoável ligar para minha amiga; talvez três vezes por semana e não todos os dias.
Suas técnicas		

Plano de manejo de modo de curto prazo para combater meus modos pai/mãe punitivo e pai/mãe exigente

Identificamos estratégias, técnicas e habilidades comportamentais, cognitivas e experienciais de curto prazo que seu modo adulto saudável pode usar para combater os modos pai/mãe punitivo e pai/mãe exigente.

A seguir, crie um plano de manejo de modo com suas *estratégias e técnicas preferenciais* para cada um dos modos pai/mãe que vivencia. Mantenha-o como um *flashcard* ou um plano de emergência enquanto trabalha na mudança.

Modo pai/mãe punitivo	Modo pai/mãe exigente
Adicione mais técnicas ao seu plano à medida que tenta coisas novas e identifica o que funciona melhor para você.	

Não espere que seu plano de manejo de modo seja finalizado hoje ou mesmo nas próximas semanas. Você pode adicionar novas técnicas conforme as identifica durante o programa. Não podemos garantir que seu plano de manejo de modo funcionará em todas as situações ou 100%, pois isso não ocorre com ninguém. O que podemos afirmar é que ele funcionará melhor em longo prazo do que ouvir seus modos pai/mãe internalizados disfuncionais. Os planos de manejo de modo precisam ser elaborados de modo a corresponder a tipos específicos de situações e serem testados e adaptados.

> No início, pode ser que você precise da assistência dos seus terapeutas, da equipe de tratamento e dos seus colegas para incluir técnicas no seu plano. No entanto, com o tempo, seu adulto saudável internalizará todas essas técnicas saudáveis de enfrentamento, e você se tornará mais hábil em acessá-las e lembrar de utilizá-las.

A **sessão 3** concentra-se no modo criança vulnerável. Novamente, é apresentada uma breve introdução, distinguindo as versões tristes e ansiosas da criança. O exercício experiencial dessa sessão pede aos pacientes que imaginem uma situação envolvendo o modo criança vulnerável. Alguns provavelmente escolherão uma situação com uma criança triste e outros com uma criança ansiosa. Pedimos aos participantes que nos digam o que a criança vulnerável deles precisava ouvir na situação (Sessão de Manejo de Modo 3: Cuidar dos Sentimentos de Tristeza e Ansiedade do Seu Modo Criança Vulnerável [MM 3-MCV1]) e registrem suas respostas no formulário do exercício. Em seguida, trabalhamos técnicas comportamentais e cognitivas de curto prazo ou imediatas para atender às necessidades do modo criança vulnerável. Continuamos a distinguir entre as versões tristes e ansiosas, pois elas requerem antídotos um pouco diferentes. Novamente, um exemplo é apresentado, e as situações pessoais dos pacientes e seus antídotos são discutidos. O mesmo é feito para as habilidades experienciais. Na última página, cada paciente registra seu plano de manejo de modo.

A **sessão 4** concentra-se no modo criança zangada. Para esse modo, é importante estar ciente de que as habilidades precisam atender a dois objetivos: liberar a raiva de maneira não prejudicial e aprender competências sociais ou habilidades interpessoais para atender melhor às suas necessidades. A sessão segue a mesma estrutura. Perguntamos o que o modo criança zangada precisa ouvir para se sentir atendido e ouvido (Sessão de Manejo de Modo 4: Gerenciar Seu Modo Criança Zangada [MM 4-MCZ1]). Também validamos os sentimentos deles, expressando algo como "*Posso compreender, considerando suas experiências de infância, por que isso o deixa furioso (ou por que você fica tão tenso ao pensar nisso)*" ou simplesmente "*Caramba, isso seria enfurecedor*". É importante enfatizar que as habilidades cognitivas para esse modo são limitadas. Quando os pacientes estão nele, o acesso deles aos recursos cognitivos é restrito até que o nível de adrenalina diminua. Por sua vez, as habilidades experienciais podem funcionar extremamente bem para o modo criança zangada. Exemplos de habilidades experienciais incluem: imaginar estourar balões e brincar de cabo de guerra com o terapeuta.

Sessão de Manejo de Modo 3: Cuidar dos Sentimentos de Tristeza e Ansiedade do Seu Modo Criança Vulnerável

Quando você vivencia o modo criança vulnerável, seu sentimento predominante provavelmente será triste, ansioso ou uma combinação dos dois. Quando a criança vulnerável está triste, ela também pode sentir solidão ou desespero, e outros sentimentos relacionados à tristeza. Quando está ansiosa, ela também pode sentir medo ou pavor e outros sentimentos relacionados à ansiedade. Também é possível sentir uma combinação de sentimentos tristes e ansiosos – um sentimento que combina esses dois é o de "abandono". Além disso, às vezes, quando você está no modo criança vulnerável, pode apenas estar ciente da dor emocional, mas não ter palavras para expressá-la. Isso é comum quando as pessoas estão em uma versão muito precoce desse modo.

Analisamos os sentimentos envolvidos para ajudar a entender qual é a necessidade que precisa ser atendida. Crianças que estão tristes ou ansiosas precisam de um adulto que faça o papel de bom pai/boa mãe para confortá-las e tranquilizá-las. Muitas pessoas com problemas psicológicos não tiveram adultos em sua infância que pudessem confortá-las e tranquilizá-las quando se sentiam tristes ou ansiosas. Consequentemente, elas nunca aprenderam a lidar com esses sentimentos. Muitas vezes, aprenderam apenas que não é aceitável ficar triste ou com medo. Portanto, não sabem o que fazer quando estão no modo criança vulnerável.

Ao perceber a tristeza no seu modo, é essencial comunicar a ele que é perfeitamente normal se sentir triste em determinados momentos. Isso pode ser expresso dizendo *"Está tudo bem ficar triste. Se a mesma coisa tivesse acontecido comigo, eu também estaria triste. Eu realmente entendo que você se sinta triste e solitário agora"*. Um bom pai/boa mãe consolaria uma criança triste com palavras e ações: um abraço, um xale para cobri-la, balançá-la, chocolate quente, e assim por diante. Tudo isso são coisas que o seu modo adulto saudável pode aprender a fazer. Elas podem parecer estranhas no início, mas proporcionarão à criança vulnerável o que ela precisa.

Ao perceber a ansiedade no seu modo, é importante proporcionar a ele segurança e proteção. Você pode fazer isso, por exemplo, dizendo *"Estou aqui para você. Eu vou protegê-lo. Não permitirei que nada de ruim aconteça com você"*. Em algumas situações, também será útil fornecer orientação para lidar com o medo de maneira adaptativa. Por exemplo, mostrando à criança vulnerável que o que ela teme não é perigoso ou eliminando o perigo.

Em ambos os casos, ao reprimir os sentimentos do modo criança vulnerável por um longo período, senti-los também trará à tona alguma dependência. Na TE, faz parte do processo natural de cura que os terapeutas atuem como bons pais/boas mães. Isso proporciona a experiência de aprendizado com um modelo de papel saudável que não havia na infância. Com o tempo, você desenvolverá o lado bom pai/boa mãe do seu modo adulto saudável e será capaz de atender às necessidades do seu modo criança vulnerável por conta própria. Esse processo leva tempo e a disposição de sua parte para aceitar o cuidado dos terapeutas como pai/mãe e, posteriormente, desenvolver seu próprio bom pai/boa mãe.

Imagine uma situação em que você estava no modo criança vulnerável e se sentiu triste.

O que você ouviu dos seus terapeutas que foi reconfortante? O que o lado bom pai/boa mãe do seu adulto saudável poderia dizer para confortá-lo?

_____
_____
_____
_____
_____
_____

Imagine uma situação em que você estava no modo criança vulnerável e se sentiu ansioso ou com medo.

O que você ouviu dos seus terapeutas que o fez se sentir seguro? O que o lado bom pai/boa mãe do seu adulto saudável poderia dizer para ajudá-lo a se sentir seguro?

_____
_____
_____
_____
_____
_____

Nosso objetivo é fortalecer o seu adulto saudável para que ele seja capaz de reconhecer as necessidades da criança vulnerável e seja capaz de confortar e tranquilizar a tristeza ou a ansiedade dela.

Cuidar do seu modo criança vulnerável: estratégias comportamentais e cognitivas de curto prazo

Hoje, discutiremos estratégias de curto prazo para usar quando você estiver no modo criança vulnerável e se sentindo triste ou ansioso.

Da próxima vez que abordarmos esse modo no grupo de manejo de modo, focaremos em estratégias de longo prazo.

	Confortando a tristeza da criança vulnerável	Reduzindo a ansiedade da criança vulnerável
Exemplo	*Estou no modo criança vulnerável me sentindo triste porque minha amiga acabou de me dizer que não virá me visitar esta noite.*	*Estou no modo criança vulnerável me sentindo ansioso porque temo não ser capaz de encontrar um terapeuta sozinho, ficando abandonado após a alta.*
Estratégias comportamentais de curto prazo	*Posso contar à minha colega de quarto o que aconteceu e dizer a ela que isso me deixa realmente triste e que me sinto abandonado. Talvez ela me diga que também se sente triste quando alguém cancela um compromisso com ela. Ela pode sugerir que tenhamos uma noite agradável em nosso quarto. Se ela não fizer essa sugestão, posso perguntar a ela se gostaria de fazer algo comigo esta noite, como assistir a um filme ou cozinhar juntos.*	*Posso pedir à equipe de enfermagem que me ajude a encontrar um terapeuta ambulatorial. Juntos, podemos planejar o que eu poderia dizer ao deixar uma mensagem pertinente na secretária eletrônica do terapeuta. Também posso pedir a um dos meus amigos que me leve ao consultório do terapeuta nas primeiras consultas.*
Suas estratégias		

	Confortando a tristeza da criança vulnerável	Reduzindo a ansiedade da criança vulnerável
Exemplo	*Estou no modo criança vulnerável me sentindo triste, não amado e solitário porque ninguém me ligou durante toda a semana.*	*Estou no modo criança vulnerável me sentindo ansioso porque temo que minha colega de quarto não irá mais gostar de mim se eu pedir a ela que faça a parte dela na limpeza.*
Estratégias cognitivas de curto prazo	*Posso pensar em ligar para alguém, ou se ninguém estiver disponível, posso enviar um e-mail. Em seguida, posso recordar algumas das coisas reconfortantes que meu terapeuta me disse e o plano que fizemos para eu assistir ao meu filme favorito ou ouvir minha música favorita quando me sentisse assim.*	*Posso considerar quais são as chances de minha colega de quarto reagir exatamente dessa maneira. Também posso considerar qual seria a pior coisa que poderia me acontecer se ela deixasse de gostar de mim.*
Suas estratégias		

Cuidar do seu modo criança vulnerável: técnicas experienciais de curto prazo

No grupo de trabalho de modo experiencial, usamos algumas técnicas para confortar e tranquilizar a criança vulnerável, e experimentaremos mais ao longo do seu tratamento. Essas técnicas incluem conectar-se com os outros, exercícios de reprocessamento de imagens, diálogos de modos, entre outros. Elabore uma lista de técnicas experienciais para usar quando o seu modo criança vulnerável precisar de conforto ou tranquilidade.

	Exemplo	Minha criança vulnerável se sente triste e não amada porque a pessoa que amo não quer ficar comigo.	Minha criança vulnerável tem medo de cuidar da filha da minha amiga.
	Técnicas experienciais de curto prazo	Posso acessar os sentimentos tristes e solitários que tenho no interior e então recordar o que foi dito à minha criança vulnerável ontem no exercício de imagética no grupo. Posso recordar coisas como "Eu estarei lá por você".	Posso fazer um diálogo de modos com meu adulto saudável, tranquilizando minha criança vulnerável ao lembrá-la de que "Minha amiga diz que sua filha sempre gostou das minhas visitas. Você fez macarrão hoje. As crianças adoram macarrão. Eu sei que você pode fazer um bom trabalho cuidando da filha de sua amiga, e você não precisa ser perfeito".
	Suas técnicas		

Plano de manejo de modo de curto prazo para meu modo criança vulnerável

Trabalhamos técnicas comportamentais, cognitivas e experienciais ou estratégias que seu modo adulto saudável pode usar para lidar com sentimentos tristes e ansiosos em seu modo criança vulnerável.

A seguir, crie um plano de manejo de modo com suas *estratégias e técnicas preferenciais* e mantenha-o como um *flashcard* ou um plano de emergência enquanto trabalha na mudança.

Para confortar a tristeza	Para reduzir a ansiedade
Adicione mais técnicas ao seu plano à medida que tenta coisas novas e identifica o que funciona melhor para você.	

Não espere que seu plano de manejo de modo seja finalizado hoje ou mesmo nas próximas semanas. Você pode adicionar novas técnicas conforme as identifica durante o tratamento. Não podemos garantir que seu plano de manejo de modo funcionará em todas as situações ou 100%, pois isso não ocorre com ninguém. O que podemos afirmar é que ele funcionará melhor em longo prazo do que seus modos de enfrentamento ou modos pai/mãe internalizados disfuncionais ao lidar com seu modo criança vulnerável. Os planos de manejo de modo precisam corresponder a tipos específicos de situações e serem testados e adaptados. No início, pode ser que você precise da assistência dos seus terapeutas, da equipe de tratamento e dos seus colegas para incluir técnicas no seu plano. No entanto, com o tempo, seu adulto saudável internalizará todas essas técnicas saudáveis de enfrentamento, e você se tornará mais hábil em acessá-las e lembrar de utilizá-las.

Sessão de Manejo de Modo 4:
Gerenciar Seu Modo Criança Zangada

A raiva é o principal sentimento do modo criança zangada. Quando você está neste modo, pode sentir raiva, fúria, frustração, irritação, etc., mas também pode ser muito impulsivo sem estar ciente de qualquer sentimento de raiva. Se esse for o caso, chamamos de modo criança impulsiva, em vez de modo criança zangada.

Algumas pessoas com problemas psicológicos nunca tiveram a experiência de ter um adulto saudável como referência, demonstrando como lidar e auxiliar uma criança com raiva a expressar seus sentimentos de maneira segura. Muitas vezes, elas apenas ouviram que "não é aceitável" ficar com raiva. Portanto, nunca aprenderam a lidar com seu modo criança zangada.

É importante permitir que o modo criança zangada expresse a raiva e articule o que o irrita. Em geral, não se trata apenas de uma única coisa, mas sim de vários fatores, muitas vezes acumulados ao longo do tempo. Para assegurar que todos esses sentimentos possam ser expressos, é essencial reservar tempo adequado para desabafar. Do seu modo adulto saudável, é importante ouvir o modo criança zangada, entender a necessidade subjacente, levar isso a sério e recordar de tudo.

Ao fazer isso, você pode mostrar à criança zangada que é totalmente aceitável e normal ficar com raiva, mesmo dos seus amigos mais próximos. É possível transmitir isso com afirmações de validação como *"Eu entendo de verdade o motivo de você estar com raiva"* ou *"Caramba! Eu ficaria com raiva também"*. Após o desabafo e a validação, é importante analisar quais são as necessidades da criança zangada e as opções para satisfazê-las. Também é importante analisar como ela pode lidar com a raiva no futuro para poder expressá-la de maneira eficaz e segura, sem prejudicar a si mesma, aos outros ou aos seus relacionamentos. Algumas pessoas suprimiram seu modo criança zangada por um período tão prolongado que é necessário tempo para descobrir até mesmo os sentimentos de raiva. Outras têm medo de sua raiva e pensam que não têm controle quando estão no modo criança zangada. Por isso, é importante, no início desse trabalho, contar com o exemplo do terapeuta sobre como um bom pai/boa mãe lidaria e apoiaria a criança zangada. Com o tempo, você pode internalizar essa maneira saudável de lidar com o modo criança zangada em seu modo adulto saudável.

Imagine uma situação em que você está no seu modo criança zangada. O que esse modo precisa escutar para se sentir ouvido e atendido? Como você pode dizer isso do seu modo adulto saudável?

_____
_____
_____
_____
_____
_____
_____
_____

Um objetivo da TE é que o seu modo adulto saudável consiga auxiliar o seu modo criança zangada a expressar a raiva de forma saudável e, com o tempo, direcionar essa raiva para habilidades saudáveis assertivas que o modo adulto saudável pode utilizar para definir limites pessoais, expressar necessidades e atingir objetivos.

Gerenciar o seu modo criança zangada: estratégias comportamentais e cognitivas de curto prazo

Elabore uma lista do diálogo interno e das ações que você pode usar quando se sentir preso no modo criança zangada e que suas necessidades não estão sendo atendidas. Por enquanto, vamos explorar coisas que podem ajudá-lo imediatamente. Da próxima vez que abordarmos esse modo, nos concentraremos em estratégias de longo prazo para reduzir a intensidade desse modo. Atenção: em situações de intensidade elevada no modo criança zangada, habilidades cognitivas têm eficácia limitada. Nesses momentos, estamos sobrecarregados de adrenalina, o que dificulta pensar claramente! Lembre-se de que parte do controle do modo criança zangada é identificar a necessidade não atendida que está desencadeando sua raiva. Em geral, isso deve ser feito quando você estiver menos zangado.

	Conduzindo o seu modo criança zangada
Exemplo	*Estou no modo criança zangada porque minha amiga cancelou nosso encontro, preferindo fazer algo com o namorado. Quero gritar com ela e dizer que nunca mais me procure!*
Estratégias comportamentais de curto prazo:	*Posso usar minhas luvas de boxe e bater no saco de pancada até aliviar fisicamente minha raiva e me sentir menos tenso. Em seguida, posso enviar um e-mail para minha amiga dizendo que fico muito zangado quando ela cancela encontros em cima da hora porque prefere ficar com o namorado. Sinto que sempre fico em último lugar e não sou importante para ela. Eu gostaria que ela planejasse melhor seus compromissos no futuro, de modo a equilibrar o tempo dedicado à nossa amizade e ao namoro dela. Posso incluir essa sugestão na mensagem.*
Suas estratégias	
Exemplo	*Estou no modo criança zangada porque minha mãe contou aos amigos dela que eu reprovei no exame de habilitação.*
Estratégias cognitivas de curto prazo	*Depois de aliviar minha raiva, analiso quais limites minha mãe ultrapassou com seu comportamento e que ação desejo tomar. Posso planejar o que preciso dizer a ela sobre isso e quais habilidades posso precisar para fazer isso de maneira assertiva e não agressiva.*
Suas estratégias	

Gerenciar o seu modo criança zangada: técnicas experienciais de curto prazo

No grupo de trabalho de modo experiencial, usamos algumas técnicas para conduzir o modo criança zangada, e experimentaremos outras durante o programa. Essas técnicas incluem conectar-se com outras pessoas, reprocessamento de imagens, diálogos de modos e exercícios de *role-playing*, entre outros. Elabore uma lista das técnicas experienciais que você pode usar para reduzir a intensidade do seu modo criança zangada e evitar ações impulsivas.

Exemplo	*Meu modo criança zangada quer agredir meu chefe por me diminuir na frente dos outros.*
Técnicas experienciais de curto prazo	*Sinto meus músculos ficarem muito tensos. Posso imaginar uma bexiga na qual coloco toda a minha raiva e deixo-a voar. Hoje, tenho que imaginar algumas bexigas voando até me sentir aliviado. Em seguida, posso me lembrar de estar no grupo e do terapeuta me perguntando do que eu precisava, respeitando o que pedi. Talvez eu precise dizer que quero ser tratado com respeito nessa situação também.*
Suas técnicas	

Voem, bexigas cheias de raiva, voem!

Plano de manejo de modo de curto prazo para meu modo criança zangada

Trabalhamos técnicas ou habilidades comportamentais, cognitivas e experienciais que seu modo adulto saudável pode usar para lidar com o modo criança zangada. A seguir, crie um plano de manejo de modo com suas *estratégias e técnicas preferenciais* e mantenha-o como um *flashcard* ou um plano de emergência enquanto trabalha na mudança.

Modo criança zangada
Adicione mais técnicas ao seu plano à medida que tenta coisas novas e identifica o que funciona melhor para você.

Não espere que seu plano de manejo de modo seja finalizado hoje ou mesmo nas próximas semanas. Você pode adicionar novas técnicas conforme as identifica durante o tratamento. Não podemos garantir que seu plano de manejo de modo funcionará em todas as situações ou 100%, pois isso não ocorre com ninguém. O que podemos afirmar é que ele funcionará melhor em longo prazo do que seus modos de enfrentamento desadaptativo ou modos pai/mãe internalizados disfuncionais ao lidar com sua criança zangada e suas necessidades subjacentes. Os planos de manejo de modo precisam ser elaborados de modo a corresponder a tipos específicos de situações e serem testados e adaptados. No início, pode ser que você precise da assistência dos seus terapeutas, da equipe de tratamento e dos seus colegas para incluir técnicas no seu plano. No entanto, com o tempo, seu adulto saudável internalizará todas essas técnicas saudáveis de enfrentamento, e você se tornará mais hábil em acessá-las e lembrar de utilizá-las.

A **sessão 5** concentra-se no modo criança feliz e o objetivo é desenvolver um plano de curto prazo, seja para acessar esse modo ou permanecer nele. Essa sessão segue a mesma estrutura, adicionando uma breve discussão sobre o que a criança feliz aprecia (Sessão de Manejo de Modo 5: Desenvolver Seu Modo Criança Feliz [MM 5-MCF1]). Se houver interferência na apreciação, discutimos como o modo adulto saudável pode intervir. Nesse caso, consulte o grupo de consciência de modo, no qual foram identificados aspectos que interferem no modo criança feliz. No plano de manejo de modo, é importante identificar atividades positivas que possam desencadear o modo criança feliz de um paciente.

Sessão de Manejo de Modo 5: Desenvolver Seu Modo Criança Feliz

○ No modo criança feliz, você se sente amado, contente, conectado aos outros, atendido em suas necessidades emocionais básicas, realizado, protegido, elogiado, digno, provido, orientado, compreendido, apreciado, seguro, otimista e espontâneo.

Em geral, as pessoas com transtornos psiquiátricos não foram criadas em um ambiente que incentivasse a alegria e a descontração. Portanto, muitas vezes elas não sabem o que gostam de fazer e não desenvolveram *hobbies* ou atividades recreativas para sua vida.

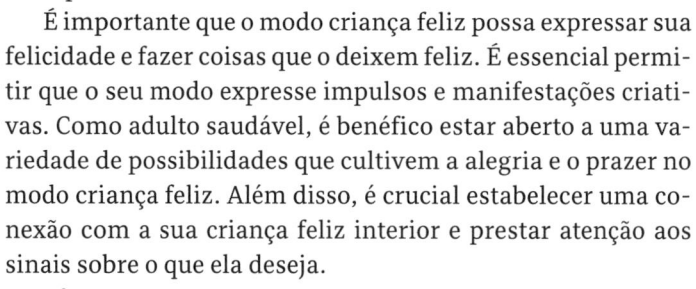

É importante que o modo criança feliz possa expressar sua felicidade e fazer coisas que o deixem feliz. É essencial permitir que o seu modo expresse impulsos e manifestações criativas. Como adulto saudável, é benéfico estar aberto a uma variedade de possibilidades que cultivem a alegria e o prazer no modo criança feliz. Além disso, é crucial estabelecer uma conexão com a sua criança feliz interior e prestar atenção aos sinais sobre o que ela deseja.

○ Algumas pessoas suprimiram seu modo criança feliz por um período tão prolongado que é necessário trabalhar em terapia para acessar sentimentos de alegria e felicidade. Nesse sentido, os terapeutas do esquema convocam a criança feliz delas para brincar e explorar, auxiliando no entendimento mais profundo desse modo e no desenvolvimento de um senso intrínseco de diversão e descontração. Com o tempo, o seu modo adulto saudável pode aprender a fazer isso por você.

Do que o seu modo criança feliz gosta?

_____
_____
_____
_____

O que ele precisa ouvir do seu modo adulto saudável para se sentir seguro para brincar e aproveitar a vida?

_____
_____
_____
_____
_____
_____

É um objetivo da TE encorajar o modo adulto saudável a auxiliar o modo criança feliz no desenvolvimento de um senso de descontração e diversão, além de aprender a reservar tempo para *hobbies* e lazer.

Fortalecer o modo criança feliz: estratégias comportamentais e cognitivas de curto prazo

Elabore uma lista de coisas que você pode pensar e fazer para desenvolver seu modo criança feliz. Hoje, vamos explorar estratégias de curto prazo que podem ajudá-lo a acessá-lo. Da próxima vez que abordarmos esse modo, nos concentraremos em estratégias de longo prazo para desenvolvê-lo. Afinal, esse é o modo que proporciona uma sensação positiva!

	Desenvolvendo seu modo criança feliz
Exemplo	*Estou no modo criança feliz quando passo tempo com amigos e jogo vôlei de praia.*

Desenvolvendo seu modo criança feliz	
Estratégias comportamentais de curto prazo	*Poderia ligar espontaneamente para minha amiga depois do trabalho e perguntar se ela tem tempo para ir comigo à minha padaria favorita e conversar. Se ela não tiver tempo, posso ir até a quadra de vôlei de praia e ver se tem alguém por lá. Talvez eu consiga participar de uma partida.*
Suas estratégias	
Exemplo	*Estou no modo criança feliz quando consigo lembrar de momentos felizes.*
Estratégias cognitivas de curto prazo	*Posso pensar nas coisas que fizemos no verão e como me senti em relação às atividades.*
Suas estratégias	

Fortalecer seu modo criança feliz: técnicas experienciais de curto prazo

No grupo de trabalho de modo experiencial, usamos algumas técnicas para fortalecer o modo criança feliz no nível emocional ou baseado em experiências, e continuaremos a experimentar mais ao longo do tratamento. Essas técnicas incluem conectar-se com outras pessoas, jogos e brincadeiras, e outras atividades descontraídas. Elabore uma lista de técnicas experienciais a serem utilizadas quando desejar acessar seu modo criança feliz e convidá-lo para brincar.

Exemplo	*Estou no modo criança feliz quando tomo sorvete de creme com cookies.*
Técnicas experienciais de curto prazo	*Posso fazer um exercício de imagética, como fizemos em grupo, e me imaginar entrando em uma sorveteria e pedindo um sorvete gigante em uma casquinha de waffle coberta com chocolate.*

	Posso pedir três bolas grandes de sorvete de creme com cookies. Em seguida, posso colocar M&Ms em cima do meu sorvete e um pouco de calda de chocolate. Posso sentir o aroma do sorvete e aquele frio ao segurar a casquinha. Posso encher uma colher de sorvete e colocar na minha boca. Posso sentir o sabor de creme com cookies, o chocolate saboroso, a crocância dos M&Ms... que delícia.
Suas estratégias	

Plano de manejo de modo de curto prazo para meu modo criança feliz

Trabalhamos técnicas ou habilidades comportamentais, cognitivas e experienciais que seu modo adulto saudável pode usar para acessar e estimular seu modo criança feliz a assumir o controle e se divertir.

A seguir, crie um plano de manejo de modo com suas *técnicas preferenciais* e mantenha-o como um *flashcard* enquanto trabalha na mudança.

Modo criança feliz
Adicione mais técnicas ao seu plano à medida que tenta coisas novas e identifica o que funciona melhor para você.

> Não espere que seu plano de manejo de modo seja finalizado hoje ou mesmo nas próximas semanas. Você pode adicionar novas técnicas conforme as identifica durante o tratamento. Não podemos garantir que seu plano de manejo de modo funcionará em todas as situações ou 100%, pois isso não ocorre com ninguém. O que podemos afirmar é que ele funcionará melhor e o fará mais feliz em longo prazo do que seus modos de enfrentamento desadaptativo ou modos pai/mãe internalizados disfuncionais ao lidar com seu modo criança feliz. Os planos de manejo de modo precisam corresponder a tipos específicos de situações e serem testados e adaptados. No início, pode ser que você precise da assistência dos seus terapeutas, da equipe de tratamento e dos seus colegas para incluir técnicas no seu plano. No entanto, com o tempo, seu adulto saudável internalizará todas essas técnicas saudáveis de enfrentamento e, eventualmente, elas se tornarão automáticas.

A **sessão 6** concentra-se no modo adulto saudável e segue a mesma estrutura. Dessa vez, exploramos o desencadeamento de comportamentos saudáveis (Sessão de Manejo de Modo 6: Fortalecer Seu Modo Adulto Saudável [MM 6-MAS1]). Não é necessário plano de manejo de modo para esse modo.

> ## Sessão de Manejo de Modo 6:
> ## Fortalecer Seu Modo Adulto Saudável
>
> Nesse modo, você apoia e valida seu modo criança vulnerável, estabelece limites para seus modos criança zangada e criança impulsiva, apoia e desenvolve seu modo criança feliz e combate seus modos de enfrentamento desadaptativo e modos pai/mãe internalizados disfuncionais, substituindo-os por estratégias saudáveis de enfrentamento e padrões razoáveis.
>
> No modo adulto saudável, conseguimos equilibrar necessidades e responsabilidades para que possamos desfrutar da vida, mas também ter um trabalho gratificante. A partir dele, assumimos funções adultas como trabalho, parentalização e outras obrigações, além de buscar atividades prazerosas como sexualidade, interesses intelectuais e culturais, saúde e esportes.

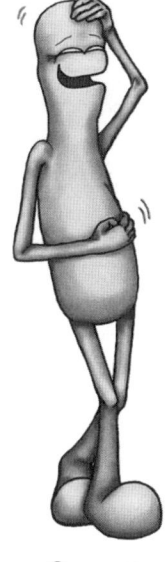

Uma parte do nosso modo adulto saudável é o bom pai/boa mãe. O "bom pai/boa mãe" é a parte saudável que internalizamos de pessoas importantes em nossa vida, incluindo psicoterapeutas e membros do grupo.

Um ambiente de infância no qual haja amor, apoio, estímulo, validação e consistência promove o desenvolvimento de um modo adulto saudável forte. A maioria das pessoas com transtornos psiquiátricos não teve isso na infância, mas a boa notícia é que isso pode ser corrigido no ambiente da TE.

Na TEI e na TEG, você pode ter experiências corretivas de aprendizado emocional com o apoio e a validação de terapeutas e colegas. Isso permitirá que você se conecte e desenvolva seu modo adulto saudável. Independentemente da sua idade cronológica, nunca é tarde para começar a fazer isso e colher os benefícios.

O que seu modo adulto saudável pode dizer para:

1. Seus modos de enfrentamento desadaptativo
   _____
   _____
   _____
   _____
   _____

2. Seu modo criança vulnerável
   _____
   _____
   _____
   _____
   _____

3. Seus modos criança zangada/impulsiva
   _____
   _____
   _____
   _____
   _____

4. Seu modo pai/mãe punitivo

_____
_____
_____

5. Seu modo pai/mãe exigente

_____
_____
_____

6. Seu modo criança feliz

_____
_____
_____

Desenvolver e fortalecer seu modo adulto saudável é um objetivo importante da TE.

Fortalecer seu modo adulto saudável:
estratégias comportamentais e cognitivas de curto prazo

Liste coisas que você pode pensar ou fazer para fortalecer seu modo adulto saudável.

Nesse modo, seu pensamento é claro e você pode acessar suas estratégias saudáveis de enfrentamento sem interferência de antigos modos de enfrentamento desadaptativo ou modos pai/mãe internalizados disfuncionais.

	Fortalecendo seu modo adulto saudável
Exemplo	_Estou no meu modo adulto saudável quando consigo estabelecer um limite sem me sentir culpado por isso._
Estratégias comportamentais de fortalecimento de padrões de curto prazo	_Eu poderia dizer "não, não posso te ajudar agora, mas tentarei mais tarde quando eu me sentir melhor" quando perceber que não tenho forças para ajudar minha namorada, pois estou muito sobrecarregado. Eu poderia me permitir fazer algo que seja bom para mim para repor minha energia._
Minhas estratégias	

	Fortalecendo seu modo adulto saudável
Exemplo	*Estou no meu modo adulto saudável quando consigo manter a calma em uma situação estressante e não perco a confiança em mim mesmo.*
Estratégias cognitivas de curto prazo	*Eu poderia refletir sobre as situações que administrei bem até agora e me proporcionar incentivos positivos, como: "Você vai lidar muito bem com isso, é apenas um desafio e você pode superá-lo!".*
Minhas estratégias	

Fortalecer seu modo adulto saudável: técnicas experienciais de curto prazo

No grupo de trabalho de modo experiencial, usamos algumas técnicas para fortalecer o seu modo adulto saudável no nível emocional ou baseado em experiências, e continuaremos a experimentar mais ao longo do tratamento. Uma vez que o modo adulto saudável existe para administrar todos os outros modos, essas técnicas incluem todas as que você aprendeu em seus grupos anteriores de TE e sessões individuais. Faça uma lista das técnicas experiências que você pode usar quando estiver no modo adulto saudável.

Exemplo	*Estou no meu modo adulto saudável quando estou cuidando dos meus filhos.*
Técnicas experienciais de curto prazo	*Quando estou cuidando dos meus filhos, lendo uma história para eles antes de dormir, posso tentar transformar isso em uma memória prestando muita atenção à experiência, como é a sensação, a fisionomia dos meus filhos, e assim por diante. Posso recordar essa experiência em imagens algumas vezes antes de dormir e permitir-me absorvê-la como prova do meu cuidado como mãe ou pai.*
Suas técnicas	

Agora você sabe como monitorar seus modos. Você pode usar seus folhetos de consciência de modo para acompanhá-los. Desenvolvemos estratégias comportamentais, cognitivas e experienciais, técnicas e habilidades para que o seu modo adulto saudável possa administrar todos os outros. Você tem um plano de manejo de modo para cada modo. Mantenha-os facilmente acessíveis, por exemplo, como *flashcards*, para que possa consultá-los sempre que necessário. E nunca se esqueça de que você pode contar com o seu modo adulto saudável!

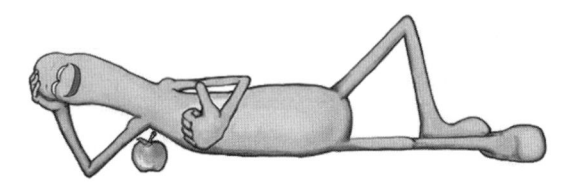

As **sessões 7 a 11** concentram-se no plano de manejo de modo em longo prazo para o restante dos modos. Esses planos envolvem mais etapas ao longo do tempo e podem levar à mudança nos esquemas iniciais desadaptativos subjacentes que desencadeiam os modos. Quando eles mudam, os esquemas também podem ser afetados, portanto, uma parte do folheto de longo prazo pergunta qual esquema pode ser afetado ao mudar o modo em situações específicas. Nessa sequência de sessões, os modos seguem a ordem habitual e utilizam a mesma estrutura. Analisamos exemplos de estratégias em longo prazo na sessão para cada modo. Um plano de manejo de modo em longo prazo é desenvolvido para cada modo e registrado no folheto da sessão. Esses planos concentram-se em mudanças que os pacientes desejam promover nas próximas semanas. O uso contínuo dos planos formulados no programa de tratamento fora das sessões é uma das estratégias para apoiar a generalização pós-tratamento.

Sessão de Manejo de Modo 8:
Estratégias de Longo Prazo para Combater Seus Modos Pai/Mãe Internalizados Disfuncionais

Liste estratégias para usar por um período mais extenso a fim de lidar de maneira mais abrangente ou permanente com seus modos pai/mãe punitivo e pai/mãe exigente. Diminuir o poder desses modos pai/mãe internalizados disfuncionais também o ajudará a modificar seus esquemas.

	Combatendo o seu modo pai/mãe punitivo	Combatendo o seu modo pai/mãe exigente
Exemplo	*Você está estressado porque tem uma entrevista importante amanhã: seu modo pai/mãe punitivo diz: "Você não se sairá bem. Você não foi bem da última vez e fracassará novamente. Você é um perdedor!".*	*Seus colegas sentam juntos durante o almoço e discutem um autor que você nunca ouviu falar. Seu modo pai/mãe exigente diz: "Você precisa participar da conversa agora, ou ninguém vai gostar de você. Você precisa ler mais para também ficar por dentro dos autores sobre os quais as pessoas falam. Você precisa dizer algo inteligente ou vai passar vergonha".*
Estratégias de quebra de padrões comportamentais de longo prazo	*Eu digo em voz alta: "Não!" e direi isso várias e várias vezes se meu modo pai/mãe punitivo me irritar novamente. Eu posso praticar a entrevista de emprego com meu terapeuta em um role-play. Eu poderia simular qualquer situação desafiadora em role-plays para garantir que posso lidar com elas de forma confiante.*	*Eu ignoro meu modo pai/mãe exigente e digo: "Eu não conheço esse autor, o que ele escreveu?" ou "Alguém pode me emprestar um livro dele? Parece realmente interessante". Eu poderia participar das conversas mesmo que eu não tenha as respostas ideais para todas as perguntas.*
Esquema relacionado	*Fracasso*	*Padrões inflexíveis*
Suas estratégias		
Seu esquema relacionado		

Exemplo	*Desde o início da semana, você está pensando em cancelar seu encontro de sexta-feira. Seu modo pai/mãe punitivo diz: "Ninguém gosta de você. Olhe para você, você é tão chata e feia".*	*Ultimamente, você tem sentido que não é suficiente para ninguém e que não é interessante para os outros, a menos que esteja dando algo a eles de alguma forma. Seu modo pai/mãe exigente diz: "Você sempre deve ser prestativo e solidário e assumir a responsabilidade por atender às necessidades das outras pessoas".*
Estratégias cognitivas de longo prazo	*Eu poderia dizer a mim mesma: "Isso não é verdade! A época das minhas espinhas horríveis e aparelho ortodôntico já passou há muito tempo". Eu poderia me lembrar de vários elogios que recebi sobre meu estilo e meus olhos. Eu poderia optar por usar o vestido no qual me sinto mais bonita e assegurar uma boa noite de sono para parecer descansada. Eu poderia me lembrar de que apenas a voz do meu modo pai/mãe punitivo me ofende dessa forma e que ele está errado.*	*Eu poderia me lembrar de que tento fazer o meu melhor pelos meus amigos. E que o que faço é suficiente. É importante que eu reserve um tempo para mim também. Eu poderia decidir quem são meus dois melhores amigos e focar em passar tempo com eles, depois reservar um tempo para mim mesmo e só então cuidar das necessidades de outros amigos.*
Esquema relacionado	*Defectividade*	*Autossacrifício*
Suas estratégias		
Seu esquema relacionado		

Exemplo	Você se sente mal porque cometeu um erro. Seu modo pai/mãe punitivo diz: "Você é idiota. Precisa ser punida. Nada de jantar para você hoje!".	Você se sente pressionada porque sua melhor amiga pediu para você fazer o buquê do casamento dela. Seu modo pai/mãe exigente diz: "É melhor você fazer pelo menos três para ter certeza de que pelo menos um seja bom o suficiente. Pode levar a noite toda, mas tem que ser perfeito. Deve ser perfeito".	
Técnicas experienciais para mudança de longo prazo	Eu posso reprocessar minhas experiências passadas lembrando do roteiro do bom pai/boa mãe que meu terapeuta leu no grupo e imaginar meu modo adulto saudável me dizendo: "Está tudo bem cometer erros. Não há como evitá-los. Agora, vamos corrigir o erro e depois jantar. Punir a si mesma não ajuda a aprender com os erros, apenas faz você se sentir mal". Posso fazer uma caixinha com mensagens do meu bom pai/boa mãe que contradizem o meu modo pai/mãe punitivo e ler uma delas todos os dias de manhã.	Farei um exercício de imagética dos momentos em que minha amiga me disse que meus buquês eram os mais bonitos que ela já viu e o quanto ela ficou feliz quando me pediu para fazer o do casamento dela porque eu era uma florista talentosa. Eu me senti aliviada e conectada com minha confiança e habilidades. A pressão foi aliviada. Por ainda ser difícil resistir ao meu modo pai/mãe exigente, um primeiro passo poderia ser acessar esse sentimento de alívio e confiança todos os dias e começar a me perguntar se é assim que eu quero me sentir com mais frequência.	
Esquema relacionado	Fracasso	Padrões inflexíveis	

Suas estratégias		
Seu esquema relacionado		

Trabalhamos estratégias, técnicas e habilidades comportamentais, cognitivas e experienciais que seu modo adulto saudável pode usar para combater seus modos pai/mãe punitivo e pai/mãe exigente.

A seguir, crie um plano de manejo de modo com suas *estratégias e técnicas preferenciais* para cada versão que vivencia. Mantenha-o como um *flashcard* enquanto trabalha na mudança.

Plano de manejo de modo de longo prazo para meus modos pai/mãe internalizados disfuncionais	
Modo pai/mãe exigente	Modo pai/mãe exigente

Adicione mais técnicas ao seu plano à medida que tenta coisas novas e identifica o que funciona melhor para você.

Não espere que seu plano de manejo de modo seja finalizado hoje ou mesmo nas próximas semanas. Você pode adicionar novas técnicas conforme as identifica durante o tratamento. Não podemos garantir que seu plano de manejo de modo funcionará em todas as situações ou 100%, pois isso não ocorre com ninguém. O que podemos afirmar é que ele funcionará melhor em longo prazo do que ouvir seus modos pai/mãe internalizados disfuncionais. Os planos de manejo de modo precisam corresponder a tipos específicos de situações e serem testados e adaptados. No início, pode ser que você precise da assistência dos seus terapeutas, da equipe de tratamento e dos seus colegas para incluir técnicas no seu plano. No entanto, com o tempo, seu adulto saudável internalizará todas essas técnicas saudáveis de enfrentamento, e você se tornará mais hábil em acessá-las e lembrar de utilizá-las.

Sessão de Manejo de Modo 9: Estratégias de Longo Prazo para Atender às Necessidades do Seu Modo Criança Vulnerável

Faça uma lista de estratégias de longo prazo para atender às necessidades do seu modo criança vulnerável. Escolha estratégias que, ao longo do tempo, possam levar a mudanças mais permanentes. À medida que os modos mudam, os esquemas que os desencadeiam também mudam, reduzindo, assim, a ativação dos modos.

	Confortando a tristeza do modo criança vulnerável	Tranquilizando a ansiedade do modo criança vulnerável
Exemplo	*Costumo estar no modo criança vulnerável me sentindo triste e abandonado quando me sinto isolado ou distante de outras pessoas.*	*Quando estou no modo criança vulnerável sentindo ansiedade, acredito que não posso fazer perguntas quando não entendo algo.*

	Confortando a tristeza do modo criança vulnerável	Tranquilizando a ansiedade do modo criança vulnerável
Estratégias de quebra de padrões comportamentais de longo prazo	*Eu poderia participar de uma atividade social que eu goste e onde possa conhecer outras pessoas (por exemplo, cantar em um coral, jogar futebol em um clube, ser voluntário em um abrigo para moradores de rua). Com o tempo, terei mais conexões com as pessoas.*	*Eu poderia começar pedindo a um amigo próximo, que sei que não se importa em ajudar, para explicar novamente. Em seguida, poderia pedir a alguém, que sei que é mais ocupado, para explicar novamente. Por fim, poderia tentar perguntar a alguém com quem acho difícil conversar (por exemplo, pessoas na agência de empregos, meu chefe). Eu sei, no meu modo adulto saudável, que nada terrível acontecerá ao tomar essas medidas, e isso aumentará minha confiança.*
Esquema relacionado	*Meu esquema relacionado poderia ser isolamento social.*	*Meu esquema relacionado poderia ser defectividade/vergonha.*
Suas estratégias		
Seu esquema relacionado		

	Confortando a tristeza do modo criança vulnerável	**Tranquilizando a ansiedade do modo criança vulnerável**
Exemplo	*No modo criança vulnerável, quando estou triste, acredito que sou impotente.*	*No modo criança vulnerável, quando me sinto ansioso, acredito que não consigo lidar com a rotina sozinho.*
Estratégias cognitivas de longo prazo	*Eu poderia fazer uma lista de prós e contras analisando as evidências que me fazem acreditar que sou impotente e que argumentam contra. Posso me lembrar de que todo mundo precisa de ajuda às vezes. Posso identificar as situações em que me sinto impotente e de que tipo de ajuda preciso ou por que preciso. Para situações importantes ou recorrentes, posso aprender as habilidades necessárias.*	*Eu poderia fazer uma lista de todas as tarefas diárias que consegui realizar pelo menos uma vez. Posso me repreender quando começo a pensar que não consigo fazer nada. Posso fazer uma lista de todas as tarefas que precisam ser feitas e, em seguida, se eu precisar de ajuda com tarefas específicas, posso decidir quem poderia me ajudar ou o que eu preciso aprender.*
Esquema relacionado	*Meu esquema relacionado poderia ser dependência.*	*Meu esquema relacionado poderia ser fracasso/ incompetência.*
Suas estratégias		
Seu esquema relacionado		

	Confortando a tristeza do modo criança vulnerável	**Tranquilizando a ansiedade do modo criança vulnerável**
Exemplo	*Quando estou no modo criança vulnerável, muitas vezes me sinto sozinho.*	*Quando estou no modo criança vulnerável, tenho medo de falar com as pessoas.*
Técnicas experienciais para mudança de longo prazo	*No exercício de imagética, posso reviver como é sentir-me conectado aos outros em grupos de terapia. Nas minhas imagens, posso sentir novamente o calor na barriga que tive nesses momentos. Posso fazer o trabalho de imagética todas as noites antes de dormir e vivenciar profundamente a sensação de estar conectado aos outros. Isso treinará a minha capacidade de acessar essas memórias reconfortantes quando os sentimentos de solidão ou abandono forem intensos.*	*Sei que isso provavelmente está relacionado ao meu modo pai/mãe punitivo dizendo ao meu modo criança vulnerável, quando me sinto ansioso, que ninguém me quer. Posso me lembrar de um diálogo de modos do grupo, quando outra paciente me disse que realmente queria falar comigo porque ela me achou legal. Posso lembrar disso como uma mensagem do bom pai/boa mãe, anotá-la em um cartão e colocá-lo na minha frente no trabalho, onde sou obrigado a falar com as pessoas. Isso me lembrará que há pessoas que querem conversar comigo.*
Esquema relacionado	*Meu esquema relacionado poderia ser abandono.*	*Meu esquema relacionado poderia ser defectividade/ vergonha.*
Suas estratégias		
Seu esquema relacionado		

Identificamos estratégias, técnicas e habilidades comportamentais, cognitivas e experienciais de longo prazo que seu modo adulto saudável pode usar para atender às necessidades do modo criança vulnerável e ajudá-lo a se curar.

Registre seu plano de manejo de modo de estratégias de longo prazo para usar caso surjam sentimentos de tristeza ou ansiedade no modo criança vulnerável. Experimente-o nas próximas semanas para avaliá-lo. Use o plano como lembrete, consultando-o enquanto trabalha na mudança.

Plano de manejo de modo de longo prazo para meu modo criança vulnerável	
Para a tristeza	**Para a ansiedade**
Adicione mais técnicas ao seu plano à medida que tenta coisas novas e identifica o que funciona melhor para você.	

Não espere que seu plano de troca de modo seja finalizado hoje ou mesmo nas próximas semanas. Sempre há novas técnicas para experimentar e incluir no plano ao longo de sua vida. Não podemos garantir que seu plano de mudança de modo funcionará 100%, pois isso não ocorre com ninguém. Algumas coisas são mais difíceis de mudar do que outras. O que podemos afirmar é que ele funcionará melhor em longo prazo do que seus modos de enfrentamento desadaptativo ou modos pai/mãe internalizados disfuncionais em atender às necessidades do seu modo criança vulnerável. Os planos de mudança de modo precisam ser adequados a situações específicas e testados e aprimorados ao longo do tempo. Com o tempo, seu modo adulto saudável ficará melhor em acessá-los, e seu plano de manejo de modo se tornará automático.

Sessão de Manejo de Modo 10: Estratégias de Longo Prazo para Gerenciar Seu Modo Criança Zangada

Elabore uma lista do diálogo interno e ações saudáveis que você pode usar quando perceber que está no modo criança zangada. Por enquanto, liste coisas que você pode fazer ao longo do tempo para ajudar a mudar o modo de forma mais permanente. A mudança em longo prazo também modificará seus esquemas.

	Gerenciando o seu modo criança zangada
Exemplo	*Muitas vezes fico no modo criança zangada quando meus compromissos são cancelados.*
Estratégias de quebra de padrões comportamentais de longo prazo	*Eu poderia ir regularmente à academia e tentar ficar menos tenso fisicamente. Eu também poderia trabalhar as minhas habilidades interpessoais comunicando mais frequentemente meus limites às outras pessoas ("Eu não quero isso...", "No futuro, eu gostaria...").*
Esquema relacionado	*Abandono*

Gerenciando o seu modo criança zangada	
Suas estratégias *Fico zangado quando você faz isso...*	
Seu esquema relacionado	

Exemplo	Meu modo criança zangada fica furioso se ninguém presta atenção nele.
Técnicas experienciais para mudança de longo prazo	Posso lembrar do exercício do grupo em que brincamos de cabo de guerra. Posso prender uma toalha na minha porta e puxar com toda a força porque agora sei que é uma maneira segura para aliviar a raiva. Quando percebo que a intensidade explosiva da minha raiva diminuiu (e reconheço essa sensação porque consigo acessar como me senti no grupo), posso comunicar às pessoas próximas a mim que é fundamental que estejam atentas às minhas necessidades. Posso monitorar a necessidade de atenção do meu modo criança zangada por algumas semanas e acessar como me sinto quando a necessidade desse modo está sendo atendida. Posso lembrar disso uma vez por dia quando percebo, a partir do meu monitoramento, que estou no modo criança zangada. Isso tornaria mais fácil para mim expressar minhas necessidades em vez de explodir, aumentando a probabilidade de os outros me ouvirem.

Esquema relacionado	*Privação emocional*
Suas estratégias	
Seu esquema relacionado	

Trabalhamos estratégias, técnicas e habilidades comportamentais, cognitivas e experienciais que seu modo adulto saudável pode usar para lidar com seu modo criança zangada.

A seguir, crie um plano de manejo de modo com suas *estratégias e técnicas preferenciais* e mantenha-o como um lembrete do seu plano de longo prazo para a mudança.

Plano de manejo de modo de longo prazo para meu modo criança zangada
Adicione mais técnicas ao seu plano à medida que tenta coisas novas e identifica o que funciona melhor para você.

Não espere que seu plano de manejo de modo seja finalizado hoje ou mesmo nas próximas semanas. Você pode adicionar novas técnicas conforme as identifica durante o tratamento. Não podemos garantir que seu plano de manejo de modo funcionará em todas as situações ou 100%, pois isso não ocorre com ninguém. O que podemos afirmar é que ele funcionará melhor em longo prazo do que seus modos de enfrentamento desadaptativo ou modos pai/mãe internalizados disfuncionais ao lidar com seu modo criança zangada. Os planos de manejo de modo precisam corresponder a tipos específicos de situações e serem testados e adaptados. No início, pode ser que você precise da assistência dos seus terapeutas, da equipe de tratamento e dos seus colegas para incluir técnicas no seu plano e até ser lembrado de usá-lo. No entanto, com o tempo, seu adulto saudável internalizará todas essas técnicas saudáveis de enfrentamento, e você se tornará mais hábil em acessá-las e lembrar de utilizá-las.

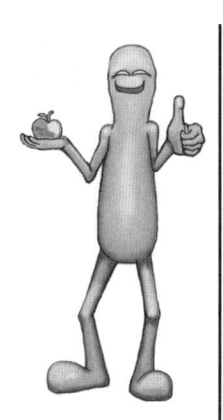

Sessão de Manejo de Modo 11: Estratégias de Longo Prazo para Fortalecer Seu Modo Criança Feliz

Elabore uma lista de coisas que você pode pensar e fazer para desenvolver seu modo criança feliz. Hoje, discutiremos estratégias que você pode usar ao longo de um período mais extenso para fortalecê-lo permanentemente. Observe que isso também ajudará você a modificar seus esquemas.

	Desenvolvendo seu modo criança feliz
Exemplo	*Eu estou no modo criança feliz quando passo tempo com amigos e jogo vôlei de praia.*
Estratégias comportamentais de fortalecimento de padrões de longo prazo	*Eu poderia tentar encontrar uma equipe de vôlei de praia para me juntar. Assim, poderia jogar muitas vezes durante a semana ou no fim de semana.*

	Desenvolvendo seu modo criança feliz
Esquema relacionado	Meu esquema relacionado poderia ser isolamento social.
Suas estratégias	
Seu esquema relacionado	
Exemplo	Estou no modo criança feliz quando consigo me lembrar de momentos felizes.
Estratégias cognitivas de fortalecimento de padrões de longo prazo	Eu poderia criar um painel de "momentos felizes", decorado com fotos ou lembranças. Eu poderia olhar para ele todos os dias antes de dormir e pensar exatamente no que me fez tão feliz naquele momento.
Esquema relacionado	Negatividade
Suas estratégias	
Seu esquema relacionado	
Exemplo	Estou no modo criança feliz quando tomo sorvete de creme com cookies.
Técnicas experienciais para fortalecimento a longo prazo	Posso tomar sorvete de creme com cookies em várias situações, com amigos ou enquanto assisto a um filme divertido. Posso reviver as situações em imagens para o meu modo criança feliz. Posso evocar e fortalecer meu modo criança feliz sempre que quiser, usando as imagens do que é sentir prazer ao tomar sorvete.

Esquema relacionado	*Privação emocional*
Suas estratégias	
Seu esquema relacionado	

Desenvolvemos estratégias, técnicas e habilidades comportamentais, cognitivas e experienciais para que seu modo adulto saudável possa usar para fortalecer seu modo criança feliz.

A seguir, elabore um plano de manejo de modo para seu modo criança feliz que você deseja vivenciar nas próximas semanas. Ele pode servir como um *flashcard* para que você possa consultar enquanto trabalha na mudança.

Plano de manejo de modo de longo prazo para meu modo criança feliz
Adicione mais técnicas ao seu plano à medida que tenta coisas novas e identifica o que funciona melhor para você.

Não espere que seu plano de manejo de modo seja finalizado hoje ou mesmo nas próximas semanas. Você pode adicionar novas técnicas conforme as identifica durante o tratamento. Não podemos garantir que seu plano de manejo de modo funcionará em todas as situações ou 100%, pois isso não ocorre com ninguém. O que podemos afirmar é que ele funcionará melhor e o fará mais feliz em longo prazo do que seus modos de enfrentamento desadaptativo ou modos pai/mãe internalizados disfuncionais ao lidar com seu modo criança feliz. Os planos de manejo de modo precisam corresponder a tipos específicos de situações e serem testados e adaptados. No início, pode ser que você precise da assistência dos seus terapeutas, da equipe de tratamento e dos seus colegas para incluir técnicas no seu plano. No entanto, com o tempo, seu adulto saudável internalizará todas essas técnicas saudáveis de enfrentamento e, eventualmente, elas se tornarão automáticas.

Sessão de Manejo de Modo 12: Estratégias de Longo Prazo para Fortalecer Seu Modo Adulto Saudável

Faça uma lista de estratégias de longo prazo para fortalecer o seu modo adulto saudável. Escolha estratégias que, ao longo do tempo, possam levar a mudanças mais permanentes. À medida que os modos mudam, os esquemas que os desencadeiam também se alteram, reduzindo, assim, a ativação dos modos.

	Fortalecendo seu modo adulto saudável
Exemplo	*Estou no meu modo adulto saudável quando estabeleço limites apropriados.*
Estratégias comportamentais de fortalecimento de padrões de longo prazo	*Eu poderia fazer uma lista das coisas que me incomodam, como minha colega deixando a xícara de café dela na minha mesa, meu colega de quarto não limpando o banheiro e minha mãe me ligando todas as noites. Eu poderia classificá-las em uma escala de 1 a 5 do quanto elas me incomodam (xícara de café = 3, banheiro = 4, ligações da mãe = 5). Em seguida, poderia começar com a tarefa mais fácil e escrever o que eu poderia dizer à minha colega, depois ensaiar na frente do espelho por alguns dias, e, por fim, conversar com ela. Posso avaliar a eficácia desse processo. Posteriormente, posso administrar a próxima situação em ordem de dificuldade.*
Esquema relacionado	*Fracasso*
Suas estratégias	
Seu esquema relacionado	

Exemplo	*Estou no modo adulto saudável quando acredito em mim mesmo.*
Estratégias cognitivas de longo prazo	*Eu poderia registrar informações sobre momentos em que tive sucesso e enfrentei desafios, anotando ambos em uma lista de prós e contras no meu celular. Eu preciso ser específico antecipadamente sobre qual área estou analisando (por exemplo, respondendo a telefonemas de clientes no trabalho). No fim do mês, posso avaliar se tenho ou não boas razões para acreditar em mim mesmo.*
Esquema relacionado	*Fracasso*

	Fortalecendo seu modo adulto saudável
Suas estratégias	
Seu esquema relacionado	

Exemplo	*Estou no modo adulto saudável quando consigo equilibrar minhas próprias necessidades e as dos outros.*
Técnicas experienciais para mudança de longo prazo	*Quando ocorre um conflito, posso começar relembrando visualmente como me sinto ao atender às minhas próprias necessidades em comparação com quando atendo apenas às necessidades da outra pessoa. Posso recordar as situações que vivenciamos no grupo quando as necessidades entraram em conflito e como ninguém foi prejudicado; encontramos uma maneira de chegar a um acordo. Posso sentir novamente como era a sensação de que eu também era importante. Posso pensar em formas de entrar em um acordo aqui e discuti-las com a outra pessoa.*
Esquema relacionado	*Autossacrifício*
Suas estratégias	
Seu esquema relacionado	

Notas para o Terapeuta: Grupos de Manejo de Modo de 7 a 12

O que se segue é um exemplo de roteiro de como apresentamos o trabalho de manejo de modo aos pacientes. Esta sessão de exemplo destina-se ao modo criança vulnerável. Nas sessões de 7 a 12, você apresentará o material de maneira semelhante para cada um dos outros modos principais. Você pode usar o mesmo roteiro de exemplo e substituir pelo modo da sua sessão. Também fornecemos algumas dicas sobre como lidar com questões que frequentemente surgem nesses momentos.

> *Olá, estou feliz que todos vocês estejam aqui e estou contente em vê-los. Este é o grupo de manejo de modo. Nas sessões deste grupo, vamos focar em habilidades específicas que você pode usar se perceber que se encontra frequentemente preso em um modo que não atende às suas necessidades. Mas antes de começarmos, gostaríamos que você sentisse seus pés no chão, respirasse profundamente algumas vezes e direcionasse sua atenção para estar aqui no grupo conosco.*
>
> *Aqui está o material que usaremos hoje. Focamos em um modo de cada vez. Qualquer que seja o modo em que estivermos focando, esse será a ênfase principal em seus outros grupos e em sua sessão individual. Cada sessão de manejo de modo concentra-se em um modo diferente. Hoje, é o modo criança vulnerável (indique o modo de foco aqui). Agora, lembre-se de que nele você pode sentir diferentes emoções, como tristeza, solidão, ansiedade ou medo.*
>
> *Hoje, trabalharemos as estratégias de longo prazo para atender às necessidades do seu modo criança vulnerável. Certo, vamos dar uma olhada no material de hoje.*

Forneça a eles o folheto de manejo de modo para a sessão. Escute o que os pacientes têm a dizer. Reforce as afirmações acenando ou elogiando a participação.

Aqui, você explica o exemplo em detalhes, respondendo às perguntas e facilitando a participação dos pacientes nas discussões. O que se segue é um exemplo de como fazemos isso.

> *Hoje queremos discutir estratégias que, ao longo do tempo, podem levar a mudanças mais permanentes. À medida que os modos mudam, os esquemas que os desencadeiam tambem se alteram, reduzindo, assim, a ativação dos modos. Hoje, nos concentraremos em coisas que você pode fazer em longo prazo para atender de forma mais permanente às necessidades do modo criança vulnerável.*
> *Vamos analisar o exemplo de confortar a tristeza da criança vulnerável:*
>> *"Eu costumo estar no modo criança vulnerável me sentindo triste e abandonado quando me sinto isolado ou distante de outras pessoas."*
>
> *Quantos de vocês conhecem esse sentimento? Já se sentiram assim alguma vez?*

Reconheça aqueles que sinalizarem familiaridade com esses sentimentos quando estão no modo criança vulnerável. O aceno com a cabeça também deve ser reconhecido para incentivar sua participação. Pode levar um tempo para que os pacientes falem no grupo, portanto, é importante incentivar sua participação reforçando pequenos passos, incluindo o envolvimento não verbal.

> *Certo, vamos examinar estratégias de quebra de padrões de comportamento a longo prazo para trabalhar nesse modo:*
>> *"Eu poderia participar de uma atividade social que eu goste e onde possa conhecer outras pessoas (por exemplo, cantar em um coral, jogar futebol em um clube, ser voluntário em um abrigo para moradores de rua). Com o tempo, terei mais conexões com as pessoas. O esquema relacionado poderia ser isolamento social."*
>
> *Certo, então uma maneira de confortar a tristeza do modo criança vulnerável e trabalhar o esquema de isolamento social é participar de uma atividade social. Alguém já tentou isso? Certo, e isso funcionou? Isso é muito bom. Certo, que outras coisas você poderia fazer em longo prazo para diminuir a tristeza da sua criança vulnerável? Qual esquema você estaria trabalhando nesse caso?*

Se os pacientes tiverem dificuldade para pensar em outras estratégias para quebrar padrões comportamentais, você pode oferecer sugestões, como etapas gradualmente mais desafiadoras para se conectar com as pessoas, como enviar *e-mails*, telefonar, envolver-se em interações pessoais ou usar objetos transicionais.

> *Sim, essas são ótimas sugestões. Vamos anotar todas elas para que você tenha mais estratégias para escolher da próxima vez que estiver nesse modo.*
> *Certo, passemos agora para o próximo exemplo.*
>
> *"No modo criança vulnerável, quando estou triste, acredito que sou impotente."*
>
> *Quais estratégias cognitivas de longo prazo poderiam ajudá-lo a trabalhar esse modo?*
>
> *"Eu poderia fazer uma lista de prós e contras analisando as evidências que me fazem acreditar que sou impotente e as evidências que argumentam contra. Posso me lembrar de que todo mundo precisa de ajuda às vezes.*
> *Posso identificar as situações em que me sinto impotente e de que tipo de ajuda preciso ou por que preciso. Para situações importantes ou recorrentes, posso aprender as habilidades necessárias. O esquema relacionado poderia ser dependência."*
>
> *Quais outras estratégias cognitivas de longo prazo você pode usar para trabalhar a tristeza da sua criança vulnerável? Qual esquema você estaria trabalhando nesse caso?*

Se os pacientes não conseguirem pensar em outras estratégias cognitivas, ofereça sugestões, como diferenciar situações, esclarecer a necessidade, e assim por diante.

> *Sim, essas são ótimas sugestões. Vamos anotar todas elas para que você possa escolher entre diferentes habilidades da próxima vez que estiver nesse modo.*
> *Certo, agora vamos dar uma olhada na próxima página.*
>
> *"Quando estou no modo criança vulnerável, muitas vezes me sinto sozinho."*
>
> *Quais técnicas experienciais de mudança em longo prazo poderiam ajudá-lo a trabalhar esse modo? Vamos analisar o exemplo.*
>
> *"No exercício de imagética, posso reviver como é sentir-me conectado aos outros em grupos de terapia. Nas minhas imagens, posso sentir novamente o calor na barriga que tive nesses momentos.*
> *Posso fazer o trabalho de imagética todas as noites antes de dormir e vivenciar profundamente a sensação de estar conectado aos outros. Isso treinará a minha capacidade de acessar essas memórias reconfortantes quando os sentimentos de solidão ou abandono forem intensos. O esquema relacionado poderia ser abandono."*

> *Quais outras técnicas experienciais de longo prazo você pode usar para trabalhar a tristeza da sua criança vulnerável? Qual esquema você estaria trabalhando nesse caso?*
>
> *Fico feliz que você consiga pensar em tantas coisas. Foi um bom trabalho. Vamos anotar todas elas para que você possa escolher entre diferentes opções da próxima vez que quiser trabalhar esse modo.*

○ Faça isso para todos os modos no folheto. Deixe os pacientes se voluntariarem e, em seguida, faça um rodízio, pedindo aos demais que deem um exemplo para que todos tenham a oportunidade de falar.

Discuta detalhadamente o plano de manejo de modo de longo prazo com cada participante. O que se segue é um exemplo de como fazemos isso.

> *Certo, agora, vamos dar uma olhada na última página. Aqui, queremos desenvolver um plano de manejo de modo de longo prazo para o modo criança vulnerável que você possa usar para promover uma mudança permanente. Certo, quem está sentindo tristeza nesse modo? [Reconheça as pessoas que estão acenando em concordância. Escolha uma delas.]*
>
> *Está tudo bem se começarmos com você? [Aguarde a resposta.] Quais três técnicas que discutimos hoje você deseja anotar para o seu plano de manejo de modo de longo prazo? [Faça isso para todos os pacientes que sentem tristeza no modo criança vulnerável.] Certo, quem está sentindo ansiedade ou medo no nesse modo? [Reconheça as pessoas que estão acenando em concordância. Escolha uma delas.]*
>
> *Está tudo bem se começarmos com você? [Aguarde a resposta.] Quais três técnicas que discutimos hoje você deseja anotar para o seu plano de manejo de modo de longo prazo? [Faça isso para todos os pacientes que sentem ansiedade ou medo no modo criança vulnerável.]*

○ > *[Encerramento do grupo:] Ótimo trabalho hoje, pessoal. Então, a tarefa terapêutica que propomos a partir da sessão em grupo de hoje é que você use seu plano de manejo de modo de longo prazo até a nossa próxima reunião e tente preencher mais algumas lacunas. Aqui está a planilha de atividades para a próxima semana. Ficamos muito felizes por tê-los aqui.*
>
> *Até logo. Desejo a todos um resto de dia maravilhoso.*

Este roteiro, com ajustes mínimos de conteúdo e para se adequar ao seu grupo e estilo, pode ser usado para as sessões de manejo de modo 7 a 12.

AS 12 SESSÕES DE TRABALHO EXPERIENCIAL DE MODO

Esse componente da TE concentra-se no trabalho experiencial ou focado nas emoções. Em geral, trata-se do trabalho com o qual os pacientes, e frequentemente os terapeutas também, estão menos familiarizados, portanto, são fornecidos *roteiros detalhados para terapeutas* e *folhetos para paciente* nesta seção. Começamos pela sequência habitual com os modos de enfrentamento desadaptativo. Assim como nos outros componentes do programa, há duas sessões para cada modo. Para maior clareza, discutiremos ambas as sessões para cada modo simultaneamente.

Sessões dos modos de enfrentamento desadaptativo (TEM 1&7)

Sessão de trabalho experiencial de modo 1: MED 1 utiliza exercícios experienciais para ajudar os pacientes a vivenciarem os efeitos de seus modos de enfrentamento desadaptativo e avaliarem a eficácia deles em atender às suas necessidades.

> *Exercício em Grupo 1:*
> *MED 1 – Exercício de Focalização Experiencial*
>
> Nesta primeira sessão de trabalho experiencial de modo, começamos com um exercício que pode aumentar a consciência dos pacientes sobre qualquer sensação, pensamento ou sentimento que tenham ao caminhar brevemente em direção a um colega. Este exercício, muitas vezes, aciona o modo de enfrentamento desadaptativo padrão de uma pessoa, pois não é estruturado e direciona a atenção para uma pessoa relativamente estranha. Isso não é informado aos pacientes, uma vez que não queremos influenciar a experiência deles, independentemente de qual seja. (Utilize a planilha de Exercício de Focalização Experiencial [TEM 1-MED1] para os pacientes registrarem suas observações.)
>
> ### Exemplo de Roteiro do Terapeuta:
> ### Exercício de Focalização Experiencial
>
> *Olá, estou feliz que todos vocês estejam aqui e estou contente em vê-los. Como vocês sabem, este é o grupo de trabalho experiencial de modo e nosso foco hoje é o modo de enfrentamento desadaptativo. Faremos dois exercícios terapêuticos diferentes hoje. O primeiro foca na sua consciência e o segundo é um* role-play *no qual todos nós representaremos os vários modos. Na última parte da sessão, trabalharemos no desenvolvimento de uma imagem de um lugar seguro que, eventualmente, vocês poderão usar como alternativa aos modos de enfrentamento desadaptativo. (Nome do*

> segundo terapeuta, ou seja, o T2) e eu mostraremos como funciona. Darei a ele as mesmas instruções que darei a vocês. "Certo, T2, já fizemos isso antes. Fique a cerca de 4 metros de distância de mim. Caminhe lentamente em minha direção de forma lenta e, a cada passo, pare por um momento e apenas observe qualquer sensação física, pensamento ou sentimento. Não me diga o que nota, mas quero que você anote depois que terminarmos. Eu não vou me mover. Gostaria que você parasse quando estivesse a cerca de um metro de distância de mim, mais ou menos aqui (aponte para o local). Agora você pode começar.

O T2 faz o exercício para demonstrar a tarefa. Os terapeutas devem fazer o exercício com antecedência para sentir o que seus pacientes sentirão. Lembre-se de indicar o ponto de um metro de distância, caso contrário, alguns pacientes podem caminhar em direção a você.

Exemplo de Roteiro do Terapeuta

> *Alguma dúvida antes de começarmos? Então, por favor, formem duplas. Vocês se revezarão entre aquele que caminha e aquele que fica parado. A pessoa que está parada também deve observar suas sensações, pensamentos e sentimentos a cada passo que o outro dá em sua direção. Depois que um de vocês caminhar, parem, e cada um de vocês escreverá suas observações. Em seguida, invertam os papéis de quem caminha e quem fica parado e façam novamente.*

Essa parte do exercício leva cerca de 15 minutos. Se você perceber que as pessoas estão demorando muito com a parte da escrita, avise que elas só têm mais um minuto. Em geral, os pacientes não demoram muito tempo nem na parte da caminhada nem na da escrita. Após todas as duplas terminarem, chame o grupo de volta para a discussão.

> *Houve alguma surpresa para as pessoas? Quais tipos de experiências você notou? Qual papel você gostou mais, o de caminhar ou o de ficar parado? Alguém notou algum modo surgir durante o exercício? Às vezes, uma situação não estruturada como essa e uma pessoa inexperiente podem desencadear um dos modos e nos ajudar a entendê-lo no ambiente seguro do grupo. [Após uma pausa para discussão] Bom trabalho, pessoal. Muitos dos exercícios que fazemos nas sessões de trabalho experiencial de modo serão parecidos com atividades que nos proporcionam diferentes tipos de*

experiências para entender nossos próprios modos e as necessidades que estão por trás deles. Alguma dúvida?

"

O exercício de focalização experiencial leva cerca de 30 minutos.

Exercício de Trabalho Experiencial de Modo 1 – MED: Exercício de Focalização Experiencial

> Marque cada passo que você deu ao caminhar e registre qualquer **sensação**, **pensamento** ou **sentimento** que você notou. Faça o mesmo para cada passo da outra pessoa quando ela caminhar em sua direção.

● Ponto de onde você saiu

● Ponto onde você ficou

● Onde a outra pessoa ficou

● De onde a outra pessoa saiu

Exercício em Grupo 2: MED 1 – Role-play de Modos

O próximo exercício, o *role-play* de modos, demonstra a origem dos modos de enfrentamento desadaptativo e como eles funcionam no presente de maneira experiencial. Pacientes e terapeutas desempenham os papéis dos modos, tendo, assim, uma experiência do modo que interpretam e de como é interagir com os outros modos. Trata-se de uma versão experiencial de exercícios, como listas de prós e contras, na qual os participantes vivenciam diretamente os efeitos positivos e negativos de estarem em diferentes modos. É possível alternar o terapeuta que conduz o próximo exercício. Ambos terão papéis significativos à medida que o *role-play* se desenvolve. Há diagramas nas notas para o terapeuta que também podem ser usados como recursos visuais na discussão após o *role-play*.

" Exemplo de Roteiro do Terapeuta

> *Neste próximo exercício, faremos um* role-play *em que todos assumiremos os papéis dos diferentes modos para demonstrar e vivenciar como eles funcionam. Antes de começarmos, precisamos ter roteiros para os vários modos a serem usados. Você recebeu a tarefa de anotar suas sugestões sobre o que os vários modos poderiam dizer. Discutiremos essas sugestões, e o T2 escreverá os roteiros no quadro branco (ou cavalete).* "

[Consulte as **tarefas de trabalho experiencial de modo 1 e 7: MED 1 e 2** (TEM 1&7-MED1&2) para obter roteiros de modos. Os pacientes devem receber essa tarefa antes desta sessão, por exemplo, em um dos grupos de psicoeducação sobre TE.]

Tarefas de Trabalho Experiencial de Modo 1 e 7 – MED 1 e 2: Roteiros para os Modos Esquemáticos

Anote exemplos do que você acha que cada modo diria.

○ Modos de enfrentamento evitativo

Modos de enfrentamento hipercompensadores	
Capitulador complacente	
Criança vulnerável	
Criança zangada	
Pai/mãe punitivo	

Pai/mãe exigente	
Adulto saudável	
Criança feliz	

    Reúna as falas de roteiro para cada modo escritas pelos pacientes e anote em um quadro branco ou cavalete. Isso permite corrigir delicadamente quaisquer erros na compreensão deles acerca dos modos e fornece a eles roteiros para usar quando estiverem interpretando os modos. Comece com os modos de enfrentamento desadaptativo, escolhendo dois entre aqueles representados em seu grupo de pacientes. Não torne as escolhas muito complicadas. Opte entre protetor evitativo, capitulador complacente e hipercompensador. O T1 interpreta o modo adulto saudável e conduz a ação, o que enfatiza que esse modo está efetivamente no comando das ações dos modos. O T2 interpreta o bom pai/boa mãe que está tentando alcançar o modo criança vulnerável para protegê-lo, tranquilizá-lo e acalmá-lo.

> ## Exemplo de Roteiro do Terapeuta
>
> *Vou interpretar o modo adulto saudável. Este modo é o condutor da ação, e todos os outros devem seguir minhas instruções. O T2 assumirá o papel do bom pai/boa mãe e terá a tarefa de alcançar o modo criança vulnerável com algumas das frases que elaboramos como roteiro para ele. Agora, precisamos de voluntários para os outros papéis. Precisaremos de dois para os modos de enfrentamento desadaptativo, um modo criança vulnerável, um modo criança zangada, um modo adulto saudável em treinamento e um bom pai/boa mãe em treinamento.*

No início, peça aos pacientes que se voluntariem para interpretar os papéis. Comece pelos mais difíceis, ou seja, os modos criança vulnerável, pai/mãe punitivo e de enfrentamento desadaptativo. Isso assegura que o papel mais desafiador não será atribuído a você, nem ao paciente que se voluntariar por último, nem ao paciente que não se voluntariar. Se alguém se voluntariar para um papel que achamos que pode ser muito difícil para ele interpretar, vetamos isso sutilmente. Diga algo como *"Puxa, Sara, você não prefere interpretar o modo de enfrentamento desta vez, já que se tornou muito consciente desse modo, e acredito que isso funcionaria bem para essa atividade".* Evite designar um paciente que já esteja no modo criança vulnerável para interpretá-lo, uma vez que isso pode ser estressante em uma primeira sessão. Em geral, os pacientes se voluntariarão para papéis que acham que podem interpretar sem grande dificuldade. Se a dinâmica causar muito desconforto, é possível interrompê-la e tomar medidas para reduzir esse desconforto. Acreditamos que esse exercício não seja desafiador para os pacientes; pelo contrário, ele oferece esclarecimentos valiosos sobre os modos e contribui para uma compreensão mais profunda do modelo de TE. Ele também pode oferecer elementos divertidos.

Os modos de enfrentamento desadaptativo são escolhidos para representar aqueles que são dominantes em seu grupo. Fornecemos aos atores do modo pai/mãe punitivo uma máscara de algum tipo para que não sejam vistos como seu papel. Os pacientes nesses papéis geralmente não relatam dificuldades em interpretá-los, pois são familiares a eles. Ocasionalmente, relatam ser doloroso quando veem a reação da criança vulnerável. Essa é uma experiência que queremos que eles tenham para construir compaixão pelo modo criança vulnerável. Se um paciente expressar descontentamento em assumir um papel, você pode inicialmente perguntar se ele gostaria de ser um dos assistentes. Se ainda recusar, peça que assuma o papel de observador e preste atenção em como os modos interagem e no resultado, ou até mesmo que avalie o seu desempenho no papel de adulto saudável. Quando esse for o único papel que o paciente aceita, substituímos ele pelo modo adulto saudável em treinamento.

Sempre que possível, queremos que todos interpretem algum papel, por menor que seja, pois desejamos que permaneçam conectados.

> *Certo, então vamos precisar de um voluntário para o protetor evitativo e um para o hipercompensador. Lembrem-se, seu trabalho original era proteger o modo criança vulnerável do modo pai/mãe punitivo. Portanto, vocês farão isso usando o roteiro que elaboramos. Precisamos de dois de vocês para interpretar os modos pai/mãe punitivo e usar esse roteiro. Vamos dar máscaras para vocês usarem nesses papéis, pois não queremos que ninguém os confunda pessoalmente com esse papel negativo. Quem se sente capaz de assumir o papel de criança vulnerável hoje? Esse modo sente quaisquer sentimentos que estejam presentes. Certo, obrigado. E o modo criança zangada? Ele tenta chamar a atenção para a necessidade do modo criança vulnerável, mas o faz de maneira extrema e o coloca em apuros. Ótimo. Agora, só precisamos de um modo adulto saudável em treinamento para me acompanhar e um bom pai/boa mãe em treinamento para acompanhar o T2. Você (o modo adulto saudável em treinamento) pode contar com parte da minha força, conforme necessário, para estabelecer limites aos modos pai/mãe punitivo. Você (o bom pai/boa mãe em treinamento) acompanhará o T2 e modelará suas ações. Certo, então, vamos colocar todos nos seus lugares. O modo criança vulnerável se senta aqui com o modo criança zangada ao seu lado. O modo pai/mãe internalizados disfuncionais e o protetor evitativo se sentarão na sua frente, mas de costas para você, pois estão focados nos modos pai/mãe punitivo, sentados a cerca de 3 metros de distância. O T2 como bom pai/boa mãe e o bom pai/boa mãe em treinamento vão se sentar lado a lado, a uma distância semelhante aos modos pai/mãe punitivo. Agora, cada um de vocês em treinamento permanece ao lado do seu modelo.*

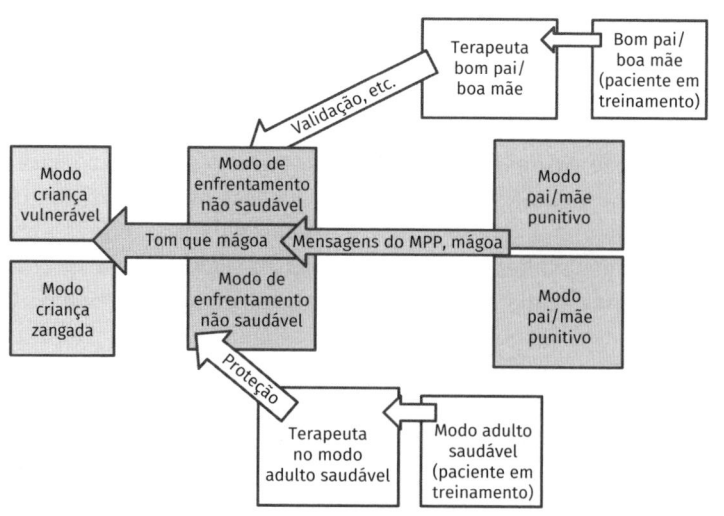

FIGURA 4.1 *Role-play* dos modos esquemáticos em ação. Cena 1: é assim que os modos se desenvolvem e funcionam agora.

Agora, lembre-se de que o modo adulto saudável, eu, atua como um diretor de cinema. Quando eu der uma direção ou parar a ação, vocês devem seguir minhas instruções. Isso também é a descrição dessa função. (A Fig. 4.1 apresenta a Cena 1 e mostra como os modos se desenvolvem e funcionam agora.)
A primeira coisa que faremos é uma demonstração de como esses modos se manifestavam na sua infância. Isso significa que, na contagem de 3, quero que cada um de vocês assuma seu papel e diga as suas falas do roteiro escritas no quadro; adicione outras falas ao papel, se desejarem. 1, 2, 3 e já.

Deixe a dinâmica caótica continuar por alguns minutos e, durante esse período, como diretor, estimule o modo criança zangada a falar mais alto, assim como os modos pai/mãe punitivo, e forneça qualquer outra orientação necessária. Em seguida, interrompa a dinâmica e discuta o que aconteceu.

Certo, agora todos parem. Apenas respirem. Vamos discutir o que aconteceu. Vamos começar com o modo criança vulnerável. Suas necessidades foram atendidas? Você estava protegido? Modo criança zangada, você foi ouvido? Modo de enfrentamento desadaptativo, você ouviu o que o modo criança vulnerável disse? Ele não estava protegido? Essa era a sua função, mas parece que você falhou nisso. Você sequer ouviu o modo criança vulnerável? Estava ciente de suas necessidades? Modo pai/mãe punitivo, você acha que foi eficaz? Bom pai/boa mãe, você conseguiu alcançar o modo criança vulnerável ou o modo criança zangada? Então, o que acabamos de ver demonstra como os modos se desenvolveram e como funcionam agora.
No entanto, como modo adulto saudável, há uma correção que preciso fazer antes de tentarmos novamente. Os modos pai/mãe punitivo estão muito próximos, pois não estão fisicamente presentes mais; eles pertencem ao passado, portanto, vou afastá-los daqui [leve os atores para um canto distante da sala]. *Suas vozes diminuíram agora. Vou deixar meu adulto saudável em treinamento aqui para garantir que vocês permaneçam no passado.* [Deixe esse paciente próximo do modo pai/mãe punitivo, mas de frente para o modo criança vulnerável.] *Agora, vamos ver o que acontece com eles quando colocados em seu lugar. Quero que todos os outros permaneçam onde estão e repitam suas falas.* [Deixe a dinâmica se desenrolar por alguns minutos e depois pare.] (A Fig. 4.2 ilustra um diagrama da etapa 2.)
Certo, o que aconteceu dessa vez? Não foi muito diferente, foi? Então, o modo pai/mãe punitivo se foi, mas os modos de enfrentamento desadaptativo ainda estão virados para eles e focados neles. Agora, eles estão apenas

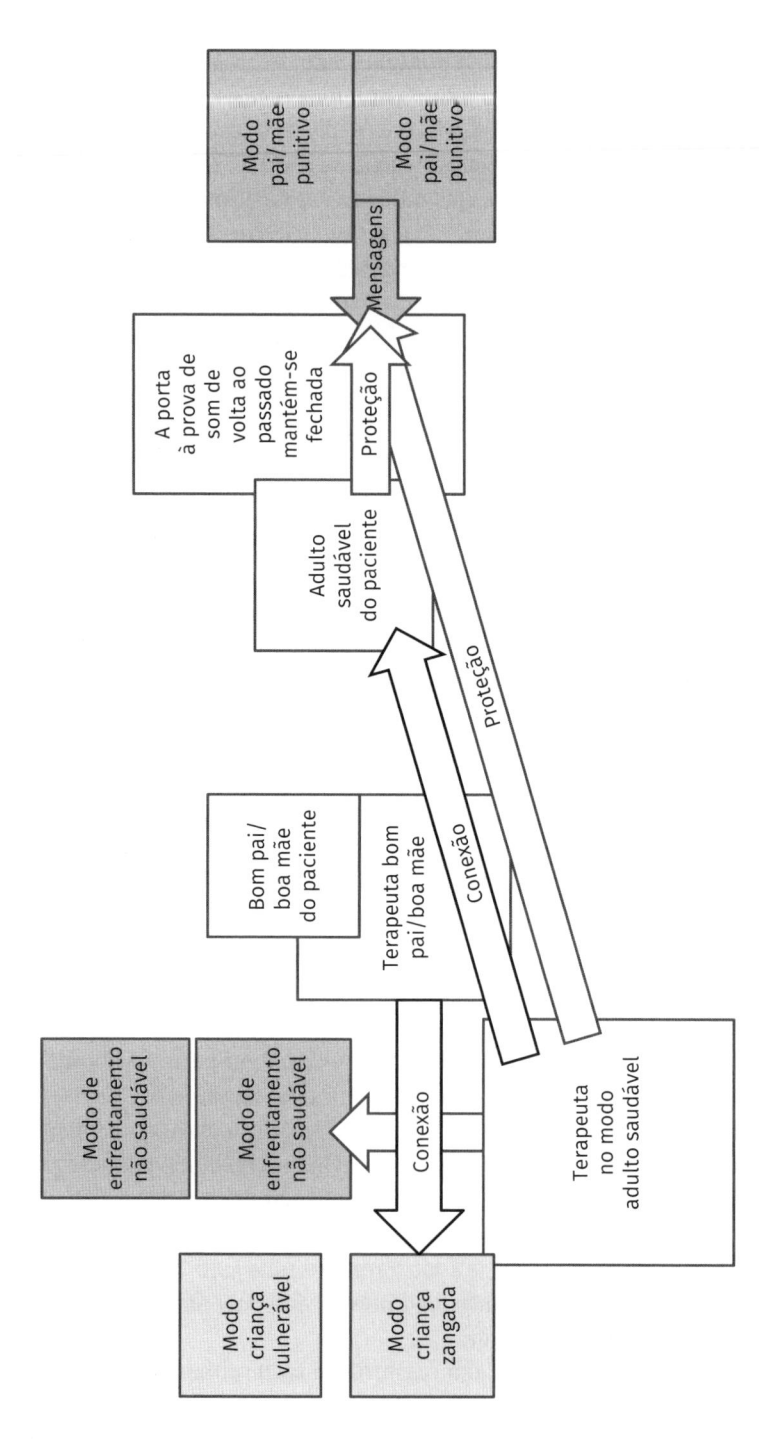

FIGURA 4.2 *Role-play* dos modos esquemáticos em ação. Cena 2: isto é o que começa a mudar durante a terapia do esquema.

> *impedindo o bom pai/boa mãe T2 de alcançar o modo criança vulnerável. O modo criança vulnerável ou modo criança zangada se sentem mais ouvidos?* (O modo criança vulnerável pode dizer que está um pouco menos assustado, pois o modo pai/mãe punitivo está menos alto, mas suas necessidades ainda não estão sendo atendidas.) *Então, precisamos fazer mais algumas mudanças. Como podemos ajudar o bom pai/boa mãe a alcançar os modos criança? Ah, então você acha que precisamos fazer algo com o modo de enfrentamento desadaptativo.* [Para o bom pai/boa mãe:] *O que você acha que precisamos fazer?*
>
> [O T2 assume uma posição mais ativa como bom pai/boa mãe.] *Acho que o modo de enfrentamento desadaptativo pode se afastar um pouco do modo criança zangada para que eu possa me aproximar, mas ainda permanecer alerta perto do modo criança vulnerável. Você faria isso?* (Os modos de enfrentamento desadaptativo discutirão um pouco.)

O objetivo do bom pai/boa mãe é convencê-los a se mover, tranquilizando-os de que ele ouvirá o modo criança zangada e que eles podem ficar em reserva caso ocorra uma situação de sobrevivência e eles sejam necessários novamente. O bom pai/boa mãe também diz a eles que fizeram um bom trabalho assegurando a sobrevivência do modo criança vulnerável na infância, o que foi um trabalho muito difícil, mas que hoje não precisam se esforçar tanto, pois o modo adulto saudável está lá para esse propósito, assim como vocês. Nesse ponto, o T1 como adulto saudável pode dizer aos modos pai/mãe punitivo para falarem mais alto para testar as coisas e ajudar o modo adulto saudável em treinamento a silenciá-los novamente. Isso demonstra que os modos pai/mãe punitivo podem surgir novamente, contudo, podem ser afastados, pois não têm o mesmo poder que tinham no passado.

O bom pai/boa mãe agora se conecta com o modo criança zangada, ouve-o, valida sua raiva e estabelece uma ligação ao pedir que segure a ponta de uma toalha ou pedaço de tecido, puxando um pouco junto, como em um cabo de guerra, para ajudar a liberar um pouco de raiva. Em seguida, o T2 pede aos modos de enfrentamento desadaptativo que se afastem do modo criança vulnerável para que ele possa ser alcançado. O T2 se aproxima dele e dá uma ponta do tecido para estabelecer uma conexão concreta. Essa interação positiva de estímulo continua por um tempo, e o bom pai/boa mãe em treinamento passa a participar, sendo orientado a dizer algumas coisas validadoras (o roteiro elaborado anteriormente pode ser consultado).

O T1 conduz uma discussão mais aprofundada sobre as experiências de cada paciente no modo que interpretaram e do que observaram. No final, o T1 faz uma espécie de resumo do que ocorreu e o relaciona com o curso da mudança na TE. A Figura 4.3 apresenta a Cena 3 e a configuração mais saudável do modo.

> *Certo, vamos juntar nossas cadeiras novamente como grupo e discutir essa experiência. Vimos como os modos de enfrentamento desadaptativo se desenvolveram originalmente para manter o modo pai/mãe punitivo longe do modo criança vulnerável, e conseguiram isso; no entanto, não ouviram o que ele realmente precisava nesse processo. Conforme o tempo passou, os modos de enfrentamento desadaptativo simplesmente mantiveram todos afastados, e o modo pai/mãe punitivo já havia partido fisicamente (às vezes até mesmo falecendo). O modo criança zangada igualmente expressou a necessidade do modo criança vulnerável, mas ninguém o ouviu também. O bom pai/boa mãe não pôde alcançá-los até que os modos de enfrentamento desadaptativo se afastassem um pouco. O adulto saudável os convenceu a ficar em posição de atenção, mas se afastar. Então, o bom pai/boa mãe conseguiu alcançar ambos os modos criança e fazer o que um bom pai/boa mãe deveria ter feito em sua infância. Isso permitiu que os modos criança ficassem menos angustiados e pudessem estabelecer uma conexão, que era a necessidade deles. Portanto, isso demonstra para vocês o que estamos tentando fazer na TE em poucas palavras.*

Esse exercício de *role-play* costuma ter um impacto significativo nos pacientes, proporcionando-lhes uma compreensão mais profunda do funcionamento dos modos em um nível além do cognitivo. Eles frequentemente observam que agora "entenderam" alguns dos modos que não tinham compreendido anteriormente. A discussão pode tomar diferentes rumos, levando em consideração os modos predominantes em seu grupo. Se houver tempo disponível, é possível criar uma lista sobre a escolha de diminuir a utilização do modo de enfrentamento desadaptativo, destacando as observações feitas durante o *role-play* e oferecendo uma intervenção cognitiva que sustente a experiência vivenciada.

Exercício em Grupo 3: MED 1 – Imagem do Lugar Seguro

Essa é uma imagem também utilizada em outros modelos de terapia nos quais a visualização de um lugar seguro é empregada para diminuir o desconforto. Uma diferença na versão da TE é que ela é completamente individualizada, sem presumir que uma praia, floresta ou outro cenário necessariamente transmitirá segurança para um indivíduo. Alguns pacientes, especialmente aqueles com transtorno de personalidade *borderline* (TPB), dirão que nunca se sentiram seguros em nenhum lugar. A imagem deve ser algo que atenda à necessidade do modo criança vulnerável por segurança.

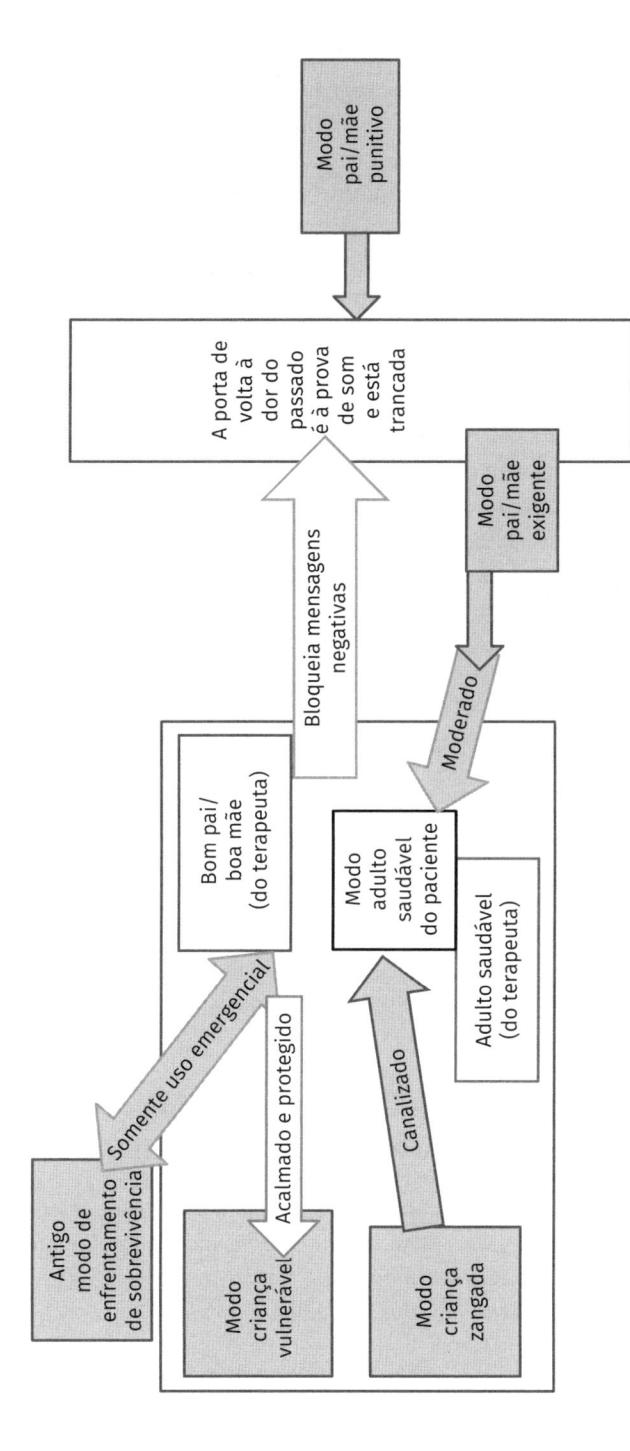

FIGURA 4.3 *Role-play* dos modos esquemáticos em ação. Cena 3: os resultados da terapia do esquema.

Dica para o Terapeuta

Ajudamos o grupo a criar uma imagem de um lugar seguro ao sugerir nossos próprios lugares seguros. Jane comenta estar na casa de sua avó em seu jardim de flores ou no sótão sentada em um baú de madeira. Isso frequentemente evoca uma imagem de avó, pois é algo comum. Fazemos um *brainstorming* com o grupo para aqueles que dizem que não conseguem pensar em um lugar seguro. Listamos muitas das coisas que ouvimos de pacientes com TPB ao longo dos anos: escola, a sala de aula de um professor específico, um parente seguro, a casa de um amigo, uma casa na árvore, estar no topo de uma árvore, escalar uma montanha, uma viagem para um acampamento, andar de bicicleta, um lugar imaginário como Oz, com uma fada madrinha, estar em uma igreja, e assim por diante. Podemos afirmar que sempre encontramos uma imagem de lugar seguro para cada paciente, possivelmente porque esperamos isso e persistimos até conseguirmos. Lembre-se da possibilidade de alguém ter tido uma experiência ruim ou até mesmo abusiva em uma das imagens de lugar seguro dadas como exemplo. Se isso acontecer, é importante *reconhecer que "somos todos diferentes" e falar sinceramente algo parecido com "Puxa, isso é horrível. Você não vai querer usar essa, certo?"*.

Usamos uma variação das instruções básicas de Young para a imagem de lugar seguro (Young, Klosko, e Weishaar, 2003). Com um tom de voz acolhedor e tranquilizante, pedimos a eles para fechar os olhos ou olhar para baixo e notar detalhadamente como é a aparência, a sensação, o aroma e o som do lugar seguro. Quando trabalhamos pela primeira vez com a imagem do lugar seguro, não especificamos a idade ou o modo do paciente, apenas que é um lugar onde se sentiram seguros.

Exemplo de Roteiro do Terapeuta: Instruções para a Imagem do Lugar Seguro

Você pode usar sua imagem para acalmar sua criança vulnerável, diminuir o alto desconforto ou substituir as imagens incômodas das lembranças. Deixe vir à mente uma imagem que represente um lugar seguro para você. Não force; esteja aberto para qualquer imagem segura que surgir. Pode ser como uma cena de filme, slide, *foto ou até mesmo uma memória real. Pode ser algo de sua vida, imaginação, livro ou filme. Você pode incluir qualquer coisa que seja segura e reconfortante em sua imagem.*

Faça dela algo só seu. Não se preocupe se tiver alguma dificuldade no começo para criar uma imagem forte. Discutiremos isso em grupo e o ajudaremos a desenvolver uma imagem que funcione para você.

1. *O que você **vê**?*
2. *Consegue se ver?*
3. *Quantos anos você tem?*
4. *O que mais você vê?*
5. *Quais **sons** você ouve?*
6. *Tem algum **aroma**?*
7. *Como você se **sente** neste lugar?*
8. *Como seu **corpo** se **sente**?*
9. *Há mais alguém lá? Lembre-se, apenas pessoas seguras são permitidas.*

***Diálogo interno** para a imagem do lugar seguro: "Estou seguro", "Eu controlo este espaço; nenhum mal me atinge aqui" e "Sinto-me calmo".*
    Inclua suas próprias palavras _____ .
    Dê um nome ao seu lugar seguro para que você possa trazê-lo à mente de forma mais rápida e fácil. Por exemplo, "casa da vovó", "casa na árvore", "sala de aula da professora Smith". _____

Orientamos os pacientes a praticarem a imagem pelo menos uma vez ao dia. Sugerimos que criem uma representação visual de sua imagem de lugar seguro, desenhando, encontrando uma imagem em uma revista ou simbolizando-a para que possam exibi-la onde a verão com frequência.

Tarefas de Trabalho Experiencial de Modo 1 e 7 – MED 1 e 2: Prática de Imagem de Lugar Seguro

Requer prática para que sua imagem do lugar seguro fique mais forte e mais útil como um substituto saudável para o modo de enfrentamento desadaptativo. Registre sua prática no formulário a seguir e a situação, modo e resultado quando optou por utilizar a imagem de lugar seguro.

Dia	Situação	Modo	Resultado

Uma vez que a imagem do lugar seguro tenha sido estabelecida, começamos a sessão em grupo com um pequeno exercício ao utilizá-la no lugar da bolha de segurança. Se o grupo estiver enfrentando uma dinâmica complexa, apresentando algum nível de dificuldade ou se desejarmos fortalecer as conexões do grupo, podemos incluir uma bolha de segurança ao redor de todos nós em nossas imagens de lugar seguro para proporcionar maior segurança e proteção. Nesse caso, também mencionamos a força compartilhada de nossas conexões com o grupo. Isso marca a introdução às imagens que se tornarão importantes quando estivermos trabalhando na mudança de imagens para o modo criança vulnerável.

A sessão de trabalho experiencial de modo 7 – MED 2 concentra-se em proporcionar aos pacientes a experiência da interação entre o modo adulto saudável e o modo de enfrentamento desadaptativo e, em última instância, o modo adulto saudável assumindo a função do modo de enfrentamento desadaptativo de proteger o modo criança vulnerável e permitir que suas necessidades sejam atendidas.

Exercício em Grupo 4: MED 2 –
Role-play *expandido do diálogo de modo*

Dessa vez, queremos proporcionar aos pacientes a oportunidade de interpretar seu próprio modo de enfrentamento desadaptativo e depois desempenhar o papel de criança vulnerável quando outro participante estiver interpretando o mesmo modo de enfrentamento desadaptativo. Para permitir que todos tenham várias oportunidades de interpretar diferentes modos, há apenas um exercício para essa sessão, sendo praticado de várias maneiras. Como a maioria dos pacientes apresenta mais de um modo de enfrentamento desadaptativo, deve ser possível dividir o grupo em pelo menos dois deles ou mais, se necessário. Então, as duplas podem se revezar nos papéis de modo de enfrentamento desadaptativo ou modo criança vulnerável com os outros pacientes e os terapeutas assumindo todos os outros papéis da maneira descrita detalhadamente na sessão de trabalho experiencial de modo 1. Antes de iniciar o *role-play*, os pacientes que interpretarão o mesmo modo de enfrentamento desadaptativo podem formar um pequeno grupo para trabalhar no roteiro. Eles podem usar o roteiro da sessão 1 como referência e adaptá-lo. A versão com a qual eles irão trabalhar pode não ter um roteiro elaborado previamente, e, nesse caso, deverão criar um. Os terapeutas podem ajudar conforme necessário.

Apenas um paciente deve interpretar o papel de pai/mãe internalizados disfuncionais; permita que ele escolha entre pai/mãe punitivo ou pai/mãe exigente. Consequentemente, outro paciente deverá assumir o modo criança feliz. Dessa vez, peça a alguém que assuma voluntariamente os papéis de modo adulto saudável e bom pai/boa mãe. Um terapeuta deve assumir o papel de auxiliar do modo adulto saudável e responsabilizar-se pela tarefa de direcionar e interromper a ação. O outro terapeuta pode assumir o papel de auxiliar do bom pai/boa mãe. Essa atribuição de papéis permite que os terapeutas sejam treinadores dos pacientes nos papéis saudáveis. Essas mudanças proporcionam aos pacientes a oportunidade de vivenciar uma variedade de modos.

Exemplo de Roteiro do Terapeuta

Olá, estou feliz que todos vocês estejam aqui e estou contente em vê-los. Como vocês sabem, este é o grupo de trabalho experiencial de modo e nosso foco hoje são os modos de enfrentamento desadaptativo. Hoje, trabalharemos novamente com o role-play de modos. Portanto, lembre-se de que o modo adulto saudável é o diretor da ação e todos os outros modos devem seguir as instruções dele. O papel de "bom pai/boa mãe" tem a tarefa de alcançar o modo criança vulnerável com algumas das mensagens que identificamos como importantes ao longo das últimas sessões. O modo de enfrentamento desadaptativo tenta proteger o modo criança vulnerável ao focar inteiramente em afastar o pai/mãe punitivo ou pai/mãe exigente. Se houver um modo criança zangada, ele reage intensamente às necessidades não atendidas do modo criança vulnerável. Então, vamos nos posicionar nos nossos lugares e nos preparar para começar.

Neste ponto do tratamento, não esperamos que os pacientes se recusem interpretar um papel. Se o fizerem, como antes, peça-lhes para serem auxiliares do modo adulto saudável ou do bom pai/boa mãe. Se eles ainda se recusarem, você pode pedir que assumam o papel de observadores e avaliem a eficácia dos vários modos em suas funções.

> *A primeira coisa que faremos é permitir que todos os modos desempenhem seus papéis e ver o que acontece. Isso significa que, na contagem de 3, quero que cada um de vocês assuma seu papel e diga suas falas do roteiro; adicione outras falas ao papel, se desejarem. 1, 2, 3 e já.*

Deixe a dinâmica caótica continuar por alguns minutos. Lembre o paciente no modo adulto saudável para direcionar o volume dos modos em seus papéis. Em seguida, interrompa a dinâmica e discuta o que aconteceu.

> *Certo, agora todos parem. Apenas respirem. Vamos discutir o que aconteceu. Vamos começar com o modo criança vulnerável. Suas necessidades foram atendidas? Você estava protegido? Modo criança zangada, você foi ouvido? Modo de enfrentamento desadaptativo, você ouviu o que o modo criança vulnerável disse? Ele não estava protegido? Isso era seu trabalho, como você acha que se saiu? Modo criança vulnerável, como ele se saiu ao protegê-lo e atender às suas necessidades? Modo de enfrentamento desadaptativo, você sequer ouviu o modo criança vulnerável? Estava ciente de suas necessidades?*
>
> *Como isso afetou o role-play, considerando que o modo pai/mãe punitivo não estava tanto em cena? A intensidade dele foi reduzida? Vamos fazer desse jeito no próximo role-play que fizermos.*
>
> *Bom pai/boa mãe, você conseguiu alcançar os modos criança?*
>
> *Em que esse role-play foi semelhante ou diferente do último que realizamos?*
>
> *Certo, agora que vimos como os modos estavam funcionando, deixemos que o adulto saudável faça algumas correções. [Para o paciente interpretando esse modo:] O que você quer mudar? Por exemplo, quer colocar o modo pai/mãe punitivo para fora da sala? Quer tirar o modo de enfrentamento desadaptativo do caminho? [Faça essas correções.] Vamos tentar de novo e ver o que acontece com essas mudanças.*
>
> *[Continue dessa maneira até que todos os pacientes que quiserem tenham a oportunidade de interpretar o modo de enfrentamento desadaptativo e o modo criança vulnerável. Incentive-os a se alternarem no papel do modo adulto saudável. Oriente-os no adulto saudável e no bom pai/boa mãe conforme necessário.]*

O objetivo dessas repetições de *role-plays* é proporcionar aos pacientes experiências de estar em papéis de modo como parte da mudança em seu sistema de modos. Os terapeutas precisarão direcionar a discussão fazendo perguntas para enfatizar o aspecto da mudança. Por exemplo: *o que acontece com o modo criança vulnerável quando o modo de enfrentamento desadaptativo está mais distante?* A resposta pode ser que o bom pai/boa mãe consiga alcançá-lo, mas isso parece um pouco assustador, pois não é o que ele está acostumado.

> *Certo, vamos juntar nossas cadeiras novamente como grupo e discutir essa experiência.*
>
> 1. *As necessidades do modo criança vulnerável foram atendidas?*
> 2. *O modo de enfrentamento desadaptativo se afastou?*
> 3. *O modo pai/mãe punitivo foi banido? Ou o modo pai/mãe exigente foi atenuado?*
> 4. *O modo criança zangada foi ouvido?*
> 5. *O modo adulto saudável garantiu que as necessidades do modo criança vulnerável fossem atendidas? Ele fez um trabalho melhor ou pior em comparação com o modo de enfrentamento desadaptativo? Em que foi diferente?*

A discussão pode tomar diferentes rumos, dependendo das necessidades e modos do grupo. Se houver tempo disponível, é possível criar novamente uma lista sobre a decisão de diminuir a utilização do modo de enfrentamento desadaptativo, destacando as observações feitas durante o *role-play*. Espera-se que o resultado seja diferente da primeira vez que este exercício foi conduzido na **sessão de trabalho experiencial de modo 1: MED 1**, já que os pacientes estarão mais conscientes de suas experiências de modo e melhorado a condução dos modos não saudáveis.

Sessões do modo pai/mãe internalizados disfuncionais (TEM 2&8)

Ao trabalhar com os modos pai/mãe internalizados disfuncionais, os terapeutas podem focar naquele mais comum no grupo ou reservar algum tempo tanto ao modo pai/mãe punitivo quanto ao modo pai/mãe exigente. Os dois modos parentais são diferentes, já que o primeiro se concentra na punição e pode ou não apresentar padrões elevados, e o segundo se concentra em padrões inflexíveis e trabalho contínuo para melhoria, mas pode não ser punitivo. Naturalmente, muitos de nossos pacientes são sobrecarregados por ambos, e tendem a não fazer distinções precisas entre os dois. No entanto, na TE, há uma abordagem diferente para cada um deles, onde o modo pai/mãe punitivo é banido, visto como sem valor positivo para o paciente, e o modo pai/mãe exigente é atenuado, transformando seus padrões inflexíveis em razoáveis.

Exercício em Grupo 1: MPD 1

O primeiro exercício que utilizamos, o "Experimento de Punição", é desenvolvido para contradizer a crença de muitos pacientes de que o modo pai/mãe punitivo é "necessário" e até útil para seu desenvolvimento. Esse exercício demonstra os efeitos negativos das mensagens do modo pai/mãe internalizados disfuncionais no desenvolvimento, contrariando o que os pacientes são ensinados e tendem a acreditar. Após a introdução habitual, contextualize o trabalho que será feito com os modos pai/mãe internalizados disfuncionais com os roteiros a seguir.

> ### Exemplo de Roteiro do Terapeuta: Mensagens do Pai/Mãe Punitivo
>
> *Frequentemente, quando falamos sobre o modo pai/mãe punitivo, os pacientes nos dizem que "a punição é necessária" para as crianças aprenderem ou que "exigências e pressão" as ensinam a persistirem mais. Alguém aqui acredita nisso?* [Complemente com perguntas semelhantes, se necessário.] *Mesmo que um pouco? Ou você acredita nisso, mas acha que não queremos que você acredite, por isso não está levantando a mão?* [Breve discussão de 5 minutos sobre esse conteúdo.] *Bem, hoje faremos um breve experimento para investigar os efeitos dos modos parentais no seu desenvolvimento.*

> ### Exemplo de Roteiro do Terapeuta: O Experimento de Punição – 20 minutos
>
> *Certo, precisamos que todos formem duplas. Tenho bastões de madeira suficientes aqui* (um pedaço de madeira arredondada com 35 a 50 centímetros de comprimento, ou outro objeto que possa ser equilibrado na mão com algum nível de dificuldade) *para que cada dupla pegue um. A tarefa é simples: você só precisa equilibrar o bastão na palma da mão por cerca de um minuto. A palma da mão deve estar aberta, caso contrário, seria fácil demais e você poderia simplesmente segurá-lo. Então, um de vocês começa sendo a pessoa que tenta equilibrar o bastão, enquanto o outro deve ser o modo pai/mãe punitivo. Isso significa que o outro vai dizer que você é um perdedor, que você não consegue fazer isso direito, que você não será capaz de fazer, e assim por diante. Observaremos como isso afeta seu desempenho. Na segunda vez que você tentar equilibrar o bastão, sua dupla interpretará um bom pai/boa mãe. Isso significa que ela irá incentivá-lo, dizer que acredita em você, que você consegue, pedir que não desista, e assim por diante. Observaremos o efeito desse roteiro sobre seu desenvolvimento. Portanto, um de vocês começará sendo a pessoa que equilibra o bastão com o outro sendo o modo pai/mãe punitivo e, em seguida, vocês inverterão os papéis. Depois de terminar, nos reuniremos novamente e discutiremos os resultados de nosso experimento.*

Discussão:
- Como o seu modo criança vulnerável se *sente* sobre o exercício?
- O que o seu adulto saudável *conclui* com base nesse exercício?
- Como seu adulto saudável poderia agir para limitar os danos ao seu modo criança vulnerável causados pelo modo pai/mãe punitivo?

”

Fornecemos aos pacientes o folheto da sessão de trabalho experiencial de modo 2 – MPD 1: Punição e Reforço: Como Aprendemos? (TEM 2-MPD1) para que mantenham como um lembrete dessa experiência e evidência a ser usada para contradizer as mensagens do modo pai/mãe internalizados disfuncionais.

Sessão de Trabalho Experiencial de Modo 2 – MPD 1: Punição e Reforço: Como Aprendemos?

O pai/mãe punitivo diz: "Quando as pessoas cometem erros, precisam ser *punidas severamente*! Essa é a única maneira de aprenderem! Caso contrário, continuarão cometendo erros estúpidos e prejudicando outras pessoas ou me incomodando...".

Isso é realmente verdade? A punição severa é a única ou melhor maneira de aprender? Vamos analisar como a punição afeta as pessoas de fato. Existem duas maneiras principais de punição: privar as crianças de coisas prazerosas ou até mesmo necessárias (por exemplo, não pode assistir televisão ou ficar sem jantar) ou sujeitá-las a punições desagradáveis (por exemplo, ficar quieto por um longo tempo ou ser castigado fisicamente). Ambos os tipos de punição fazem as crianças aprenderem a não cometer o "erro" novamente... contudo... *o método de punição tem outros efeitos prejudiciais*.

O exercício que fizemos em grupo demonstra o aspecto negativo da punição. Quando as pessoas são punidas, começam a se sentir mal consigo mesmas e muitas vezes acham que são incompetentes. Elas sentem muito medo de tentar novamente e evitarão fazer coisas novas. Agora, analise as crianças com atenção...

elas precisam explorar o mundo, descobrir o que gostam e não gostam e formar suas próprias conclusões sobre como as coisas funcionam. Isso precisa ser feito por tentativa e erro e requer ter uma base segura na forma de um cuidador inicial. A criança pode explorar a partir de sua base segura e voltar a ela se precisar de ajuda ou se algo parecer assustador. Um bom pai/boa mãe proporciona uma base segura.

Em contrapartida, o pai/mãe punitivo pode ser tanto desinteressado (retirar a atenção), o que pode fazer a criança se sentir insegura ao explorar o ambiente, quanto puni-la dizendo coisas como "Não toque nisso. Você é uma criança tão má por sempre virar as costas".

Um bom pai/boa mãe, pelo contrário, incentivaria a criança a explorar. Por exemplo, faria contato visual, seguraria a criança quando ela quisesse colo ou diria coisas como "Uau, o que você está olhando ali?" para expressar interesse. O bom pai/boa mãe até poderia explorar as coisas com a criança. E se ela cometesse um erro (por exemplo, correr muito rápido, machucar-se e chorar), em vez de puni-la mais, acalmaria seu filho.

A punição não é a mesma coisa que uma proteção saudável ou limites e consequências que ocorrem naturalmente. Os pais precisam explicar às crianças, dependendo de sua idade, sobre as consequências de suas ações no mundo exterior. Por exemplo, se você roubar algo em uma loja, a polícia será chamada. Se você faltar à aula, a escola impõe uma penalidade e você pode não aprender coisas que precisa. Se você gritar com os amigos e agredi-los, eventualmente eles não vão querer ser seus amigos. Todos sofremos as consequências de nossas ações.

Bons pais/boas mães fornecem orientação sobre quais são as consequências das ações e estimulam seus filhos a fazerem as escolhas certas. Os cuidadores não gostarão de algumas ações e dirão às crianças para não fazerem algo novamente. Se alguém ou um animal for ferido de propósito, ou a propriedade de outra pessoa for danificada intencionalmente, é necessário impor limites progressivos para interromper esse comportamento. Isso também ocorre na terapia. Há suporte para tentar coisas e limites realistas quando necessário.

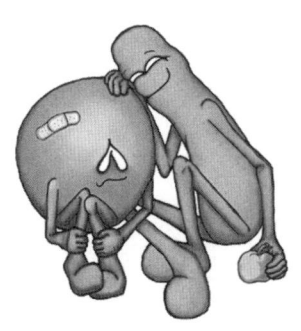

> A punição severa ou extrema na infância é a base para o Modo Pai/Mãe Punitivo. Uma criança punida severamente aprende a ser punitiva consigo mesma e com os outros, incluindo possivelmente seus próprios filhos.
>
> Se o "erro" foi uma necessidade normal da criança, como fome, pedir um abraço ou pedir ajuda, então a criança punida ou ignorada pode aprender a não agir para atender às suas necessidades ou a pedir ajuda. Essas experiências podem ser a base para o desenvolvimento dos Modos Protetor Desligado ou Criança Zangada.
>
> Se o "erro" foi a exploração ou curiosidade saudável da criança, puni-la pode levar a um adulto com uma identidade subdesenvolvida ou instável. Aquela criança pode se tornar um adulto que não saberá do que gosta ou não gosta, o que a faz feliz, ou até mesmo o que é prejudicial para ela.

Exercício em Grupo 2:
MPD 1 – Livrar-se das Mensagens do Modo Pai/Mãe Internalizados Disfuncionais

Depois de suscitar algumas dúvidas nos pacientes quanto ao valor do modo pai/mãe punitivo, passamos para o próximo passo, ou seja, facilitar a experiência deles de que o seu modo pai/mãe internalizados disfuncionais interno não é ele próprio, mas algo que foi absorvido das experiências iniciais e pode ser eliminado com algum trabalho. Uma das formas de demonstrar isso de forma experiencial é a construção de efígies para representá-los. O uso de uma representação tangível serve a vários propósitos terapêuticos. Isso demonstra a teoria da TE de que se trata de um objeto negativo internalizado, e *não* o paciente e, em geral, não inteiramente um pai ou mãe. O primeiro passo para eliminar esse modo é o paciente entender que não se trata de sua própria voz. Os participantes costumam desenhar um rosto na efígie, que se parece com um monstro ou demônio. Essa caracterização é útil, pois não parece nem mesmo humano, enfatizando o ponto de que se trata da internalização seletiva apenas dos aspectos negativos dos cuidadores, não a pessoa como um todo. Essa abordagem é benéfica por duas razões: os pacientes não sentem a necessidade de se distanciarem totalmente de seus pais reais e do que é positivo nesses relacionamentos, evitando, assim, a ativação de temores de abandono, e enfrentam menos questões de lealdade à família. A efígie evoca muita emoção, começando às vezes com medo, mas passando para raiva e rejeição.

Primeiro, usamos a efígie como local para os pacientes escreverem as mensagens negativas do modo pai/mãe internalizados disfuncionais. Esse processo é outra ação concreta para extirpar essas mensagens do paciente. Pedimos que eles pensem em se livrar da mensagem deixando-a na efígie. Posteriormente, a usamos em *role-plays* como uma máscara para o paciente que está interpretando o modo, ou ela pode ser colocada sobre uma cadeira para adicionar realismo a um diálogo de modo em uma sessão individual. A figura pode ser pisoteada e até mesmo despedaçada. Ao longo das sessões experienciais em grupo, mantemos a efígie disponível, mas fora de vista, caso os pacientes desejem deixar outra mensagem nela. Os terapeutas sempre a retiram no final das sessões. Essas ações demonstram, em um nível de desenvolvimento infantil, que esse modo não tem mais o poder de causar danos. A figura do "bom pai/boa mãe" permite que os terapeutas controlem facilmente esse modo pai/mãe internalizados disfuncionais efígie. Na sessão de trabalho experiencial de modo 7 – MPD2, descreveremos o uso da efígie em *role-plays* de diálogo de modo.

" Exemplo de Roteiro do Terapeuta: Mensagens do Modo Pai/Mãe Internalizados Disfuncionais

Nas sessões de psicoeducação sobre TE, falamos sobre as necessidades básicas de crianças pequenas e os efeitos de não ter essas necessidades atendidas. Discutimos, ainda, sobre como internalizamos o que as pessoas importantes ao nosso redor dizem sobre nós na infância, como elas nos descrevem e como essas mensagens permanecem, quer sejam precisas ou não. Para lhe dar um exemplo [use um exemplo de um dos terapeutas que não seja muito extremo] *– recebi a mensagem de minha mãe de que eu era "difícil". Não tenho certeza se ela disse isso nessas palavras, mas é isso que lembro como se fosse uma mensagem direta dela. Pensando nessa mensagem, sempre que tinha problemas com pessoas próximas a mim, eu me dizia "Puxa, isso aconteceu porque eu sou 'difícil'". No nível cognitivo, isso se desenvolveu como uma crença central sobre mim mesmo e, no nível emocional, quando tinha esse pensamento, sentia um mal-estar*

> *na boca do estômago. Descobri como adulto e em minha terapia pessoal que esse rótulo de "difícil" não era realmente sobre mim, era sobre minha mãe. Eu era "difícil" para ela porque eu expressava claramente o que queria e não queria. Eu não era como ela, e isso me tornava difícil para ela. Descobri que muitas pessoas apreciavam essa característica, mas minha mãe não, então eu recebi aquele rótulo. Essa mensagem faz parte do modo pai/mãe exigente (e estou atento a ele para poder enfrentá-lo, se surgir). Então, o que faremos primeiro hoje é falar um pouco sobre quais são as mensagens negativas que vocês têm dos seus modos pai/mãe exigente ou punitivo e depois começaremos nosso trabalho para nos livrar delas e aprender a combatê-las.*

Promova uma discussão de aproximadamente 10 minutos. Em geral, os pacientes têm pouca dificuldade em trazer mensagens negativas sobre si mesmos.

> *Agora, vamos nos livrar dessas mensagens simbólica e literalmente, escrevendo-as em uma efígie que faremos para representar os modos pai/mãe internalizados disfuncionais de todo o grupo.*
>
> *Primeiro, precisamos desenhar um rosto para nossa efígie.* [O pano, musselina ou outro tecido barato, foi cortado no formato de uma pessoa grande ou pode ser um pedaço retangular para desenhar o corpo. Incentivamos os pacientes a participarem do desenho de alguma parte da efígie, mas não insistimos nisso. Sempre tentamos permitir que eles sigam em seu próprio ritmo no trabalho experiencial.] *Uau, criamos um modo pai/mãe internalizados disfuncionais monstruoso. Acho que isso faz sentido, porque não é realmente uma pessoa específica, nem mesmo é uma pessoa, mas o que fica conosco a partir de experiências negativas com figuras de autoridade na forma dos modos parentais. Agora vem a parte divertida: podemos deixar qualquer mensagem dos modos pai/mãe exigente ou punitivo que tenhamos nesta efígie.* [Os pacientes são incentivados a escrever mensagens usando canetas para tecido fornecidas pelos terapeutas. Ocasionalmente, os pacientes hesitam em começar, então, em geral, nós começamos. Rapidamente, a maioria dos pacientes participa.]

Depois que a efígie estiver terminada, um dos terapeutas pode demonstrar sua impotência atual. Reserve 30 minutos para a construção da efígie.

Exercício em Grupo 3: MPD 1 – Coisas que um "Bom Pai/Boa Mãe" Diria a uma Criança Amada

Este é um dos exercícios básicos de reprocessamento de imagens do "grupo como um todo" que utilizamos.

Exemplo de Roteiro do Terapeuta: Mensagem do Bom Pai/Boa Mãe

Agora vamos mudar para algo positivo e curativo para o seu modo criança vulnerável. Substituiremos as mensagens negativas das quais você acabou de se livrar por aquelas que você precisava ouvir quando criança. Por favor, pegue seu exercício de trabalho experiencial de modo 3 – MPD1: Combater os Modos Pai/Mãe Punitivo e Exigente: Coisas que um "Bom Pai/Boa Mãe" Diria a uma Criança Amada (TEM 2-MPD1) *e reserve alguns minutos para escrever as mensagens que você gostaria de ter ouvido de um pai/mãe amoroso quando criança. Vamos ouvir o que as pessoas escolheram. Qual é a sua favorita? Vou anotar todas elas para que possamos fazer um "roteiro de mensagem dos bons pais/boas mães" em grupo. [Reserve 25 minutos.]*

A tarefa pede que a linguagem seja expressa no nível de uma criança pequena (por exemplo, "Eu te amo do jeito que você é", "Você é precioso para mim", "Estou tão feliz por ter você como filho", "Você é um ótimo filho", "Estarei sempre aqui para você", "Eu vou te proteger"). Se a mensagem for algo mais formal como "Estou orgulhoso das suas conquistas", traduza-a como "Você é simplesmente ótimo" ou "Estou feliz por você ser meu filho". Os pacientes trazem sua lista para o grupo e discutimos suas mensagens. Pedimos a autorização deles para que o grupo possa se inspirar em ideias e declarações uns dos outros, já que alguns inevitavelmente podem mencionar que tiveram dificuldade em encontrar algo para escrever. Enquanto os pacientes compartilham suas escolhas, o terapeuta as anota para construir um roteiro coletivo do "bom pai/boa mãe".

1. *Antes de começarmos, vou colocar a bolha de segurança ao nosso redor. Sinta o calor e a proteção dela envolvendo a todos nós. Lembre-se de que manteremos seu modo criança vulnerável seguro aqui. Agora, conecte-se com ele. Faça isso da forma que for mais confortável para você. Pode ser imaginando você mesmo quando criança ou estabelecendo uma conexão em um nível emocional. Use o método que melhor funcione para você.*
2. *Quero falar algumas das coisas que você deveria ter ouvido de um pai/mãe amoroso e de qualquer outra pessoa que cuidasse de você na infância. Eu quero que seu modo criança vulnerável ouça, pois são coisas que todas as crianças pequenas precisam e merecem ouvir.*

Em seguida, um de nós lê o roteiro com a voz mais acolhedora, suave e carinhosa possível. Acrescentamos algumas de nossas próprias mensagens de "bom pai/boa Mãe". É especialmente importante que o terapeuta que não esteja lendo o roteiro complemente-o com mais afirmações.

> 3. Quero que vocês me ouçam e estejam abertos para absorver essas mensagens. Se sofrerem interferência de modos pai/mãe punitivo ou exigente, tentem afastá-los, digam que não são permitidos aqui; apenas os bons pais/boas mães podem entrar no nosso espaço. Tentem lembrar das coisas que vocês estão ouvindo e as que mais gostam, porque vamos fazer algo especial com elas. Se tiverem dificuldade para lembrar, não se preocupem; eu tenho anotado e os ajudarei.
> [Quando o roteiro terminar:]
> 4. Voltem lentamente para o grupo, lembrando do que ouviram. Vamos discutir como foi essa experiência.
> 5. Vocês conseguiram absorver pelo seu modo criança vulnerável?
> 6. O que vocês mais gostaram de ouvir?
> 7. Houve surpresas para vocês?
> 8. Houve algo com o qual vocês tiveram dificuldades?

O grupo discute a experiência, como se sentiram, se conseguiram permanecer no modo criança vulnerável, o que mais gostaram, e assim por diante. Você pode dar aos pacientes um arquivo de áudio e/ou uma cópia escrita do roteiro para ouvir, reler e levar consigo. A tarefa após essa sessão é fazer algo todos os dias para lembrar a experiência de ouvir o roteiro do bom pai/boa mãe.

Exercício de Trabalho Experiencial de Modo 3 – MPD 1: Combater os Modos Pai/Mãe Punitivo e Pai/Mãe Exigente: Coisas que um "Bom Pai/Boa Mãe" Diria a uma Criança Amada

Elabore uma *lista de coisas que você acha que um bom pai/boa mãe diria* a uma criança pequena que amasse e que você ouviu ou gostaria de ter ouvido na infância. Tente usar uma "linguagem infantil". Seu modo criança vulnerável ainda precisa ouvir essas manifestações de amor, conforto, proteção e validação. Alguns exemplos seriam: "Eu te amo", "Estou feliz por você ser meu filho", "Você é ótimo", e assim por diante. Vamos usar essas declarações de maneira criativa em uma sessão de grupo, portanto, reflita sobre o exercício e anote algumas coisas. Sinta-se à vontade para utilizar qualquer coisa que você tenha ouvido em grupos, de outros terapeutas, etc., que sua criança vulnerável tenha gostado. *Vamos comparar as anotações e complementar as listas na sessão experiencial em grupo para o modo criança vulnerável.*

Eu gosto de ouvir ou gostaria de ter ouvido o seguinte quando criança e meu modo criança vulnerável ainda precisa ouvir (escreva mais no verso, se desejar):
1.
2.
3.
4.
5.
Adicione à sua lista qualquer coisa que você ouça no grupo de TEM-2 que sua criança vulnerável tenha gostado:

Objetos transicionais

Para ajudar os pacientes a recordarem o roteiro do bom pai/boa mãe e auxiliar na internalização, fornecemos a eles objetos transicionais atrelados a esse exercício. O uso de objetos transicionais segue a abordagem do nível de aprendizado no desenvolvimento da TE e é empregado como um complemento ao cuidado parental limitado. Utilizamos objetos como um pedaço de tecido macio, com ou sem um aroma empregado pelos terapeutas, um cordão com uma miçanga especial de cada terapeuta ou um bilhete com sua mensagem do bom pai/boa mãe. O roteiro do bom pai/boa mãe e outras mensagens para o modo criança vulnerável podem ser transformados em *flashcards*, poemas, músicas, desenhos ou qualquer outro objeto transicional que possa estar disponível fora da terapia. Costumamos perguntar aos pacientes sobre o uso de cobertores, animais de pelúcia e objetos semelhantes quando eram crianças. Isso é uma prática comum, e muitos deles também têm histórias sobre os pais jogando esses objetos fora, o que os deixou se sentindo devastados. Dizemos a eles que, assim como estão desenvolvendo a capacidade de acessar uma "figura de bom pai/boa mãe" em si mesmos, os objetos transicionais dos terapeutas e do grupo podem lembrá-los do conforto que sentiram nos exercícios de imagens ou apenas ao estar em um ambiente seguro e acolhedor com o grupo. A primeira vez que usamos um objeto transicional para o modo criança vulnerável, fornecemos a eles a justificativa apresentada a seguir. Este é um bom exemplo de apelar tanto para o seu modo adulto saudável quanto para o seu modo criança vulnerável.

> ## Exemplo de Roteiro do Terapeuta: Objetos Transicionais
>
> *Crianças muito pequenas precisam desenvolver a capacidade cognitiva de saber que um cuidador existe mesmo que não o vejam. Até desenvolverem a "constância do objeto", elas têm uma ansiedade de separação intensa. O próximo passo no desenvolvimento saudável é a internalização e a capacidade de evocar a imagem tranquilizadora de um pai ou mãe quando eles não estão fisicamente presentes.*
> *É assim que a capacidade de se tranquilizar é desenvolvida. Muitas vezes, as crianças têm em seus cobertores os objetos transicionais que as lembram do conforto proporcionado pelo pai ou pela mãe, como ao serem colocadas para dormir, por exemplo, com um cobertor macio e quente. Ter esse objeto tangível que representa o pai ou a mãe ajuda a criança a sentir que eles são reais. Os sentimentos de dor, medo, solidão, tristeza, e assim por diante, que vocês notam quando o modo criança vulnerável é acionado e não é seguido por um modo de enfrentamento desadaptativo que assume o controle, remontam à experiência infantil de não ter suas necessidades básicas atendidas. Estamos trabalhando em imagens para fornecer essas experiências à sua criança vulnerável. Faz sentido que também desejemos oferecer objetos transicionais para ela. Esses objetos podem ajudar seu modo criança vulnerável a fazer a transição do conforto e tranquilidade provenientes do exterior (por exemplo, terapeutas, pessoas significativas) para ser capaz de fornecê-lo de dentro, o modo adulto saudável interior. Então, ao longo do tratamento, desenvolveremos juntos várias representações do grupo e dos terapeutas para que suas crianças internas possam usar para que seja proporcionado conforto e tranquilidade. Esta é apenas mais uma das maneiras que podemos ajudá-los a corrigir, como adultos, coisas que não tiveram na infância. Hoje desenvolvemos um roteiro de bom pai/boa mãe para o grupo. Esperamos que o tenham gravado; caso contrário, receberão uma cópia. Também daremos a vocês um pequeno pedaço de tecido macio para ajudá-los a lembrar dessa experiência e para usar quando ouvirem a gravação. Em uma das semanas do modo criança feliz, vocês criarão uma caixa de tranquilização ou um baú do tesouro para que o modo criança vulnerável possa guardar essas coisas. Alguém aqui tinha algo assim quando criança? Eu tive, era uma caixa de charutos vazia que meu avô me deu.*

Compramos tecido macio em lojas de tecidos e cortamos em quadrados para essa atividade. Escolhemos estampas com corações ou outros desenhos que não estejam excessivamente associados a um gênero. Os homens nos grupos costumam fazer piadas sobre o tecido, contudo, observamos que eles desejam um pedaço. Alguns grupos optam por uma manta maior para que seja mantida na sala do grupo e compartilhada posteriormente. Ocasionalmente, os pacientes escrevem mensagens de bom pai/mãe nela.

Tarefas de Trabalho Experiencial de Modo 2 e 8 – MPD: Prática: Recordando o Roteiro do Bom Pai/Boa Mãe

Sua tarefa da sessão de grupo de hoje é:

1. Praticar permitir que seu modo criança vulnerável ouça o roteiro de bom pai/mãe e segurar seu pedaço de tecido enquanto escuta.

2. A etapa 2 consiste em apenas levar o tecido consigo no bolso ou na bolsa e usá-lo em algum momento durante o dia quando o modo criança vulnerável for acionado ou quando você quiser senti-lo para se acalmar.

Escreva sobre o que você tentou e o resultado:

Uma de nossas pacientes fez uma representação de bom pai/mãe grande o suficiente para cobri-la, como se estivesse recebendo um abraço. Ela escreveu nossos nomes nela com coisas que tínhamos dito ao seu modo criança vulnerável e desenhou imagens de nós. O tecido assemelhava-se a uma pessoa grande com braços que podiam envolver seu corpo. Para ela, aquilo era muito reconfortante e tranquilizador para o seu modo criança vulnerável.

A tarefa dessa sessão é usar o objeto transicional, ir a um lugar tranquilo sozinho e relembrar a experiência de ouvir o roteiro e escrever sobre a experiência.

Sessão de Trabalho Experiencial de Modo 8 – MPD 2

Exercício em Grupo 4:
MPD 2 – Role-plays de Diálogo de Modo em Grupo

Nessa sessão nos concentraremos em diálogos ou *role-plays* de modo no grupo, a fim de dar a cada paciente tempo para ter um diálogo focado em suas necessidades e conteúdo específicos. Preferimos *role-plays* de modo a reprocessamento de imagens para desafiar e eliminar o modo pai/mãe internalizados disfuncionais, pois um *role-play* em grupo envolve todos ativamente e parece mais eficaz. O reprocessamento pode ser realizado com maior facilidade nas sessões individuais. O *role-play* de eliminação do modo pai/mãe internalizados disfuncionais pode ser adaptado ao ritmo de cada participante. Um paciente temeroso no modo criança vulnerável com pouca conexão ao modo adulto saudável pode observar que nada de ruim acontece. Ele pode até mesmo observar outra pessoa banindo seu modo pai/mãe internalizados disfuncionais. Esse tipo de aprendizado pode ser um importante primeiro passo para indivíduos evitativos e ansiosos. Dependendo de sua necessidade, os pacientes podem se posicionar atrás dos terapeutas para se sentirem seguros, fazendo parte do grupo ao oferecer apoio à pessoa que bane, ou podem ficar diretamente com ela. Enquanto observa, a pessoa deve estar em qualquer nível de segurança de que precise, por exemplo, na bolha de segurança, com o cobertor, segurando a mão do coterapeuta ou de outro membro do grupo, e assim por diante. A pessoa que bane pode começar com o terapeuta falando com o modo pai/mãe internalizados disfuncionais por ela. Os pacientes podem, então, falar a partir da segurança proporcionada pelo grupo enquanto estão no modo criança vulnerável e, aos poucos, avançar à medida que o modo adulto saudável se fortalece. A experiência da força coletiva do grupo efetivamente combatendo e eventualmente expulsando o modo pai/mãe internalizados disfuncionais tem um efeito eficaz em diminuir a intensidade desse modo. Já testemunhamos pacientes começarem com medo, absorverem a força do grupo e, na mesma sessão, passarem a confrontar seus pais com o adulto saudável. Utilizamos a efígie como uma máscara para a pessoa que interpreta o modo pai/mãe internalizados disfuncionais. Não queremos que nenhuma "energia" residual desse modo permaneça associada à pessoa que desempenha esse papel. Queremos que o pai/mãe punitivo permaneça algo "não humano", que foi incorporado a criança vulnerável e precisa ser eliminado. Não queremos que nenhum terapeuta desempenhe o papel do modo pai/mãe internalizados disfuncionais, pois estamos trabalhando para sermos vistos como o "bom pai/boa mãe", portanto, interpretar esse modo tem o potencial de confundir os modos criança. Após o trabalho com o modo pai/mãe internalizados disfuncionais, certifique-se de verificar se os membros do grupo se sentem seguros antes de terminar a sessão. Crie planos de segurança contingentes se tiverem preocupações com a segurança. Conclua a sessão com um retorno prolongado à imagem de lugar seguro ou à bolha de segurança, enfatizando que os modo pai/mãe internalizados disfuncionais estão guardados com segurança.

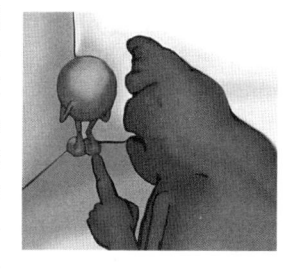

> ## Exemplo de Roteiro do Terapeuta:
> ### *Role-plays* de Diálogo de Modo – MPD
>
> *Olá, estou feliz que todos vocês estejam aqui e estou contente em vê-los. Como vocês sabem, este é o grupo de trabalho experiencial de modo. Hoje, trabalharemos novamente com o* role-play *de modos, mas desta vez eliminaremos os modos pai/mãe punitivo ou pai/mãe exigente. Este* role-play *é trabalhado de maneira um pouco diferente.*
> Quantos de vocês sentem que está na hora de eliminar seu modo pai/mãe punitivo (substitua por modo pai/mãe exigente durante a sessão se esse for o modo que deseja trabalhar)? *Ótimo. Bem, para fazer isso, um de cada vez, vamos ter um diálogo entre você e seu modo. É melhor fazer isso canalizando a força do seu modo adulto saudável. Também é algo para o qual você pode recorrer ao apoio que precisar. Você pode contar com o apoio de outros membros do grupo, dos terapeutas, de um verdadeiro exército. Precisaremos de alguém para interpretar seu modo pai/mãe punitivo e mais alguém para oferecer apoio a essa pessoa. Quem interpreta esse modo terá uma efígie para usar como uma espécie de máscara, evitando qualquer associação pessoal com esse modo, sendo apenas um papel que concordou em interpretar.*
> *Há mais de uma maneira de eliminar o modo pai/mãe punitivo. Se não se sentirem prontos para fazer isso, podemos representar todos os seus modos e deixar que nos observem fazendo isso. Todos entenderam o que quero dizer?*

> *Quem gostaria de ser a primeira pessoa que bane? Quem se sente capaz de interpretar o modo pai/mãe punitivo por trás da efígie? Quem apoiará a pessoa que interpreta esse modo? Vocês notaram que eu não disse apoiar o modo pai/mãe punitivo, mas sim a pessoa que interpreta esse papel?*
>
> *Vamos organizar o restante do grupo para que todos se sintam seguros o suficiente e a pessoa que bane tenha apoio suficiente.* [Peça a alguns participantes que coloquem suas cadeiras próximo da pessoa que bane.]
>
> *Se algum de vocês estiver em contato com seu modo criança vulnerável, isso pode parecer assustador. Aqueles que se sentem assim, não preferem sentar-se atrás de mim e do T2? Queremos garantir que todos tenham o que precisam para se sentirem seguros ao realizar essa atividade.*
>
> *Certo.* [Dirija-se à pessoa que bane] *Diga ao seu MPP o que você quer dizer a ele.* [Em seguida, o modo pai/mãe punitivo responde. Deixamos o modo responder até três vezes. Se necessário, interferimos, perguntando à pessoa que bane se também podemos falar. Queremos dizer ao modo pai/mãe punitivo o quanto ele machucou a criança vulnerável. Não discutimos com o modo pai/mãe punitivo ou deixamos o "veneno" de suas mensagens atingir o modo criança vulnerável dos pacientes. Interrompemos a dinâmica e nos dirigimos à pessoa que bane, dizendo algo como: *Acho que já ouvimos o suficiente. É hora de jogar esse _____ (use algum palavrão) no lixo!* [Um dos terapeutas tira a efígie do modo pai/mãe punitivo e a dá à pessoa que bane.] *Você pode jogá-lo contra a parede, para fora da sala, pisoteá-lo, o que preferir. Ele não tem mais poder. Você consegue sentir isso?*

Essa experiência é processada com todo o grupo e depois repetida com outra pessoa como protagonista. Aqueles que não tiveram oportunidade de participar podem contribuir de maneira diferente. Um exemplo é o terapeuta falando com o modo pai/mãe punitivo por eles. Conforme mencionado anteriormente, outra opção é ter o grupo e os terapeutas interpretando todos os papéis. Encerre a sessão com os terapeutas lendo o roteiro do bom pai/boa mãe que o grupo elaborou anteriormente. Como tarefa, repita a tarefa de trabalho experiencial de modo 2: MPD1.

Sessões do modo criança vulnerável (TEM 3&9)

As sessões do modo criança vulnerável concentram-se no trabalho de imagens, pois essa é a principal intervenção experiencial da TE para curar esse modo. É importante fornecer aos pacientes uma explicação compreensível sobre porque usamos técnicas como imagens e reprocessamento de imagens. Incluímos informações básicas sobre como as imagens funcionam e a pesquisa que valida sua eficácia para que possam estar abertos a experimentá-las. Preparamos o terreno para imagens mais difíceis ao utilizar inicialmente imagens "divertidas" e imagens de segurança. As imagens de segurança permanecem sendo ferramentas importantes ao longo do tratamento e como uma ferramenta de enfrentamento saudável para uso na vida.

Sessão de Trabalho Experiencial de Modo 3: MCV 1

> ### Exemplo de Roteiro do Terapeuta: Reprocessamento de Imagens
>
> *Nossas memórias de infância não estão acontecendo agora; trata-se de imagens que guardamos de percepções, sentimentos, visões, sons e pensamentos conectados a eventos da infância. Mesmo que não sejam "reais" no sentido de "acontecendo agora", quando as trazemos à mente, pode parecer que estão acontecendo agora e causam dor emocional. Nas imagens, podemos alterar o desfecho de memórias dolorosas criando o que deveria ter acontecido se o "bom pai/boa mãe" protetor e forte que você merecia estivesse lá. Assim como todos nós podemos reviver a dor e o medo quando as memórias negativas da infância voltam, também podemos sentir conforto, proteção e cuidado quando trazemos o "novo final" para nossa mente nessas imagens. A mente funciona como um projetor de slides que coloca uma imagem de cada vez na tela de nossa consciência. No reprocessamento de imagens, estamos alterando o slide que você coloca no projetor para aquela situação específica. Isso pode parecer mágico, mas é respaldado por pesquisas científicas. O reprocessamento de imagens é uma maneira eficaz de as pessoas cicatrizarem as memórias traumáticas da infância. Uma das coisas mais importantes que tiramos dos eventos é o que achamos que significa para nós o fato de o evento ter acontecido. Ou seja, se não formos protegidos e coisas ruins nos acontecerem quando crianças, o modo criança vulnerável interpreta isso como significando que somos maus. Como crianças, não somos capazes de raciocinar como um adulto e entender que o problema real não é que somos maus. O problema é que ninguém estava lá por nós. Tínhamos as necessidades básicas de uma criança, mas ninguém estava lá para atendê-las. Infelizmente, sempre que recordamos eventos dolorosos da infância, o sentimento de inadequação vem à tona. Isso significa que anos de prática tornaram esse sentimento muito forte, e não questionamos mais isso. Reviver memórias reprocessadas de ter um pai/mãe amoroso e protetor afetará o que você pensa sobre si mesmo.*

> *Questionamos as suposições que você fez sobre si mesmo quando criança no grupo de psicoeducação sobre TE. Analisamos como formamos crenças sobre nós mesmos, os outros e a vida com base em como nossas necessidades foram atendidas, e depois não as questionamos. Elas se tornam nossa realidade.*
>
> *Alguns de vocês chegaram ao ponto em que começaram a poder dizer "Na minha mente, sei que não sou ruim ou mal; eu era apenas uma criança com necessidades básicas de criança e elas não foram atendidas porque ninguém estava lá". No entanto, também discutimos como vocês ainda sentem que são maus de alguma forma. Essa é a parte em que trabalhamos nas imagens; que vocês ainda se sentem indignos, ruins, um fracasso, carentes demais ou qualquer outra mensagem que internalizaram.*
>
> *Nosso objetivo agora é dar ao seu modo criança vulnerável um bom pai/boa mãe para proteger, confortar, nutrir, amar, ensinar e todas aquelas coisas que as crianças precisam. Abordaremos esse trabalho gradualmente, pois não queremos que vocês se sintam sobrecarregados ou revivam lembranças ruins. Queremos interromper memórias dolorosas antes que algo ruim aconteça. Desejamos reescrever o desfecho, para que nada de ruim aconteça na imagem. Também queremos ensinar como interromper a reexperiência de memórias ruins quando elas começarem fora da terapia. [Reserve de 15 a 20 minutos, incluindo a discussão.]*

Infelizmente, muitos pacientes relutam muito em tentar se conectar com seu modo criança vulnerável. Em geral, eles têm sentimentos negativos e de rejeição em relação à sua criança interior que precisam ser abordados e, em última instância, desafiados.

Dica para o Terapeuta: Criança Vulnerável

Inevitavelmente, alguém pergunta "Por que temos que fazer isso?" ou diz "Eu odeio essa criança; ela foi a causa de todos os meus problemas; ela era uma criança má". Nossa resposta para a primeira pergunta é sempre algo como *"Você precisa fazer isso porque a única maneira de se libertar emocionalmente e não continuar vivendo com as consequências de não ter suas necessidades emocionais básicas atendidas* (use as palavras deles: como você foi maltratado, negligenciado, abandonado, etc.) *quando criança é voltar a esse tempo de forma experiencial e ajudar essa parte de você a se curar"*. Para a segunda pergunta, dizemos, por exemplo: *"Como uma criança pequena, não foi sua culpa que suas necessidades não foram atendidas. Crianças pequenas não são 'más' se suas necessidades emocionais básicas e saudáveis são atendidas"* ou *"É assim que você se sente em relação ao modo criança vulnerável de seus colegas aqui?"*. Muitas vezes, a resposta é não, o que nos permite dizer: *"Sua criança interior é tão digna de amor e cuidado quanto o restante de nós. Acredito que estamos ouvindo a voz do modo pai/mãe punitivo agora e não permitiremos ele aqui enquanto estivermos trabalhando com o modo criança vulnerável. Precisamos eliminar essas mensagens".*

O modo criança vulnerável é inicialmente alcançado com imagens de segurança (na sessão de trabalho experiencial de modo 1), depois com "mensagens do bom pai/ boa mãe" (na sessão de trabalho experiencial de modo 2) e, por fim, com o reprocessamento de imagens. O reprocessamento de imagens nos permite encontrar o modo criança vulnerável em sua memória de infância e reescrever o desfecho de maneira que sua necessidade básica seja atendida. Começamos com situações em que a criança pequena precisava de um "bom pai/boa mãe" para atender a uma necessidade básica e ninguém estava lá. O paciente começa a sentir a dor original que está, de certa forma, enraizada no modo criança vulnerável e, com as imagens, temos a oportunidade de criar uma nova experiência e uma nova memória. Em geral, isso assume a forma de proteger a criança, confortá-la ou dizer ao modo pai/mãe punitivo para parar, que estava errado em tratá-la assim, e depois levar a criança para um lugar seguro. Eventualmente, as memórias de infância enfraquecem à medida que o paciente tem a experiência de ter suas necessidades básicas atendidas. Os pacientes começam a sentir e a compreender a legitimidade das necessidades da sua criança interior e a "bondade" dessa parte deles. Eles sentem que as feridas da infância podem cicatrizar. O modo criança vulnerável pode sempre ter alguns gatilhos esquemáticos relacionados ao abandono, à privação emocional e à punição, mas os curativos que não foram aplicados naquela época ainda podem ser aplicados agora, graças à incrível plasticidade do cérebro. Outra maneira pela qual a mudança no modo esquemático ocorre é o processo de "antídotos" experienciais. Muitas experiências de cicatrização de modos para o modo criança vulnerável ocorrem em resposta a validação emocional, aceitação, tratamento gentil e respeito no grupo. Essas experiências criam sentimentos de merecimento que contradizem os esquemas iniciais desadaptativos que se desenvolveram a partir das necessidades básicas de validação e aceitação não atendidas na infância.

Não começamos a falar sobre os aspectos do modo adulto saudável de atender às necessidades dos pacientes até muito depois de terem vivenciado sentimentos de proteção, conforto, validação, aceitação e amor na segurança das imagens e na experiência do ambiente familiar saudável do grupo. Somente após essa etapa perdida no desenvolvimento emocional e de apego ter sido realizada, e um "bom pai/boa mãe" ter sido internalizado, os pacientes conseguem atender às suas próprias necessidades do modo criança vulnerável de maneira significativa. A distinção sobre quem entra no trabalho de imagens para mudar a cena (por exemplo, para proteger a criança) é muito importante. Abordagens de terapia cognitiva (por exemplo, DBT; Linehan, 1993) presumem que um "adulto saudável" já exista no paciente e estimulam o autocuidado desde o início desse trabalho. Como discutido em capítulos anteriores, essa não é a abordagem da TE, seja ela individual ou em grupo. A modelagem de um adulto saudável e de um "bom pai/boa mãe" para o modo criança vulnerável pelo terapeuta e a internalização que ocorre na reparentalização limitada e no trabalho de imagens são passos críticos que permitem o desenvolvimento de um modo adulto saudável.

*Exercício em Grupo 1: MCV 1 – Reprocessando
uma Experiência de Infância do Terapeuta*

Exemplo de Roteiro do Terapeuta: Reprocessamento de Imagens em Grupo

Vamos começar dando a vocês um exemplo de como o reprocessamento de imagens funciona, com o T1 compartilhando uma situação em que ele precisava de um bom pai/boa mãe na infância e ninguém estava lá para desempenhar esse papel. Vamos pedir a vocês que observem a situação.

Compartilhar suas próprias experiências dessa maneira permite que os pacientes sintam certa distância inicial ao imaginar a situação de infância do terapeuta, o que facilita que eles também compartilhem suas experiências mais tarde. Isso mostra a eles como fazemos o reprocessamento de imagens e alivia a apreensão. Também demonstra que todos nós temos modos e pode fazer o terapeuta parecer mais real e genuíno, fortalecendo a conexão com ele.

1. *Conectem-se com a sua imagem de lugar seguro. Vamos ficar lá por 1 ou 2 minutos. Quero que lembrem que sua imagem de lugar seguro está lá para vocês, e podem retornar a ela a qualquer momento durante a sessão hoje. Certo, abram os olhos e voltem para o grupo.*
2. *Vou contar a vocês sobre um momento da minha infância em que eu precisava de um bom pai/boa mãe e ninguém estava lá para desempenhar esse papel para o meu modo criança vulnerável. O que eu gostaria que vocês fizessem é imaginar vocês mesmos (indique aqui os detalhes da sua própria cena) fora de uma loja de* souvenirs *olhando através de uma grande vitrine que permite ver tudo o que acontece lá dentro. Eu tinha 6 anos e estava em uma pequena loja de* souvenirs *escolhendo minha lembrança das férias em família. Eu realmente esperava por isso porque colecionava souvenirs, e era uma das maneiras de me conectar com a minha mãe, que não era muito expressiva emocionalmente, mas demonstrava entusiasmo com sua coleção. Eu encontrei um globo de neve a um preço que eu podia pagar, mas, quando o peguei, ele estava escorregadio e eu o deixei cair. Ele se quebrou e se espalhou por toda parte. O dono da loja gritou comigo e me fez pagar com o único dólar que eu tinha. Minha mãe estava lá e não fez nada para ajudar ou me defender. Eu fiquei arrasado, mas não chorei porque estávamos com meu tio e meus primos, e eu estava envergonhado. Eu me senti como uma criança má, que tinha cometido um erro terrível. Isso também me transmitiu a mensagem de que eu ficaria completamente sozinho se me metesse em qualquer encrenca.*

A discussão em grupo permite que os pacientes compartilhem o que observaram. O outro terapeuta faz perguntas como:

> 3. *O que você acha que a criança interior do T1 sentiu e do que ela precisava?*
> 4. *O que um bom pai/boa mãe teria feito de maneira diferente?*

Estimule-os a fazer qualquer pergunta que tenham sobre a experiência. O T1 também explica a eles qual é a relação com um problema de nível moderado na sua vida adulta.

> 5. *Enquanto conto a memória, ela não parece tão grande, mas eu sei que está relacionada ao meu esquema de padrões inflexíveis e é parte do motivo pelo qual ainda tenho uma reação intensa mesmo quando cometo um pequeno erro. Eu tenho trabalhado nisso e percebo essa reação (que é um bom exemplo do meu modo pai/mãe punitivo), mas ela ainda surge às vezes.*
> 6. [O T2 conduz essa parte do trabalho de imagens e pergunta ao grupo:] *Como podemos trabalhar juntos como grupo para mudar o desfecho agora? Vamos propor sugestões.*
> 7. [O T2 diz:] *Agora, (nome do T1), você pode voltar à imagem e se conectar com o pequeno X, e dessa vez o restante do grupo se junta a você? Não vou interpretar a mãe do T1, mas um bom pai/boa mãe, e quero que o restante de vocês estejam lá observando e vejam como nosso roteiro afeta o pequeno T1. Observem o que acontece com o rosto da criança quando um bom pai/boa mãe a defende e a conforta.* [T1] *Certo, voltemos logo após o globo de neve se quebrar, e estou lá como o bom pai/boa mãe* (o T2 interpreta esse papel dramaticamente). *Oh, T1, querido, você está bem? Cuidado com esses pedaços de vidro espalhados. Coitadinho, você se machucou? Não se preocupe, você não está encrencado. Foi um acidente.* [Com firmeza para o dono da loja:] *Pare! Não grite com meu garotinho! Você não vê que ele está chateado? Ele é só uma criança e você não tem o direito de gritar com ele. Resolva isso comigo. Eu sou a mãe dele e arcarei com quaisquer custos.* [Para o T1] *Está tudo bem, querido. Você não fez nada de errado. Foi um acidente. Eu sei que você realmente queria um globo de neve. Eu também os acho bonitos.* [Para o dono da loja:] *Aqui estão dois dólares, um pelo que quebrou e outro pelo globo novo que você vai trazer para o meu garoto.* O dono da loja pega um globo novo de baixo do mostruário. O objeto escorrega das mãos dele e quebra. [O T2 no papel de um bom pai/boa mãe

> diz:] *Veja, todos nós podemos ter acidentes.* [Para o dono da loja:] *Espero que você tenha outro, mas se não tiver, há muitas outras lojas aqui onde podemos comprar.*

O grupo e os terapeutas saem da imagem e discutem o que observaram. Essa é uma oportunidade para enfatizar como um bom pai/boa mãe agiria e os efeitos diferentes resultantes de quando o T2 interpretou o pai/mãe. O T1 compartilha como foi o reprocessamento para ele. O comentário irônico ao final do exemplo não é obrigatório. Ele serve para mostrar que ainda podemos nos divertir para equilibrar o trabalho difícil; muitos pacientes relatam gostar mais dessa parte.

Exercício em Grupo 2: MCV 1 –
Reprocessando de Imagens em Grupo

Ao conduzir o reprocessamento de memórias dos pacientes, começamos com a introdução do terapeuta na imagem com o paciente observando a interação com o modo criança vulnerável.

Exemplo de Roteiro do Terapeuta

> 1. *"Certo, quero que vocês voltem a um momento da infância em que estão em uma situação como o seu modo criança vulnerável, na qual precisavam de um "bom pai/boa mãe" e ninguém estava lá. Apenas concentrem-se no que vier à mente como um momento em que realmente precisavam que um bom pai/boa mãe estivesse lá para você."*

Julgando pelo comportamento não verbal deles, deixamos o grupo praticar por dois minutos ou interrompemos a dinâmica antes se o desconforto for muito evidente. Nesse trabalho inicial, queremos que os pacientes percebam que podem visitar memórias desconfortáveis por um breve período e não ficarem completamente sobrecarregados.

> 2. *Agora, abram os olhos, voltem ao grupo e vamos falar sobre quais situações vocês lembraram.*

Tentamos fazer todos compartilharem algo de sua experiência. Se alguém não compartilhar nada, sugerimos que pensem em algo enquanto conversamos mais e que fiquem à vontade para falar sobre uma memória depois. Em seguida, voltamos à imagem desconfortável. Se alguém mencionou abuso ou trauma, peça-lhes que voltem ao ponto antes de algo muito ruim acontecer.

> *Certo, voltem para aquela imagem por apenas um minuto ou dois e estejam cientes do que vocês precisavam como crianças pequenas.*

Faça-os voltar novamente para o grupo. É uma prática recomendável questionar diretamente as necessidades dos pacientes. Além disso, garante que saibamos quais necessidades precisam ser atendidas em suas imagens quando entramos como figuras do bom pai/boa mãe.

> *Agora, falem brevemente sobre sua imagem. Quem estava lá? Quantos anos vocês tinham? Quais eram suas necessidades?* Neste ponto, os encorajamos a continuar usando o pronome "eu".
>
> *Voltem para essa mesma imagem como sua criança interior. Seja sua criança interior.*

Exemplo de Roteiro do Terapeuta: Ser um Bom Pai/Boa Mãe para o Modo Criança Vulnerável de Todos os Membros do Grupo

> *Ouçam minhas palavras e absorvam todas elas para suas crianças interiores. Imaginem-me entrando em sua imagem para ser o bom pai/boa mãe que vocês mereciam, para confortar e proteger suas crianças interiores. Apenas ouçam o que digo a elas. Estou aqui para que vocês não precisem ter medo. Eu vou protegê-los. Nenhuma criança deveria ser deixada sozinha assim. Vocês são preciosos e merecem proteção.*
>
> *Agora, imaginem-me entrando na imagem para atender às necessidades das suas crianças interiores. Sejam quais forem as necessidades delas, estou atendendo a elas. Tentem apenas absorver a experiência de ter suas necessidades atendidas como suas crianças interiores. Saibam que não vou pedir nada em troca, não há nenhum preço a pagar. Vocês são apenas crianças que precisam de cuidado, merecem que suas necessidades sejam atendidas, e estou proporcionando isso a vocês. Eu sei que seus cuidadores nem sempre os entendiam e percebiam que vocês precisavam de carinho, amor, proteção, e assim por diante. O que vocês precisam saber é que vocês mereciam essas coisas. Todas as crianças merecem, e vocês também. Só porque os adultos ao seu redor não puderam lhes dar isso não significa que vocês não precisavam e não mereciam. As suas crianças interiores são a parte que sente dor emocional. Elas*

> *precisam sentir um pouco do carinho e do conforto que não receberam para cicatrizar suas feridas e não se sentirem tão machucadas. Quando isso acontecer, vocês não sentirão tanta dor. O trabalho de imagens é a maneira de alcançar a memória inicial e reparar os sentimentos errados e ruins associados a essas experiências na infância. Vocês não eram ruins ou equivocados. Essas experiências é que eram ruins e equivocadas, e foi um erro vocês não terem sido protegidos. Todos nós sabemos que as crianças devem ser protegidas.*
>
> [Passe recortes quadrados do tecido macio.]
>
> *O tecido que estamos dando a vocês agora é para as suas crianças interiores. Ele representa a suavidade e o conforto que queremos dar a elas e que elas merecem. Recorram ao tecido para lembrar do nosso trabalho de cicatrização com as suas crianças interiores. Permitam que o tecido represente as necessidades que essas crianças merecem ter atendidas.*

Aqui, fizemos a *transição para o paciente ser a criança*, não apenas vê-la.

> *Agora, quando vocês abrirem os olhos, tentem deixar suas crianças interiores presentes e participem do círculo de amigos que vocês têm aqui. São todos amigos que não vão machucar vocês de propósito e que conhecem a dor que você carrega e enfrenta.* [Reserve a eles alguns minutos.]
> *Vamos falar sobre o que vocês vivenciaram.*

Após cada imagem, processamos a experiência em grupo. Esse processamento é uma integração dos aspectos cognitivos e experienciais do trabalho de mudança de imagens. O terapeuta discute temas que respaldam a ideia geral de que a criança foi maltratada, não merecia aquele tratamento, não era má, os pais estavam errados em tratar uma criança tão severamente, e assim por diante. Pergunte sobre qualquer interferência de modos que eles tenham vivenciado, por exemplo, mensagens do modo pai/mãe punitivo e do protetor desligado.

A tarefa para todas as sessões de reprocessamento é praticar retornar à imagem reprocessada. Damos aos pacientes um formulário simples para essa tarefa, pois descobrimos que, se não o fizermos, é mais provável que a tarefa seja esquecida. Também queremos que guardem evidências sobre os efeitos do reprocessamento.

Tarefas de Trabalho Experiencial de Modo 3&9 – MCV 1&2: Prática: Imagens para o Modo Criança Vulnerável

1. Pratique conectar-se com sua imagem do lugar seguro e permita que sua criança interior esteja presente.
2. Volte à memória de ouvir seu terapeuta descrever um novo desfecho em que seu modo criança vulnerável foi protegido e cuidado. Indique todos os detalhes que foram importantes para você.
3. Permita-se imaginar ou ver essa cena da maneira que funcionar para você.
4. Se houver qualquer interferência do modo pai/mãe punitivo, mande-o para o espaço em uma bolha ou coloque-o sob uma redoma de vidro à prova de som.
5. Mantenha seu pedaço de tecido consigo em um bolso ou bolsa e use-o em algum momento durante o dia quando seu modo criança vulnerável for acionado ou quando você simplesmente quiser senti-lo para se acalmar.

Escreva sobre o que você tentou e o resultado:

_____
_____
_____
_____
_____
_____
_____
_____
_____
_____
_____
_____
_____
_____
_____
_____
_____
_____

Sessão de Trabalho Experiencial de Modo 9: MCV 2

Inicie a sessão com a saudação positiva de costume e peça aos pacientes para terem certeza de que estão conectados à imagem do lugar seguro. Sugerimos isso para reforçar seu uso, pois é uma das maneiras de aprenderem inicialmente a regulação emocional e o controle da angústia.

Exercício em Grupo 1: MCV 2 – Criança Pequena Sozinha na Rua

O próximo exercício de imagem é usado tanto para avaliar a relação entre o paciente e o modo criança vulnerável quanto para desenvolver compaixão por ele. Também é o primeiro passo na transição para o paciente começar a encontrar seu próprio bom pai/boa mãe interior, que vemos como parte do modo adulto saudável que eventualmente cuidará do seu modo criança vulnerável.

> **Exemplo de Roteiro do Terapeuta:**
> **Criança Pequena Sozinha na Rua**
>
> *Gostaríamos que fechassem os olhos ou olhassem para baixo e tentassem imaginar a situação que descreveremos. Apenas estejam cientes de qualquer pensamento, sentimento ou modo que esteja presente.*
>
> 1. *Vocês estão caminhando pela rua em direção às suas casas e veem uma criança pequena à sua frente. Sua primeira reação é que ela é muito jovem para estar sozinha, apenas 3 ou 4 anos. À medida que se aproxima da criança, vocês percebem que ela está chorando e de cabeça baixa. Quando ela os veem, continua de cabeça baixa, mas levanta a mão para vocês de maneira suplicante.*
> 2. *Vocês seguram a mãozinha dela e começam a dizer coisas reconfortantes, como que ela encontrará a mãe dela, que ela está segura, e assim por diante.*
> 3. *Vocês decidem levá-la para casa, chamar a polícia e tentar localizar a família dela. Ela vai junto de boa vontade, segurando a mão de vocês. Ela para de chorar e sorri para vocês.*
> 4. *Como vocês se sentem? O que vocês fazem? Como vocês continuam tentando cuidar dela? (Se houver pacientes de diferentes gêneros em seu grupo, varie o gênero da criança.)*

Na discussão subsequente, enfatize as várias habilidades do bom pai/boa mãe que os pacientes usaram com essa pequena desconhecida. Em seguida, faça com que fechem os olhos novamente e ouçam a imagem que você descreve.

> 5. Então, mais uma vez, vocês estão saindo de casa e veem uma criança pequena sentada na rua chorando. Vocês se aproximam dela, dizendo coisas reconfortantes (você pode usar algumas sugestões da discussão se desejar). Desta vez, à medida que vocês se aproximam, ela levanta ambos os braços na sua direção para ser pega. Vocês decidem pegá-la, e ao fazerem isso, percebem que ela são vocês quando eram crianças pequenas.
> 6. Como vocês se sentem? O que vocês fazem? Como vocês continuam tentando cuidar dela?

Após um ou dois minutos, peça a todos que abram os olhos e voltem ao grupo.

Este exercício pode ser bastante evocativo emocionalmente. É um primeiro passo ao pedir aos pacientes que cuidem do seu modo criança vulnerável, pois demonstra o quanto de compaixão o indivíduo tem por esse modo. Alguns de nossos pacientes relataram que, assim que perceberam que eram a criança, não queriam nada com ela. Alguns relataram até mesmo deixar a criança cair. Outros conseguiram levá-la para casa, mas então disseram: "Como é comigo, eu não sei o que fazer com ela". Isso não se deve a uma falta de habilidades, mas sim a um erro de discriminação em não exercer as habilidades de cuidado que usam com os outros para atender às suas próprias necessidades do modo criança vulnerável. Suas respostas abrem espaço para introduzir a ideia de compaixão pela pequena criança que foram, que não teve suas necessidades atendidas e precisava de amor e de conforto tanto quanto a pequena criança desconhecida na rua. Identifique possíveis obstáculos à autocompaixão, como crenças equivocadas de que sua criança interior é "má" ou "indigna de amor", entre outras. Você pode discutir algumas informações dos grupos de psicoeducação sobre TE, como o fato de todas as crianças merecerem ter suas necessidades atendidas e questões sobre como uma criança inocente se torna "má" aos olhos deles. Pode ser útil fazer o exercício novamente com os pacientes sabendo que aquela criança será eles, com instruções para tentar confortá-la e cuidá-la como fariam se fosse seu próprio filho, sobrinho ou neto querido.

Dica para o Terapeuta: Treinamento

Nesse ponto do processo de internalização, atuamos como treinadores do bom pai/boa mãe, conforme necessário. Se vários pacientes têm dificuldade em cuidar da criança, você pode repetir esse exercício e acompanhá-los a fim de orientá-los sobre como cuidar do seu modo criança vulnerável. Faça sugestões de palavras reconfortantes, uma manta para cobri-los e embalá-los, uma bebida quente e qualquer outro comportamento do bom pai/boa mãe que você possa pensar.

Ocasionalmente, alguém diz que não tem um "bom pai/boa mãe" dentro dele. Pedimos a esses pacientes que entrem na imagem para nos assistir novamente e sugerimos que observem exatamente o que fazemos para que possam começar a construir seu "bom pai/boa mãe". Vemos o "bom pai/boa mãe" de um paciente como uma representação de qualquer parentalidade adequada que receberam ao longo de sua vida, incluindo terapeutas e o que recebem de nós na reparentalização limitada no programa de tratamento. O "bom pai/boa mãe" é um bloco de construção do modo adulto saudável. Após cada imagem, processamos a experiência em grupo para integrar os aspectos cognitivos e experienciais do trabalho de mudança de imagem. O terapeuta discute temas que respaldam a ideia geral de que a criança foi maltratada, não merecia aquele tratamento, não era má, os pais estavam errados em tratá-la tão severamente, e assim por diante.

Exercício em Grupo 2: MCV 2 – Reprocessamento de Imagens de Memórias dos Pacientes

" Exemplo de Roteiro do Terapeuta: Introdução ao Reprocessamento dos Pacientes

Vocês todos se lembram da sessão do modo criança vulnerável há seis semanas, na qual reprocessamos um momento da minha infância em que eu precisava de um bom pai/boa mãe e ninguém estava lá para a minha criança vulnerável? [Discuta algum detalhe para lembrá-los, se necessário.] *Aquela experiência da minha vida lembrou alguém de algum incidente semelhante em que precisava de um bom pai/boa mãe e ninguém estava lá?* [Discuta alguns exemplos.] *Algum de vocês gostaria que trabalhássemos em sua situação da mesma forma que fizemos comigo?* [Em geral, alguém se voluntaria. Caso contrário, você pode incentivar sutilmente pedindo a um dos pacientes que deu um exemplo se gostariam de trabalhar naquele.]

Certo, passaremos pelos mesmos passos que fizemos com o exemplo do terapeuta.

1. *Descreva a situação.* [Quando chegarem à parte de "ninguém estava lá", esteja preparado para interrompê-los antes que detalhes de abuso sejam compartilhados e explique de maneira muito sútil que *"não queremos que você reviva o trauma; queremos parar antes que algo ruim aconteça com a criança do seu modo criança vulnerável e mudar o desfecho para o que deveria ter acontecido com um bom pai/boa mãe lá fazendo seu trabalho".*]
2. *O que o modo criança vulnerável do (nome do paciente) precisa? Como um bom pai/boa mãe poderia atender a essas necessidades por meio de imagens? Vamos elaborar um plano.*

3. *Certo, agora voltem ao ponto da necessidade, e eu usarei o plano como um bom pai/boa mãe faria. Gostaríamos que todos deixassem seu modo criança vulnerável absorver as coisas reconfortantes que direi.*
4. *Instrua todos a saírem da imagem e compartilharem suas experiências, começando pelo paciente que se voluntariou para expor sua situação.*

> **Exemplo de Roteiro do Terapeuta: Encerrando a Sessão após o Reprocessamento**
>
> *Quero reconhecer todo o trabalho árduo que fizemos hoje. Também quero encerrar o grupo com uma breve imagem do bom pai/boa mãe para todos vocês. Apenas fechem os olhos e imaginem o T2 e eu lá com o seu modo criança vulnerável segurando sua mão em apoio. Agora, imaginem todos os bons pais/boas mães dos membros do grupo, incluindo os de vocês, circulando ao nosso redor para dar suporte. Deixe o seu modo criança vulnerável absorver todo o cuidado e calor, seguem a mão dele e transmita uma mensagem carinhosa. Se isso parecer difícil, você sempre pode dizer "Estou aprendendo que você merecia ser amado, cuidado e ter suas necessidades atendidas".*

As **tarefas de trabalho experiencial de modo 3 e 9: MCV 1&2** são usadas para ambas as sessões.

Sessões do modo criança zangada/impulsiva (TEM-MCZ 4&10)

As **sessões de trabalho experiencial de modo 4 e 10** concentram-se no modo criança zangada e no modo criança impulsiva/indisciplinada. O foco relativo em cada um depende da prevalência deles em seu grupo.

O grupo deve ser um lugar seguro para a criança zangada expressar sua raiva. É importante não direcionar a expressão de raiva para um paciente no modo criança vulnerável. São empregadas diversas técnicas de liberação de raiva, as quais estão descritas na íntegra nas notas para o terapeuta. Para realizar o *role-play* do modo criança zangada, é necessário que todo o grupo se sinta razoavelmente seguro, ou medidas devem ser implementadas para alcançar esse objetivo (como os pacientes posicionando-se atrás dos terapeutas ou atrás de uma pilha de travesseiros).

Sessão de Trabalho Experiencial de Modo 4: MCZ 1

Dica para o Terapeuta

É importante distinguir o modo criança zangada, que é uma expressão normal e instintiva de raiva quando as necessidades não são atendidas, dos modos de enfrentamento desadaptativo como protetor desligado zangado ou provocador-ataque. Para a criança zangada, desabafar é terapêutico e atende à necessidade de ser ouvida. Para o protetor desligado zangado, desabafar apenas serve para criar distância e a confrontação empática é o que é necessário e terapêutico. Com o provocador-ataque, o desabafo será direcionado de forma agressiva a alguém, e a resposta de reparentalização limitada do terapeuta, nesse caso, será o estabelecimento de limites. Também é importante distinguir, dentro dos modos criança, o modo criança zangada e o modo criança impulsiva, pois eles precisam de coisas diferentes na reparentalização limitada. É importante separar a emoção do modo criança zangada da ação do modo criança impulsiva. Como bons pais/boas mães, queremos comunicar nossa aceitação da criança e de seus sentimentos, mas impor limites ao comportamento.

A raiva é muito assustadora para muitos pacientes. Eles associam trauma, abuso, dor e medo à mera menção da raiva. Solicitar a participação dos pacientes em dinâmicas para lidar com a raiva é geralmente recebido com muita hesitação, medo e ceticismo. No entanto, atividades como cabo de guerra, pisoteio e estouro de bexigas são uma maneira segura e eficaz de aliviar a raiva. Os participantes começam a perceber que a movimentação e as brincadeiras são boas ferramentas para liberar a raiva, e isso é muito melhor do que reprimi-la e remoê-la. Fazer sons, como quem consegue imitar melhor uma vaca mugindo ou quem grunhe mais alto como um porco, é uma dinâmica segura e divertida. Pode ser o primeiro passo para os pacientes reivindicarem sua voz. Ser capaz de dizer "pare" e "não" quando estão sentindo raiva pode ser ensinado por meio do uso de brincadeiras. Com o tempo, eles percebem que não ocorre nada prejudicial ao expressar a raiva e que conseguem controlar tanto a expressão do sentimento quanto as ações. Os exercícios a seguir podem ser usados para ajudar a liberar a raiva ou a frustração ou aumentar o nível de energia quando o grupo está "desligado".

> ## Exemplo de Roteiro do Terapeuta: Exercícios de Raiva
>
> Ao introduzir o tema "raiva" ou "trabalho com raiva", você pode começar fazendo a pergunta: *Quantos de vocês já se divertiram com a raiva?* Normalmente, essa pergunta gera silêncio ou manifestações de incredulidade. Em ambos os casos, você pode complementar com: *Certo... podem levantar as mãos, quantos de vocês já se deram mal por causa de sua raiva?* A maioria levantará as mãos. Reconheça aqueles que acenarem em concordância ou expressarem surpresa. *Bem, hoje vamos explorar maneiras de nos divertir com a raiva, então todos fiquem em pé.*

Para promover a participação de todos e fortalecer a conexão, além de reduzir a possibilidade de os pacientes se sentirem atacados pela expressão de raiva dos outros (ao ouvir ou observar essa emoção sendo trabalhada), designamos a eles o papel de torcedores quando não estão diretamente envolvidos em um exercício. Essa abordagem envolve todo o grupo, adicionando um elemento divertido à dinâmica. Sempre há muita brincadeira, grunhidos e gemidos durante o exercício. Desempenhar o papel de torcedores mantém os participantes ativos e focados na dinâmica.

> *Exercício em Grupo 1: MCZ 1 – Cabo de Guerra*
> **(Item necessário:** toalha grande)
>
> > *Preciso de dois voluntários.* [Dê a cada um a ponta de uma toalha grande.] *Agora, quando eu contar até três, quero que vocês puxem com força o suficiente para levantar o outro da cadeira. Há uma regra. Assim que alguém começar a sair do lugar, PARE. Agora, o resto de vocês também tem um papel. Essa metade torcerá pelo paciente A, e essa metade pelo paciente B. Quero que torçam em alto e bom som pelo participante de vocês, dizendo coisas como: "Vai, Brenda! Vai!" e "Vai, Linda! Vai! ou "Puxa, Puxa". Também preciso de dois de vocês para atuar como observadores, caso os "puxadores" se empolguem e estejam saindo do lugar. Vocês precisarão lembrá-los de ficar sentados, cuidando para que não caiam.* [Depois que todos assumirem suas posições:] *Certo, estão prontos para começar? 1, 2, 3 e já.*
>
> Após esse exercício, pergunte aos "puxadores" como se sentiram ao realizar esse exercício e como foi ouvir a torcida. Pergunte aos torcedores como se sentiram torcendo. Se houver tempo disponível, permita que todos participem da dinâmica. Outra opção é fazer os membros do grupo formarem duplas para participar do exercício. Novamente, peça *feedback* daqueles que fizeram o exercício. Você pode enfatizar como os

músculos usados para liberar a raiva no jogo de cabo de guerra são os mesmos que usamos quando seguramos a raiva ou são usados em agressões físicas. Muitas vezes, quando uma pessoa reprime sua raiva, certos grupos musculares são afetados, como ombros, braços, costas ou músculos da mandíbula. Esses exercícios podem ajudar a liberar a tensão corporal dessas áreas. Em geral, no final do exercício, o voluntário se sente mais centrado e, se começou o exercício com raiva, menos irritado.

Dica para o Terapeuta

Ao elaborar essas atividades, é importante estabelecer limites, como "ambas as pessoas devem permanecer em suas cadeiras e quando uma for levantada do assento, o exercício termina". Uma linha pode ser desenhada no chão para um cabo de guerra envolvendo mais pessoas. Com o monitoramento dos terapeutas, esses exercícios se mostram seguros para acessar a raiva em um ambiente onde ela pode ser trabalhada. Atividades desse tipo são especialmente significativas para pessoas que temem a raiva, pois proporcionam uma experiência segura de acessar o modo criança zangada. Nesse contexto, a diversão supera o medo, promovendo a percepção de que "nada ruim acontece".

Exercício em Grupo 2: MCZ 1 – Criação e Arremesso de Bolas de Papel

(**Itens necessários**: duas listas telefônicas antigas, lenços umedecidos, cesto de lixo)

[Separe o grupo em duas equipes e dê a cada uma delas uma lista telefônica antiga.]

> **Primeira parte:** *trabalhem juntos e tentem superar a outra equipe fazendo o maior número de bolas usando de quatro a cinco páginas da lista telefônica para cada uma. Vocês terão três minutos. Na contagem de 3, já!* [Declare a equipe vencedora.]
>
> **Segunda parte:** *permaneçam na mesma equipe. Cada uma deve ter pelo menos 12 bolas divididas igualmente. Um membro de cada equipe se revezará arremessando bolas no cesto. A equipe com mais bolas arremessadas no cesto vence.* **Arremessem a bola com a sua mão não dominante.**

Exercício em Grupo 3: MCZ 1 – Trabalho com Bexigas

Trata-se de um exercício para ajudar a liberar a raiva ou usar durante momentos de "estagnação" geral. Dê a todos uma bexiga e oriente os membros do grupo a enchê-las imaginando que fazem isso com sentimentos ou pensamentos de raiva (ou com coisas que possam estar os mantendo estagnados), *no entanto*, elas não devem ser amarradas. Na contagem de 3, todos levantam o braço e as soltam no ar. As bexigas voam pela sala, provocando gargalhadas nos participantes. Liberar mesmo que um pouco da raiva cria espaço para sentimentos mais agradáveis entrarem.

Bexigas são necessárias para os próximos três exercícios.

Exercício em Grupo 4A: MCZ 1 – Estouro de Bexiga

Todos recebem uma bexiga para inflar e amarrar.

> *Coloquem a bexiga na frente da sua cadeira. Permaneçam sentados; tentem estourá-la com os pés. Tampem os ouvidos se o som for muito incômodo.*

Exercício em Grupo 4B: MCZ 1 – Estouro de Bexiga

> *Depois de inflar e amarrar a sua bexiga, coloquem-na no chão à sua frente. Levantem-se da cadeira e estourem a bexiga.*

Exercício em Grupo 5: MCZ 1 – Construa uma Imagem do Modo Criança Zangada

(**Itens necessários:** revistas antigas, tesouras, cola e papel cartão)

Peça aos membros do grupo para folhearem revistas com o objetivo de encontrar imagens e palavras que dizem respeito ao modo criança zangada. Cada paciente pode criar uma colagem de modo que represente sua criança zangada usando as imagens e palavras. Reserve cerca de 30 minutos para essa atividade.

> *Voltem ao grupo, apresentem suas colagens e falem um pouco sobre suas experiências ao fazê-las, ou seja, pensamentos, sentimentos, se estavam cientes do modo, qual foi o efeito da atividade sobre ele?*

Tarefas de Trabalho Experiencial de Modo 4 e 10 – MCZ 1&2: Prática de Liberação de Raiva

1. Experimente um dos exercícios de diversão com raiva da sua sessão, por exemplo, arremesse a sua bexiga do modo pai/mãe punitivo pela sala e, finalmente, estoure-a ou sente-se sobre ela.
2. Infle uma bexiga com a ideia de que está soprando nela toda a sua raiva e frustração do momento que causa o seu desconforto. Coloque a bexiga no armário ou debaixo da cama, ou seja, em algum lugar fora de vista, sabendo que ela estará lá se precisar voltar a ela.
3. Faça o arremesso de bolas de papel até ficar cansado.
4. Ou experimente um dos outros exercícios das sessões.

Escreva sobre o que você tentou e o resultado:

Sessão de Trabalho Experiencial de Modo 10: MCZ 2

O modo criança zangada reflete a resposta inata de uma criança a uma necessidade não atendida. Nesse modo, é aconselhável permitir que a pessoa expresse sua raiva e seja ouvida, mantendo-se dentro de limites razoáveis. É importante deixar claro aos pacientes que não tememos a raiva deles e que estabeleceremos limites se eles não conseguirem controlar sua irritação. Isso é reconfortante para pessoas que têm receio da própria raiva, já que muitas vezes a associam a comportamentos abusivos e descontrolados, incluindo agressões físicas. Também é tranquilizador para aqueles que têm medo da expressão de raiva dos outros por terem vivenciado abusos ou terem visto outras pessoas sendo abusadas em sua família. Com frequência, os pacientes dizem: "Lidamos com um conflito e ninguém saiu morto!".

Dica para o Terapeuta: Exercícios de Raiva

Para promover a participação de todos e fortalecer a conexão, além de reduzir a possibilidade de os pacientes se sentirem atacados pela expressão de raiva dos outros (ao ouvir ou observar a emoção sendo trabalhada), designamos a eles o papel de torcedores quando não estão diretamente envolvidos em um exercício.

Exercício em Grupo 1: MCZ 2 – Empurra-Empurra

Peça que os membros do grupo formem duplas, tentando manter a altura dos dois integrantes aproximadamente a mesma.

> *Uma dupla iniciará o exercício. Para o restante do grupo, metade torcerá por "X" e a outra metade por "Y". Na contagem de 3, comecem a empurrar um contra o outro de costas; sem usar as nádegas, tente empurrar a outra pessoa até que ela saia de sua posição. [Necessários árbitros.]*

Exercício em Grupo 2: MCZ 2 – O Rosto do Pai/Mãe Punitivo

Todos recebem uma bexiga para inflar e amarrar e, em seguida, usando marcadores, são orientados a desenhar o rosto do seu modo pai/mãe punitivo ou pai/mãe exigente. Depois que todos terminam, eles são informados de que podem arremessar as bexigas de um lado para o outro, tentando mantê-las inicialmente no ar, com todos batendo nas bexigas que se aproximam deles. Reserve cerca de 12 minutos para a dinâmica e, em seguida, informe que eles podem fazer o que quiserem com a bexiga dos pais. Reserve cerca de 5 minutos para isso, depois volte ao círculo do grupo e discuta o que escolheram fazer com a bexiga, o que isso significou para eles e como se sentiram fazendo isso. Pergunte sobre qualquer atividade do modo parental durante o exercício.

Exercício em Grupo 3: MCZ 2 – Esmagando "Ovos"

Trata-se de um exercício que utiliza imagens. Peça que o grupo imagine que eles receberam uma dúzia de ovos. Na contagem de 3, eles devem imaginar que estão arremessando os ovos contra a parede, observar a gema escorrendo e prestar atenção à bagunça que estão fazendo. Discussão: quais são alguns dos pensamentos e sentimentos que aparecem?

(Exercício alternativo) Sessão de Trabalho Experiencial de Modo 10: MCZ 2, Exercício em Grupo 4: Pisoteio em Grupo

Infle e amarre 30 bexigas e peça que todos as pisoteiem ao mesmo tempo.

Exercício em Grupo 5: MCZ 2 – Role-play *de Modo*

Outra atividade alternativa, dependendo das necessidades do seu grupo, é organizar o *role-play* Exercício de Focalização Experiencial (TEM 1-MED1) e focar no modo criança zangada.

Você poderia fazer o modo criança zangada interagir com o modo pai/mãe punitivo, com o modo de enfrentamento desadaptativo. Você poderia pedir que um paciente interprete o modo adulto saudável e o bom pai/boa mãe e interaja com o modo criança zangada. Uma ampla variedade de opções pode ser implementada com base nesse modo dos pacientes.

Sessões do modo criança feliz (TEM 5&11)

O principal objetivo das sessões experienciais para o modo criança feliz é garantir que os pacientes se divirtam ao explorar suas preferências e aversões, suas primeiras interações sociais e simplesmente permitir que tenham um momento de descontração. Muitas vezes, as pessoas oferecem resistência com base em mensagens do modo pai/mãe internalizados disfuncionais. Na TE, a diversão é uma ferramenta eficaz que ajuda os pacientes abusados e privados emocionalmente a superar os bloqueios de desconfiança e medo, proporcionando experiências seguras nas quais podem sentir e aprender a confiar. Acessar a alegria do modo criança feliz pode refutar a crença de que são "totalmente ruins". A diversão é uma experiência agradável tanto para o terapeuta quanto para o paciente, porque é uma maneira segura de atender às necessidades da criança vulnerável, da criança zangada e da criança feliz. A experiência da descontração pode ser um alívio da prisão do modo pai/mãe punitivo.

Elementos divertidos são facilmente introduzidos no ambiente de grupo. À medida que o grupo estabelece laços e desenvolve várias conexões interligadas em um ambiente terapêutico ativo, a atmosfera de apoio resultante promove uma mutualidade confortável, propícia à diversão. Em geral, usamos o humor e uma abordagem descontraída para trabalhar o modo criança feliz. É uma forma de se conectar com as pessoas que transcende nossos papéis formais, cultivando conexões humanas autênticas entre terapeutas e pacientes. Dada a quantidade de esquemas desencadeantes relacionados ao desempenho e avaliação, a descontração pode se tornar uma troca bem-vinda que não envolve julgamento. No trabalho de imagens, criamos imagens de descontração, diversão, alegria e os fazemos praticar acessando essas imagens juntamente às imagens de lugar seguro.

Sessão de Trabalho Experiencial de Modo 5: MCF 1

Seguem algumas sugestões de atividades para evocar o modo criança feliz. Sinta-se à vontade para adaptá-las conforme desejar para se adequar à sua população de pacientes ou desenvolver as suas próprias dinâmicas. Ao optar por criar suas atividades, compartilhe conosco qualquer exercício que tenha se mostrado eficaz, pois estamos constantemente em busca de novas ideias. Ocasionalmente, os pacientes podem ter dificuldade em se divertir tanto quanto têm com outros exercícios experienciais. Modos pai/mãe internalizados disfuncionais ou modos enfrentamento desadaptativo podem ser acionados. Quando isso acontece, é importante discutir e intervir para afastar os pais dessa sessão ou trabalhar com o modo de enfrentamento desadaptativo. Portanto, o trabalho com a criança feliz pode envolver lidar com modos interferentes, bem como criar diversão.

> ### Dica para o Terapeuta: Introdução aos Exercícios Experienciais
>
> A forma como você prepara o terreno ao apresentar um exercício contribui para o sucesso ou fracasso dele. Tenha em mente que, se você estiver inseguro ou questionando um exercício, isso certamente será sentido e percebido pelos participantes. Portanto, tanto quanto possível, seja enérgico e mostre-se entusiasmado ao apresentar uma atividade. Descobrimos que é mais eficaz *"convidar o grupo a fazer um exercício"* em vez de perguntar se eles *"gostariam de fazer um exercício"*.

Exemplo de Roteiro do Terapeuta: Imagens para Evocar o Modo Criança Feliz

> [Comece:] *Estou muito ansioso para ver o seu rosto sorridente e como seus olhos brilham. Ouvir essa risada maravilhosa e perceber como todos que a ouvem gargalham também. Adoro o som da sua risada quando ela vem lá do fundo da sua barriga. Adoro como sua voz muda de tom quando você fica animado. Adoro todas as suas perguntas. Você é uma criança esperta e divertida. Você é muito preciosa e merece ser feliz, se divertir e brincar. Muito obrigado por compartilhar seu maravilhoso modo criança feliz comigo.*

> *Exercício em Grupo 1:*
> *MCF 1 – Exercícios Criativos Divertidos*
>
> **Atividade em equipe:** a diversão é nossa primeira experiência de negociar, conhecer e formar amizades com os outros. Quando a diversão é proibida, as pessoas perdem essa experiência fundamental para o desenvolvimento. Atividades em grupo proporcionam essa experiência, e as várias trocas de modos, sentimentos e reações dos pacientes podem ser discutidas posteriormente.
>
> ### *Mascote do grupo*
>
> (**Itens necessários:** material de artesanato em geral, chapéus velhos, pedaços de roupas, lenços, tecido, etc.)
>
> Usando qualquer material de artesanato, trabalhem juntos para criar uma mascote de grupo. O ambiente determinará o que está disponível aqui. Em alguns ambientes, massa de modelar ou argila pode ser o limite do que está disponível para usar como material. Outros ambientes podem oferecer uma variedade maior de possibilidades.
>
> Se um arteterapeuta fizer parte da sua equipe, sugerimos que ele seja convidado a participar dessa sessão. Esses profissionais podem estar dispostos a ajudar os psicoterapeutas a conduzirem a sessão e/ou permitir que ela seja realizada em seu ambiente de trabalho.

Diversão com os modos

(**Itens necessários:** revistas antigas, tesouras, cola e papel cartão)

Peça aos membros do grupo para folhearem revistas com o objetivo de encontrar imagens e palavras que digam respeito a um bom pai/boa mãe. Cada um pode criar uma colagem usando as imagens e palavras que representam um "bom pai/boa mãe" que apoiaria o modo criança feliz. Reserve cerca de 30 minutos para essa atividade.

> *Voltem ao grupo, apresentem suas colagens e falem um pouco sobre suas experiências ao fazê-las, ou seja, pensamentos, sentimentos, se estavam cientes do modo criança feliz, qual foi o efeito da atividade sobre ele?*

Exercício em Grupo 2: MCF 1 – Diversão para o Modo Criança Feliz em Exercícios de Imagens

> *Respirem fundo e ouçam atentamente minha história. Permitam-se tornar parte da atividade como se fossem uma criança de 6 anos. Prestem muita atenção às minhas instruções e aos seus sentimentos ao participar. [Inicie o exercício:] Ah, é tão bom ver vocês hoje. Eu tenho uma surpresa muito grande para todos. Vamos nos aventurar em uma loja de brinquedos enorme, a maior do mundo. Uau! Posso ver como isso deixou todos vocês animados. Estou animado também. Assim que chegarmos à loja, cada um terá três minutos para escolher dois brinquedos que sempre desejaram. Não precisam se preocupar em pagar, porque ganhei na loteria e quero presenteá-los. Certo, o tempo começa agora, e a primeira sala que vamos entrar é a sala dos animais de pelúcia. Oh, meu Deus! Olhem o tamanho desse urso panda, parece quase real. Ursinhos de pelúcia de todos os tamanhos, e eles são tão macios. Temos girafas, cachorrinhos e gatinhos. Há tantos tipos e tamanhos diferentes de bichinhos fofos aqui. Apenas mais dois minutos para escolherem seus brinquedos. Vejo alguns de vocês correndo para a área de jogos e consigo ouvir muitas gargalhadas e risadinhas. Oh, olhem! Existe uma área de bonecas de diferentes tamanhos. Temos barbies, bonecas de porcelana em trajes antigos, bonecas Madame Alexander, de todos os tipos. Tem uma área só com transformers, carros, aviões e caminhões com bateria, kits de ciências, truques de mágica e muitos livros. Alguém acabou de correr para a área da Disney. Falta apenas um minuto. Vamos, vamos! UAU! Parece que todos conseguiram escolher dois brinquedos. Vamos voltar para nossa sala e falar sobre o que vocês escolheram e por que, e quais sentimentos vocês notaram. Alguma mudança de modo aconteceu?*

Você pode incluir quantas aventuras divertidas quiser no exercício de imagens, seguindo esse formato. Incluímos um exercício de imagens em cada uma das sessões do modo criança feliz. Queremos que os pacientes tenham imagens positivas para evocar quando precisarem equilibrar memórias dolorosas. Damos a eles a tarefa terapêutica de praticar a evocação de imagens positivas.

Tarefa de Trabalho Experiencial de Modo 5 – MCF 1: Prática da Imagem para o Modo Criança Feliz

Pratique evocar qualquer uma das imagens positivas de diversão, descontração e experiências felizes da sessão de trabalho do modo criança feliz.

Mantenha um breve registro de qual imagem você usou. Construa sua coleção de memórias felizes para revisitá-las e equilibrar as lembranças dolorosas.	
Seg.	
Ter.	
Qua.	
Qui.	
Sex.	
Sáb.	
Dom.	

Sessão de Trabalho Experiencial de Modo 11 – MCF 2

Exercício em Grupo 1: MCF 2 – Exercícios Criativos Divertidos

(**Itens necessários.** material de artesanato, caixas de sapato, papel decorativo, giz de cera, marcadores, fita, tesoura, cola, botões, adesivos)

A *caixa do tesouro*

Peça aos membros do grupo para decorarem a caixa de sapato com itens da lista. Explique como ela pode ser usada para guardar lembranças do grupo ou pequenos itens que são queridos para eles, ou seja, lembranças, memórias e caixas de vínculos.

Nossos grupos regularmente fazem essas caixas, que eles usam para guardar os tesouros de sua "criança interior". Suas coleções consistem em pequenas pedras lisas ou pedaços de conchas da viagem de seus terapeutas à praia, giz de cera, chiclete, fotos, saquinhos aromáticos, cartões, e assim por diante. Os terapeutas e os pacientes escrevem mensagens positivas em cartões. Os pacientes fazem coisas uns para os outros, por exemplo, marcadores de livros, que podem ser utilizados como objetos transicionais. A caixa é um recurso que podem usar para se acalmar; podem olhar para os "tesouros", comer os doces, soltar bolhas, e assim por diante. Ela pode ser utilizada para evocar o modo criança feliz ou confortar o modo criança vulnerável. Os pacientes relatam que ter esse recurso os ajuda a aprender a confortar sua "criança interior". A partir do modo adulto saudável, eles podem confortar sua "criança interior" ao ler um cartão, contando a ela sobre os objetos na caixa e porque são especiais, assim como fariam com uma criança pequena. Enfatizamos que não é possível refazer a infância, mas é possível responder como adulto às necessidades não atendidas do modo criança vulnerável.

Dica para o Terapeuta

Algumas pessoas apresentam dificuldades com o exercício da caixa do tesouro porque ele ativa o seu modo pai/mãe punitivo. Reconhecemos isso e, como bons pais/boas mães, nos oferecemos para guardar a caixa em segurança até que atenuem o poder do modo interferente. Você também pode usar imagens como as a seguir para lidar com o modo pai/mãe punitivo.

Exercício em Grupo 2: MCF 2 – Exercício de Imagens para Eliminar o Modo Pai/Mãe Internalizados Disfuncionais

" *Esta é a hora do pequeno* (indique o nome) *brincar e se divertir, ser livre e explorar, reivindicar ser uma criança feliz. Todas as crianças merecem isso. Você não permitiu isso quando elas eram crianças, mas você não está no comando agora. Na verdade, quero que você saia daqui. Você não viu a placa na porta que dizia "NENHUM MODO PAI/MÃE MAL-HUMORADO PERMITIDO. FISCALIZADO PELA POLÍCIA DOS MODOS"? Então, saia agora e não volte mais. Não há lugar para você aqui.*

Certo, crianças, o lugar é de vocês novamente. Corram, pulem, brinquem, explorem a sala de brincar o quanto quiserem. São 90 minutos só para vocês. Montem uma brincadeira se quiserem e todos nós, terapeutas também, podemos participar. Todos nós temos um modo criança feliz que precisa se divertir e aprender sobre o que ele gosta e não gosta. "

Exercício em Grupo 3: MCF 2 – Imagens da Casa dos Sonhos do Modo Criança Feliz

" *Respirem fundo e fechem os olhos para se conectar à sua criança feliz. Prestem muita atenção nas minhas palavras e absorvam-nas.* [Comece:] *Estão batendo na porta e, quando abrimos, vemos uma grande caixa endereçada a: "Todas as crianças felizes nesta sala". Vamos abri-la juntos e ver o que é. Oh, uau! É uma linda casa de bonecas em miniatura. Mas espere! Tem um bilhete.* [Peça ao grupo que transforme a casa em uma casa dos sonhos na qual cada um pode escolher um quarto para si e decorar da maneira que quiser. Há um quarto separado para cada um de vocês.] *Vamos à loja de artigos em miniatura escolher*

> *os itens que vocês querem para seu quarto. Escolham uma cor de tinta, ou talvez queiram papel de parede. Levem um tapete macio. Não se esqueçam de almofadas grandes e fofas e um baú de jogos. Vocês podem querer um cavalete de artista ou uma mesa para desenhar ou para brincar com argila. Agora é hora de encher seu quarto com os jogos e brinquedos. O que vocês escolheram? Estou ansioso para ver o quarto de vocês quando estiver pronto.*

Reserve 10 minutos ao todo. Chame todos de volta para apresentarem seu quarto e discutirem a experiência.

Tarefa de Trabalho Experiencial de Modo 11 – MCF 2: Permitir que Sua Criança Feliz Brinque

1. Essa tarefa é direta e simples: faça algo puramente por diversão. Se quiser, repita algo das sessões em grupo do modo criança feliz. A dinâmica deve durar pelo menos 20 minutos.

Nessa tarefa, não é necessário escrever. Apenas permita que seu modo criança feliz brinque.

1. Se outro modo interferir (por exemplo, o modo pai/mãe punitivo), afaste-o e tente se manter focado na diversão que sua criança interior merecia e você, mesmo como adulto, também merece.
2. Que mensagem do bom pai/boa mãe você pode transmitir ao seu modo pai/mãe internalizados disfuncionais?

Sessões do modo adulto saudável (TEM 6&12)

Em cada sessão do modo adulto saudável, algum tempo é reservado para que os pacientes tenham a oportunidade de interpretar o papel do modo adulto saudável em um *role-play* de modos. Outra parte do trabalho experiencial para esse modo é solidificar a experiência de competência e o *feedback* positivo recebido dos membros do grupo e terapeutas em um objeto tangível. Esse objeto pode servir como estímulo para vivenciar novamente esses sentimentos no futuro. Usamos o que chamamos de "pulseira de identidade"; também pode ser um chaveiro ou um objeto decorativo. Percebemos que a pulseira serve como um lembrete eficaz da experiência de valor, aceitação e pertencimento no grupo. Para alguns de nossos pacientes que lidavam intensamente com esquemas de defectividade e vergonha, bem como com o modo pai/mãe punitivo, ela se mostrou valiosa. Notamos que algumas pessoas ainda mantêm suas pulseiras anos depois, ocasionalmente usando-as ou carregando-as na bolsa ou no bolso.

Sessão de Trabalho Experiencial de Modo 6: MAS 1

" Exemplo de Roteiro do Terapeuta: Introdução

> *Olá, estou feliz que todos vocês estejam aqui e estou contente em vê-los. Como vocês sabem, este é o grupo de trabalho experiencial de modo. Hoje, realizaremos várias atividades relacionadas ao modo adulto saudável, que desempenha papéis importantes em relação a todos os outros modos. Para o modo criança vulnerável, seu papel é proteger, confortar e curar, atuando como um bom pai/boa mãe quando ele é acionado. Para os modos pai/mãe punitivo ou pai/mãe exigente, o modo adulto saudável elimina, repetidamente se necessário, o primeiro, e atenua e torna mais razoável o segundo. Esses são os dois papéis com os quais vamos trabalhar hoje.* "

Exercício em Grupo 1: MAS 1 – Sentindo o Efeito das Mensagens dos Modos Pai/Mãe Punitivo e Exigente no Modo Criança Vulnerável

[Para esse exercício, os terapeutas precisam ter desenhado um rosto minimalista do modo criança vulnerável em um quadro branco ou cavalete.]

> " 1. *Na sessão de trabalho experiencial de modo do modo pai/mãe punitivo, você escreveu mensagens deste modo em uma efígie. O que queremos que você faça agora é escrever a mensagem que mais o incomoda em um* post-it. [Os terapeutas também devem fazer isso.]

2. *Para demonstrar o efeito dessas mensagens, cada um de nós deve colocar a mensagem no modo criança vulnerável.* [Os terapeutas devem ir primeiro e colocar as mensagens diretamente no rosto, pois queremos que ele acabe sendo coberto.]

3. *Como foi a sensação?* [Espere respostas dolorosas, tristes ou um modo de enfrentamento desadaptativo.] *Alguém notou uma mudança de modo ao fazer isso?*

4. *Bem, nosso modo adulto saudável não vai tolerar essas mensagens sobrecarregando o modo criança vulnerável por muito tempo. Vamos pegar a mensagem do nosso pai/mãe punitivo e jogá-las fora.* [Os terapeutas começam, arrancam a mensagem e a jogam dramaticamente fora. À medida que os pacientes fazem o mesmo, o resto pode aplaudir, liderado pelos terapeutas.]

5. *Como foi a sensação? Alguém passou por uma mudança de modo ao jogar a mensagem fora? Em que modo você acha que estava ao tomar essa atitude?*

6. *Agora, pelo menos, o modo criança vulnerável pode ser visto.*

O que nosso modo criança vulnerável merecia ouvir:

7. *Nessa parte do exercício, vamos escrever o maior número possível de mensagens de bom pai/boa mãe em* post-its. *Pensem nas mensagens que ouviram na sessão do modo criança vulnerável dos terapeutas e do roteiro do bom pai/boa mãe. Essas são as mensagens que nosso modo merecia ouvir quando criança.* [Para esse exercício, os terapeutas precisam ter desenhado um rosto do modo pai/mãe punitivo em outro quadro branco ou cavalete. Pode ser um círculo com características mínimas, mas com uma boca desenhada com um traço ou muito feia.]

8. *Certo, agora vamos sufocar o modo pai/mãe punitivo com essas mensagens. É assim que nosso modo adulto saudável pode fazer isso.* [O terapeuta vai primeiro para demonstrar.] *Você deveria ter dito que eu era uma criança maravilhosa, deveria ter dito que me amava, e assim por diante.* [O terapeuta deve narrar cerca de seis mensagens rapidamente. Enquanto faz isso, o outro terapeuta deve começar a incentivar os pacientes a aplaudirem a cada mensagem positiva.]

9. *Um de cada vez, os pacientes vão até o rosto no quadro branco e colam os* post-its *com firmeza, dizendo para cada mensagem algo parecido com "você deveria ter dito...", "você deveria ter me contado..."* [Outros membros do grupo apoiam e aplaudem.]

10. *Conseguimos sufocar e eliminar completamente o modo pai/mãe punitivo. Como foi a sensação de fazer isso? Em que modo você estava? Você conseguiu se conectar com o seu adulto saudável?*

Mensagens do adulto saudável para a criança vulnerável:

11. *Certo, a última coisa que vamos fazer é escrever nossa mensagem mais importante do adulto saudável para a criança vulnerável em um post-it e colocá-la ao redor do rosto do modo criança vulnerável. Isso proporciona proteção contra o modo pai/mãe punitivo.*

12. [Os pacientes escrevem mais uma mensagem do bom pai/boa mãe, aquela que os impactou mais hoje, e a coloca ao redor do rosto do modo criança vulnerável.]

Exercício em Grupo 2: MAS 1 – Breve Exercício de Enraizamento Físico

Você está ciente do seu modo adulto saudável agora? [Se não, faça um breve exercício de imagens para se conectar.] *Vamos fazer um exercício rápido para senti-lo mais. Levante-se e sinta seus pés e pernas sob você. Dobre os joelhos um pouco e sinta sua conexão com a terra. Levante-se bem alto e sinta sua altura como adulto. Respire profunda e lentamente algumas vezes. Vocês são pessoas fortes e competentes que sobreviveram a muito e merecem cicatrizar o passado. Sintam sua própria força e o apoio do grupo ao seu redor.*

Tarefas de Trabalho Experiencial de Modo 6 e 12 – MCF 1&2: Desenvolver Seu Modo Adulto Saudável

Uma abordagem significativa para fortalecer seu modo adulto saudável é enfatizar *elementos que promovem o pensamento positivo, a capacidade de enfrentamento e o planejamento para o futuro.* Diversos itens podem se encaixar nessa categoria: um relacionamento de apoio, uma foto representando alguém importante, um símbolo que destaque uma característica significativa, uma mensagem encorajadora, entre outros.

Tarefa

Identifique e, em seguida, experimente pelo menos duas das seguintes "estratégias de fortalecimento do modo adulto saudável". Escreva sobre a estratégia que você escolheu e sua experiência ao implementá-la.

1. Leia em voz alta as palavras de encorajamento dos outros que você anotou. Se não tiver nenhuma, peça sugestões às pessoas. Você pode usar as palavras das miçangas.
2. Pratique uma habilidade de enfrentamento saudável.
3. Segure um objeto tangível, sinta um aroma ou olhe para uma imagem que evoca um sentimento ou conexão positiva.
4. Relembre memórias positivas de suas experiências em grupo (por exemplo, reprocessamento de imagens, sentimentos de conexão no exercício da teia, sensação de pertencimento e aceitação). Visualize sua mente como um projetor de *slides*. Introduza uma imagem positiva e, caso surja uma imagem negativa, descarte-a e reintroduza a imagem positiva. Lembre-se de que não temos controle consciente sobre cada pensamento que entra em nossa mente, mas temos a capacidade de deixá-lo ficar ou substituí-lo por outra coisa.
5. Visualize um sonho que você tem para o futuro de um adulto saudável.

- _____
_____
_____
_____
- _____
_____
_____
_____
- _____
_____
_____
_____

Sessão de Trabalho Experiencial de Modo 12: MAS 2

> ## Exemplo de Introdução do Terapeuta
>
> *Olá, estou feliz que todos vocês estejam aqui e estou contente em vê-los. Como vocês sabem, este é o grupo de trabalho experiencial de modo e nosso foco do dia é o modo adulto saudável. Hoje, trabalharemos novamente com o role-play de modos.*

Exercício em Grupo 1: MAS 2 – Role-play de Modos

Dessa vez, queremos proporcionar aos pacientes a oportunidade de interpretar o papel do modo adulto saudável e vivenciar a sensação de tentar gerenciar os outros modos. Isso é feito com um dos terapeutas interpretando o papel de auxiliar. A dinâmica também pode ser interrompida em pontos estratégicos quando um modo disfuncional ou desadaptativo estiver presente e o paciente que interpreta o papel do modo adulto saudável não souber o que fazer. Uma das opções que deve ser enfatizada é que ele pode pedir ajuda. O adulto saudável pode lembrar aos outros modos que eles podem usar várias habilidades e antídotos aprendidos até o momento no programa de tratamento.

Solicite voluntários para os outros papéis: um bom pai/boa mãe, um modo criança vulnerável, um modo criança zangada, um modo criança feliz, um modo pai/mãe internalizados disfuncionais (deixe-os escolher entre pai/mãe punitivo ou exigente), um ou dois modos de enfrentamento desadaptativo. Peça a um paciente que assuma voluntariamente o papel do modo bom pai/boa mãe. Um terapeuta deve assumir o papel de auxiliar do modo adulto saudável e responsabilizar-se pela tarefa de direcionar e interromper a ação. O outro terapeuta pode assumir o papel de auxiliar do bom pai/boa mãe. Essa atribuição de papéis permite que os terapeutas sejam treinadores dos pacientes nos papéis saudáveis. Essas mudanças proporcionam aos participantes a oportunidade de vivenciar uma variedade de modos.

> ## Exemplo de Roteiro do Terapeuta
>
> *Lembrem-se de que o modo adulto saudável é o diretor da ação e todos os outros modos devem seguir as instruções dele. O papel de "bom pai/boa mãe" tem a tarefa de alcançar o modo criança vulnerável com algumas das mensagens que identificamos como importantes ao longo das últimas sessões. O modo de enfrentamento desadaptativo tenta proteger o*

> modo criança vulnerável ao focar-se inteiramente em afastar os modos pai/mãe punitivo ou exigente. Se houver um modo criança vulnerável, ele reage intensamente às necessidades não atendidas da criança vulnerável. Então, vamos nos posicionar nos nossos lugares e nos preparar para começar.

Nesse ponto do tratamento, não esperamos que os pacientes se recusem interpretar um papel. Se o fizerem, assim como antes, peça-lhes para serem auxiliares do modo adulto saudável ou do bom pai/boa mãe. Se ainda se recusarem, você pode pedir que assumam o papel de observadores e avaliem a eficácia dos vários modos em suas funções.

> A primeira coisa que faremos é permitir que todos os modos desempenhem seus papéis e ver o que acontece. Isso significa que, na contagem de 3, quero que cada um de vocês assuma seu papel e diga suas falas do roteiro; adicione outras falas ao papel, se desejarem. 1, 2, 3 e já.

Deixe a dinâmica caótica continuar por alguns minutos. Lembre o paciente no modo adulto saudável para direcionar o volume dos modos em seus papéis. Em seguida, interrompa a dinâmica e discuta o que aconteceu.

> Certo, agora todos parem. Apenas respirem. Vamos discutir o que aconteceu.
> Vamos começar com o modo criança vulnerável. Suas necessidades foram atendidas? Você estava protegido? Modo criança zangada, você foi ouvido? Modo de enfrentamento desadaptativo, você ouviu o que o modo criança vulnerável disse? Ele não estava protegido? Isso era seu trabalho, como você acha que se saiu? Modo criança vulnerável, como ele se saiu ao protegê-lo e atender às suas necessidades? Modo de enfrentamento desadaptativo, você sequer ouviu o modo criança vulnerável? Estava ciente de suas necessidades?
> Modo adulto saudável, como você buscou mudar a forma habitual pela qual esses modos operam? Quão eficaz foi seu esforço? O que você aprendeu para usar no futuro?
> Como isso afetou o role-play, considerando que o modo pai/mãe punitivo não estava tanto em cena? A intensidade dele foi reduzida? Vamos fazer desse jeito no próximo role-play que fizermos.
> Bom pai/boa mãe, você conseguiu alcançar os modos criança?
> Em que esse role-play foi semelhante ou diferente do último que realizamos?
> Certo, agora que vimos como os modos estavam funcionando, deixemos que o adulto saudável faça algumas correções. [Para o paciente interpretando esse modo:] O que você quer mudar? Por exemplo, quer colocar o modo pai/mãe punitivo para fora da sala? Quer tirar o modo de enfrentamento desadaptativo do caminho? [Faça essas correções.] Vamos tentar de novo e ver o que acontece com essas mudanças.

[Continue dessa maneira até que todos os pacientes que quiserem tenham a oportunidade de interpretar o modo de enfrentamento desadaptativo e o modo criança vulnerável. Incentive-os a se alternarem no papel do modo adulto saudável. Oriente-os no adulto saudável e no bom pai/boa mãe conforme necessário.]

O objetivo dessas repetições de *role-plays* é proporcionar aos pacientes experiências de estar em papéis de modo como parte da mudança em seu sistema de modos. Os terapeutas precisarão direcionar a discussão fazendo perguntas para enfatizar o aspecto da mudança. Por exemplo: *o que acontece com o modo criança vulnerável quando o modo de enfrentamento desadaptativo está mais distante?* A resposta pode ser que o bom pai/boa mãe consiga alcançá-lo, mas isso parece um pouco assustador, pois não é o que ele está acostumado.

> *Certo, vamos juntar nossas cadeiras novamente como grupo e discutir essa experiência.*
> 1. *As necessidades do modo criança vulnerável foram atendidas?*
> 2. *O modo de enfrentamento desadaptativo se afastou?*
> 3. *O modo pai/mãe punitivo foi banido? Ou o modo pai/mãe exigente foi atenuado?*
> 4. *O modo criança zangada foi ouvido?*
> 5. *O modo adulto saudável garantiu que as necessidades do modo criança vulnerável fossem atendidas? Ele fez um trabalho melhor ou pior em comparação com o modo de enfrentamento desadaptativo? Em que foi diferente?*

Exercício em Grupo 2: MAS 2 – Troca de Miçangas

Na última sessão experiencial em grupo, é importante fazer algo para simbolizar o trabalho que vocês fizeram para fortalecer o modo adulto saudável. Esse é o objetivo geral da TE. Gostamos de fazer uma troca de miçangas. Fornecemos uma grande tigela de miçangas com cores, formas e tamanhos variados. Os pacientes escolherão previamente uma miçanga para representar uma qualidade de força do modo adulto saudável que observaram em cada membro do grupo durante o programa de tratamento. Eles também terão preparado um pequeno cartão e escrito nele o que a miçanga representa.

Uma pessoa de cada vez receberá nossas miçangas e cartões. Essas miçangas serão colocadas em um cordão com o restante das miçangas que os pacientes acumularam de outras sessões experienciais. Eles devem ter cerca de 14 miçangas, o que é suficiente para criar uma pulseira, chaveiro ou "miçangas de preocupação" para ajudar a reduzir o estresse. As miçangas são um objeto transicional que representa o que os membros e terapeutas viram neles e reconheceram ao longo do programa.

Dica para o Terapeuta

Alguns pacientes têm dificuldade em manter contato visual ou dizem que estão muito envergonhados para receber as miçangas. Aqui, os encorajamos a tentar participar. *Está tudo bem sentir vergonha, pois você não está acostumado a todos esses elogios, mas é uma experiência importante para você.*

" Exemplo de Roteiro do Terapeuta

No futuro, você pode usar ou manter esse objeto consigo em uma bolsa, bolso ou em sua caixa do tesouro ou guardado com segurança em algum lugar. Ao tirá-lo e segurá-lo, você pode lembrar das experiências que teve aqui que fortaleceram a percepção positiva de si mesmo e do seu modo adulto saudável.

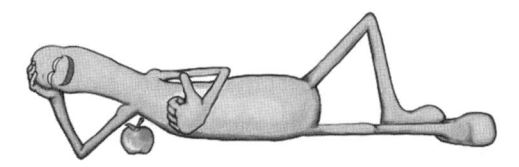

"

A tarefa para a sessão de trabalho experiencial de modo 12: MAS 2 é repetir as **tarefas do trabalho experiencial de modo 6 e 12: MCF 1&2.**

Os folhetos destinados aos pacientes, bem como os exercícios e as tarefas de cada uma das sessões em grupo apresentadas aqui estão disponíveis em formato reprodu-zível na página do livro em loja.grupoa.com.br.

5

Sessões de terapia do esquema individual

O foco do conteúdo das sessões individuais é coordenado com o modo que está sendo trabalhado nas sessões em grupo. O trabalho na terapia do esquema individual (TEI) apoia o trabalho na terapia do esquema em grupo (TEG), e vice-versa, em uma relação recíproca. Frequentemente, os pacientes terão perguntas relacionadas a suas questões individuais da sessão em grupo que podem ser mais bem respondidas nas sessões individuais. Além disso, um trabalho mais detalhado e focado no conteúdo de um esquema ou modo específico pode ser feito na TEI. O conceito de TE (Terapia do Esquema Individual 2: Sua Conceitualização da Terapia do Esquema [TEI-TE2]) de um paciente é desenvolvido na TEI, assim como seus objetivos específicos, que são identificados e associados claramente aos modos (Terapia do Esquema Individual 3: Meus Objetivos na Terapia do Esquema [TEI-TE3]). A conceitualização da TE é o guia para o tratamento, e a primeira versão deve ser elaborada o mais breve possível. Ela é refinada posteriormente nas sessões que se concentram no modo adulto saudável. É nas sessões individuais que fica mais claro para os pacientes como o trabalho de TE se aplica a eles.

Descrevemos 12 sessões individuais neste capítulo, com 35 intervenções possíveis, a partir dos componentes cognitivos, experienciais e de quebra de padrões comportamentais. Essas intervenções podem ser usadas separadamente ou em conjunto, dependendo da duração da sessão e do ritmo entre terapeuta e paciente. Incluímos notas para o terapeuta, "dicas", exemplos de palestras, folhetos, exercícios e tarefas terapêuticas: um pacote completo de materiais para a TEI. Cada sessão é descrita no texto, seguida do folheto ou da ficha de exercícios. Todos os materiais para os pacientes estão disponíveis como folhas separadas na página do livro em loja.grupoa.com.br em formato reproduzível. A Tabela 5.1 resume esses materiais e indica a localização no livro.

Conforme discutido no Capítulo 3, para um manual representar verdadeiramente a TE, ele deve ter a capacidade de individualização com base no modo em que um paciente se encontra. O novo conteúdo abordado nesse programa segue uma sequência definida, contudo, isso não restringe os terapeutas a discutir *apenas* esse conteúdo ou modo, como é o caso de muitos grupos de habilidades. Assim como na TEG, aconselhamos os iniciantes na TE a aderir à sequência de modos descrita aqui e a usar uma das intervenções propostas para o modo em foco. No entanto, você pode escolher qual componente utilizar, ou seja, **cognitivo, experiencial ou de quebra de padrões**

TABELA 5.1 Materiais para os pacientes nas sessões de terapia do esquema individual

Modo	Folheto	Título	Página
Geral	TEI-TE1	Exemplo de Conceitualização da Terapia do Esquema	268
	TEI-TE2	Sua Conceitualização da Terapia do Esquema	269
	TEI-TE3	Meus Objetivos na Terapia do Esquema	269
	TEI-TE4	Exemplo de Resumo do Problema em Termos de Modo com Plano de Tratamento	271
Modos de enfrentamento desadaptativo	TEI-MED1	Comportamentos dos Seus Modos de Enfrentamento Desadaptativo	273
	TEI-MED2	Experimentos Comportamentais para os Modos de Enfrentamento Desadaptativo	273
	TEI-MED3	Prós e Contras dos Meus Modos de Enfrentamento Desadaptativo	275
	TEI-MED4	Distorções Cognitivas dos Modos de Enfrentamento Desadaptativo	277
	TEI-MED5	Entrando em Acordo com Meus Modos de Enfrentamento Desadaptativo	279
Modos pai/mãe internalizados disfuncionais	TEI-MPD1	*Role-play* Histórico	281
	TEI-MPD2	Cronograma Semanal Positivo	283
	TEI-MPD3	Instruções para o Círculo de Identidade	284
	TEI-MPD4	Distorções Cognitivas do Modo Pai/Mãe Exigente	287
	TEI-MPD5	*Flashcard* para Combater o Modo Pai/Mãe Internalizados Disfuncionais	291
Modo criança vulnerável	TEI-MCV1	Novas Técnicas para Confortar Meu Modo Criança Vulnerável Triste	292
	TEI-MCV2	Medos do Meu Modo Criança Vulnerável	294
	TEI-MCV3	Necessidades das Crianças	296
	TEI-MCV4	Direitos das Crianças	298
	TEI-MCV5	*Flashcard* para o Modo Criança Vulnerável	301
Modo criança zangada	TEI-MCZ1	*Flashcard* para o Modo Criança Zangada/Impulsiva	303
	TEI-MCZ2	Reações dos Outros ao Meu Modo Criança Zangada	304
	TEI-MCZ3	Necessidades do Modo Criança Zangada	306
	TEI-MCZ4	A Necessidade Saudável de Atenção	308

(Continua)

TABELA 5.1 Materiais para os pacientes nas sessões de terapia do esquema individual (*Continuação*)

Modo	Folheto	Título	Página
Modo criança feliz	TEI-MCF1	Evocando Seu Modo Criança Feliz	312
	TEI-MCF2	Gostos do Meu Modo Criança Feliz	313
	TEI-MCF3	*Feedback* Positivo para o Modo Criança Feliz	315
Modo adulto saudável	TEI-MAS1	Experimentos Comportamentais para o Modo Adulto Saudável	316
	TEI-MAS2	Conhecendo Seu Modo Adulto Saudável	318
	TEI-MAS3	Seu Modo Adulto Saudável e o Futuro	319

comportamentais, dependendo do paciente. Profissionais mais experientes podem escolher a intervenção que melhor se adequa ao modo em que o paciente está durante a sessão. Essa flexibilidade requer mais habilidade na identificação de modos e prática com as principais intervenções de modos. A individualização está sempre presente na reparentalização limitada, pois essa abordagem exige que os terapeutas adaptem sua resposta com base na necessidade subjacente ao modo do paciente; por exemplo, validação e conforto para a necessidade do modo criança vulnerável e estabelecimento de limites ou confrontação empática para os modos de enfrentamento desadaptativo. A Tabela 2.3 é uma referência útil para identificar a intervenção apropriada à necessidade e ao modo.

A CONCEITUALIZAÇÃO E OS OBJETIVOS DA TERAPIA DO ESQUEMA

A conceitualização começa nas sessões de psicoeducação sobre TE, quando o paciente é exposto pela primeira vez a esse modelo de tratamento. A TE é colaborativa, consequentemente, começamos a conversar com o paciente no início do tratamento sobre nossa compreensão de seus problemas em termos do modelo. Uma vantagem é que a linguagem é acessível e os indivíduos recebem uma explicação para seus problemas psicológicos e sintomas que tem validade aparente. É essencial ter uma definição de problema e objetivos para o tratamento compartilhados com o paciente. Embora a conceitualização e os objetivos sejam discutidos tanto na TEG quanto na TEI, em virtude de mais histórias e conteúdos serem compartilhados nas sessões individuais, a conceitualização mais elaborada é desenvolvida principalmente na TEI e compartilhada de forma resumida na TEG durante a semana do modo adulto saudável. A distribuição de modos em "gráfico de *pizza*" concluída no último grupo de psicoeducação sobre TE é a versão desenvolvida e discutida nas sessões de TEG (Sessão 5 de Psicoeducação sobre Terapia do Esquema: Identificando Modos [TE-ED 5]).

É aconselhável concluir a conceitualização até a sessão 3. Você trabalha com seus pacientes para associar quais modos estão relacionados a quais pensamentos, sentimentos e comportamentos. A Terapia do Esquema Individual 1: Exemplo de Conceitualização da Terapia do Esquema (TEI-TE1) fornece um exemplo de conceitualização e outros exemplos podem ser encontrados no estudo de Arntz e Jacob (2012).

❝ Exemplo de Roteiro do Terapeuta

Conforme você aprendeu nas sessões de psicoeducação sobre TE, todas as pessoas têm versões diferentes de esquemas e modos. Hoje, quero trabalhar com você para descobrir quais modos você tem e como exatamente eles se manifestam. [Agora, você pode perguntar quais modos o paciente acha que tem com base no que aprendeu no grupo de psicoeducação sobre TE e trabalhar com suas respostas para preencher o formulário Terapia do Esquema Individual 3: Meus Objetivos na Terapia do Esquema (TEI-TE3). Se o paciente não lembrar, você pode seguir esse roteiro de exemplo para identificá-los.]

Vamos começar com os modos criança, que são o modo criança vulnerável, o modo criança zangada e o modo criança impulsiva. São eles que nos fazem sentir dor ou angústia emocional. [Se o paciente ainda não lembrar, dê exemplos de cada um deles.] *Então, me fale sobre o seu modo criança vulnerável, e eu vou anotar.* [Faça o mesmo para os demais.] *Em seguida, temos os modos pai/mãe internalizados disfuncionais, que nos fazem sofrer.* [Se o paciente não lembrar, dê um exemplo.] *Como é a sensação desse modo para você? Sua versão é punitiva, exigente ou ambas?* [Você precisa estabelecer uma conexão entre os modos e as experiências biográficas relacionadas, e pode anotá-las ao lado do formulário, próximo aos círculos ou retângulos.]

Há duas maneiras principais de lidar com experiências negativas. Uma maneira é a adaptativa, e essa é o modo adulto saudável, que eu sei que você tem, porque veio para a terapia. Existem também os modos de enfrentamento desadaptativo, que o ajudou a sobreviver quando _____ aconteceu (faça uma conexão com experiências biográficas), *mas agora impedem que suas necessidades sejam atendidas adequadamente. Você se lembra de algum modo de enfrentamento desadaptativo do grupo de psicoeducação sobre TE?* [Deixe o paciente dar exemplos; se ele não conseguir pensar em exemplos, forneça alguns.] *De quais modos de enfrentamento desadaptativo você está ciente e como reage quando está nesse modo?* [Deixe-o explicar. Se você notou outros que considera relevantes, informe o paciente sobre o que observou. Se ele discordar sobre ter o modo que você observou, diga a ele que ambos refletirão a respeito e retomarão o assunto posteriormente, se parecer necessário. Deixe claro que a conceitualização da TE é um "trabalho em andamento" e que novos modos sempre podem ser adicionados e conexões esclarecidas ao longo do tratamento.]

Um modo que não quero esquecer é o modo criança feliz. Você pode me falar um pouco sobre sua experiência com esse modo?

Anotamos todos os modos que você acha importante? Você sente que esta conceitualização o representa? [Se não, faça as alterações necessárias.] *Ótimo, porque são esses os modos com os quais trabalharemos no programa de TE.*

[Você também elabora os objetivos para cada paciente e os associa aos modos. Você pode usar o folheto TEI-TE3 para essa parte da sessão.] *Agora que sabemos quais modos você tem, vamos falar sobre o que quer mudar em relação a eles. Vamos analisar os folhetos do grupo de psicoeducação sobre TE. Conforme você aprendeu, existem objetivos diferentes para cada modo. Quais dos objetivos listados você acha mais relevantes para seus modos? Analise as dificuldades que você enfrenta nesse modo; o que acha que precisa mudar?* [Esteja ciente de que os pacientes tendem a estabelecer objetivos muito altos. Torne-os alcançáveis no decorrer do programa de tratamento e identifique as etapas rumo a eles. Lembre-os de que podem continuar a trabalhar esses objetivos no futuro, mas, por enquanto, é importante definir metas alcançáveis para manter a motivação para a mudança.]

"

OS MODOS DE ENFRENTAMENTO DESADAPTATIVO

A escolha de qual modo de enfrentamento desadaptativo focar baseia-se em qual é mais utilizado e mais problemático. Por exemplo, o capitulador complacente pode criar uma vida infeliz, mas o modo hipercompensador de provocador-ataque pode fazer você ser preso. Este último seria o foco inicial, pois causa danos mais graves.

Intervenções de quebra de padrões comportamentais da terapia do esquema

a   *Comportamentos dos modos de enfrentamento desadaptativo (Folheto: TEI-MED1)*

A maioria das pessoas tem mais de um modo de enfrentamento desadaptativo. Para entender a si mesmo, é preciso saber qual deles você utiliza, as principais situações que o desencadeiam e qual é o seu comportamento habitual no modo. Iniciamos esse exercício explicando aos pacientes que a maioria das pessoas tem diferentes modos de enfrentamento desadaptativo e relembramos o trabalho deles no grupo de psicoeducação sobre TE. Um exercício para identificar o comportamento dos modos de enfrentamento desadaptativo é a Terapia do Esquema Individual MED 1: Comportamentos dos Seus

Terapia do Esquema Individual 1: Exemplo de Conceitualização da Terapia do Esquema

Exemplo de conceitualização em TE

Isabel, 28 anos, transtorno depressivo maior e transtorno da personalidade evitativa

Modo funcional

Isabel adulta saudável: vai ao trabalho e cuida de sua filha

Modo criança

Modo criança vulnerável (Isabelzinha solitária)
- seus pais não tinham tempo para ela
- hoje ela se sente extremamente sozinha quando o marido precisa viajar a trabalho

Modos de enfrentamento desadaptativo

Modo protetor evitativo (Isabel medrosa)
– nunca participa de atividades sozinha
– evita socializar

Hipercompensador (senhorita perfeitinha)
– tenta ser perfeita

Capitulador complacente (Isabel capacho)
– nunca discute com o marido, mesmo quando algo é importante para ela

Modo pai/mãe internalizados disfuncionais

Modo pai/mãe exigente
– aprendizagem vicária: pais que trabalhavam em excesso
– força Isabel a ser a mãe e esposa perfeita

Modo pai/mãe punitivo
– babá que tinha dores de cabeça quando Isabel precisava de atenção
– hoje induz culpa quando Isabel precisa de algo do marido

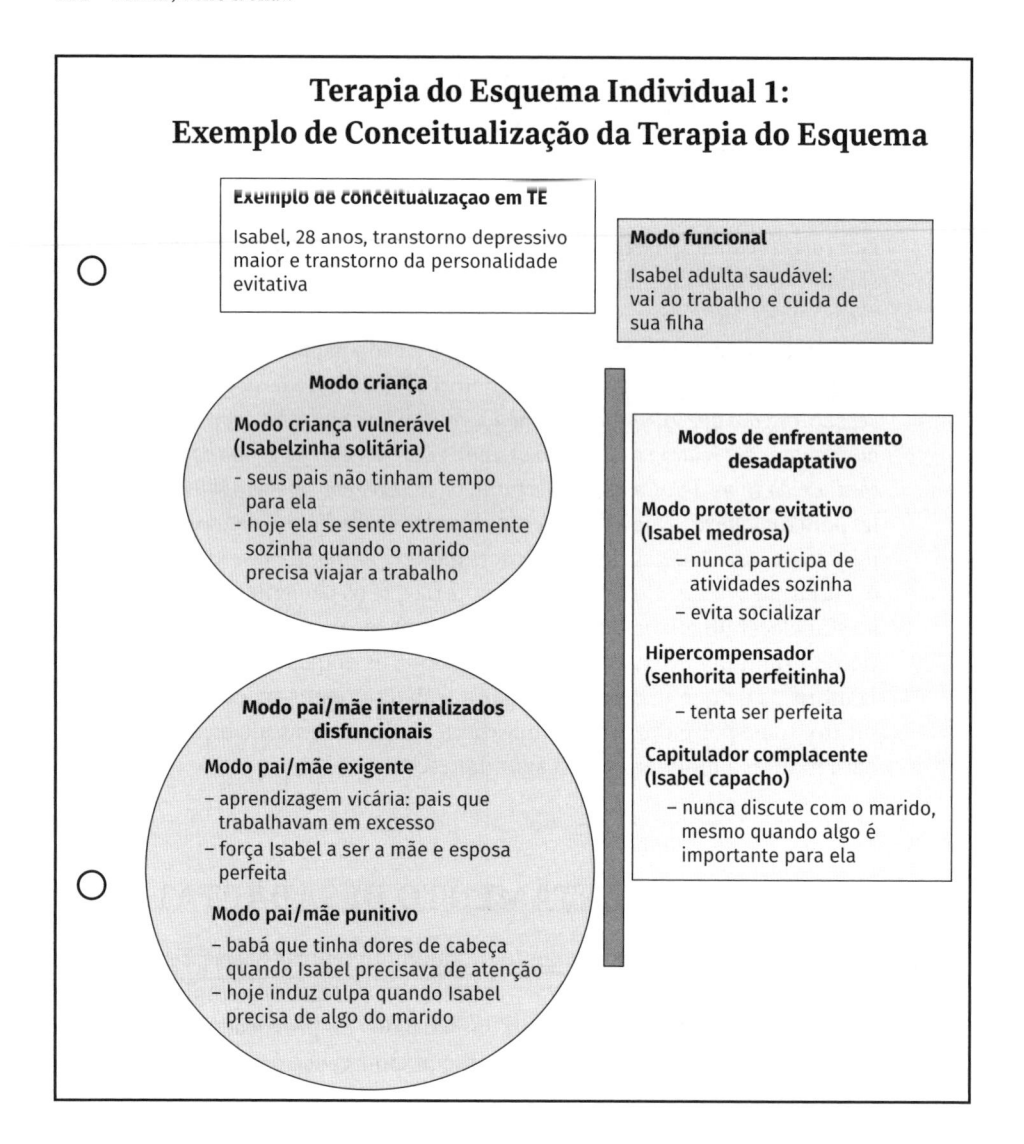

Modos de Enfrentamento Desadaptativo (TEI-MED1). Pergunte ao paciente com quais comportamentos ele tem dificuldade (por exemplo, brigar com as pessoas, usar drogas, ficar olhando para a parede por horas) e esclareça a qual modo eles estão associados, ou seja, evitação, resignação ou hipercompensação. Concentre-se nos comportamentos excessivos (por exemplo, jogar *video game* a noite toda) e nos comportamentos deficitários (por exemplo, não falar com as pessoas, procrastinar).

Deixe claro que muitos comportamentos se tornam desadaptativos apenas quando ocorrem em excesso ou em quantidade insuficiente. Ao identificar um ou mais comportamentos com os quais o paciente tem problemas e que você acha que fazem parte de um modo de enfrentamento desadaptativo, anote-os no folheto ou permita que a pessoa os anote. Em seguida, tente encontrar uma *situação* em que esse

Terapia do Esquema Individual 2:
Sua Conceitualização da Terapia do Esquema

○ Elabore uma conceitualização de tratamento com seu terapeuta. Relacione os sintomas ou problemas que você vivencia com os modos. Defina seus objetivos do tratamento. Certifique-se de que os objetivos do tratamento sejam alcançáveis. Ligue também as metas às mudanças específicas nos modos.

Modos funcionais

Modos criança

Modos pai/mãe internalizados disfuncionais

Modos de enfrentamento desadaptativo

Terapia do Esquema Individual 3:
Meus Objetivos na Terapia do Esquema

Meu modo de enfrentamento desadaptativo: _____
_____

Dificuldades que enfrento quando estou:
_____
_____

Meu objetivo de tratamento em relação a esse modo:
_____
_____

Meu modo criança: _____

Dificuldades que enfrento quando estou nesse modo:
_____
_____

Meu objetivo de tratamento em relação a esse modo:
_____
_____

Meu modo pai/mãe internalizados disfuncionais:_____
_____

Dificuldades que enfrento quando estou nesse modo:
_____
_____

Meu objetivo de tratamento em relação a esse modo:
_____
_____

Meu modo de _____: (pode ser outro modo de enfrentamento desadaptativo, modo criança impulsiva ou modo pai/mãe internalizados disfuncionais, ou para fortalecer o modo adulto saudável ou o modo criança feliz)
Meu modo: _____
Dificuldades que enfrento quando estou nesse modo:
_____
_____

Meu objetivo de tratamento em relação a esse modo:
_____

comportamento ocorre. A ideia é identificar os *gatilhos* para o modo. Dê um nome informal a ele – é importante encontrar um nome que não tenha apenas conotações negativas (por exemplo, "meu modo princesa" ou "modo Bart Simpson").

Assim que tiver um nome, use-o em todas as sessões de terapia, pois torna o modo mais pessoal, não apenas um construto teórico.

b *Experimentos comportamentais para o modo de enfrentamento desadaptativo (Folheto: TEI-MED2)*

Diferentes situações e pessoas desencadeiam diferentes intensidades do modo de enfrentamento desadaptativo. Nessa sessão, você as identificará. Comece com o modo mais dominante. Utilize o folheto de grupo da Sessão 2 de Psicoeducação sobre Terapia do Esquema: Identifique Suas Experiências de Modo I (TE-ED 2) para analisar quais situações desencadeadoras seu paciente identificou. Determine situações que podem provocar os MEDs em diferentes intensidades e planeje as situações de experimento comportamental com seu paciente. Se a sessão de grupo de consciência de

Terapia do Esquema Individual 4: Exemplo de Resumo do Problema em Termos de Modo com Plano de Tratamento

Modo esquemático	Gatilhos do esquema	Seus problemas/ questões relacionados a esse modo	Você muda de modo? Para qual modo?	Como você está trabalhando nisso?
Modo criança vulnerável	Sentir-me magoado. Lembrar-me de como minha mãe me tratava. Lembrar-me de abuso. Falarem comigo em voz alta ou de maneira rude. Sentir-me abandonado ou com medo.	Sentir-me magoado com algo no presente traz muitos sentimentos antigos de dor, e minha criança vulnerável não consegue suportar ter esses sentimentos.	Sim, às vezes eu mudo para criança impulsiva. Às vezes eu mudo para pai/mãe punitivo. Às vezes eu mudo para pai/mãe disfuncional	1. *Identifique a necessidade*: sentir-me cuidado. Sentir que tenho estabilidade e segurança. 2. *Peça ajuda (terapeutas, grupo) com a necessidade*: eu poderia pedir um abraço, ou para alguém se sentar comigo. 3. *Acesse seu adulto saudável para obter ajuda*. Por exemplo, faça um círculo para acessá-lo (córtex). 4. Meu adulto saudável poderia pegar um cobertor macio para me cobrir e meu ursinho para me abraçar. Eu poderia me embalar e lembrar da vovó me abraçando e me embalando.
Modo criança zangada ou impulsiva	Sentir que não posso suportar a sensação por mais nenhum minuto. Preciso que minha necessidade seja atendida agora!	Nesse modo, eu me machuco ou engulo qualquer coisa para acabar com esses sentimentos assustadores e dolorosos.	Modo criança impulsiva	5. **Preciso** pedir a outros que me ajudem a permanecer seguro, como não ter nada perigoso perto de mim e não ter objetos para engolir.

Modo esquemático	Gatilhos do esquema	Seus problemas/ questões relacionados a esse modo	Você muda de modo? Para qual modo?	Como você está trabalhando nisso?
Modo pai/mãe punitivo	Essa mudança é acionada se ouço a voz do pai/mãe internalizados dizendo que é minha culpa ou que eu sou mau.	Nesse modo, eu me machuco como punição por me sentir e ser "fraco".	Modo pai/mãe punitivo	6. **Preciso** da proteção do bom pai/ boa mãe. 7. Eu poderia falar sobre o que sinto com alguém que me assegurará de que sou uma boa pessoa. 8. Eu poderia acessar o modo adulto saudável e usar a imagem reconfortante que trabalhamos em grupo ou ler cartões de mensagens do bom pai/boa mãe.
Modo de enfrentamento desadaptativo	Isso pode acontecer automaticamente quando fico fora de controle ou me sobrecarrego.	Nesse modo, posso me machucar posteriormente, para sentir *algo*, se ficar assustador não sentir nada.	Modo protetor evitativo	9. **Preciso** diminuir meus sentimentos de dor. 10. Eu poderia desabafar meus sentimentos. 11. Eu poderia usar um meio de apego mais saudável, como minha imagem de lugar seguro ou a imagem e segurança. 12. A consciência de que estou ficando muito angustiado é importante para interromper o pai/mãe disfuncional.

Terapia do Esquema Individual MED 1: Comportamentos dos Seus Modos de Enfrentamento Desadaptativo

A maioria das pessoas tem diferentes modos de enfrentamento desadaptativo (MED). É útil saber quais são os seus, as situações que os desencadeiam e como você reage quando está em cada um deles.

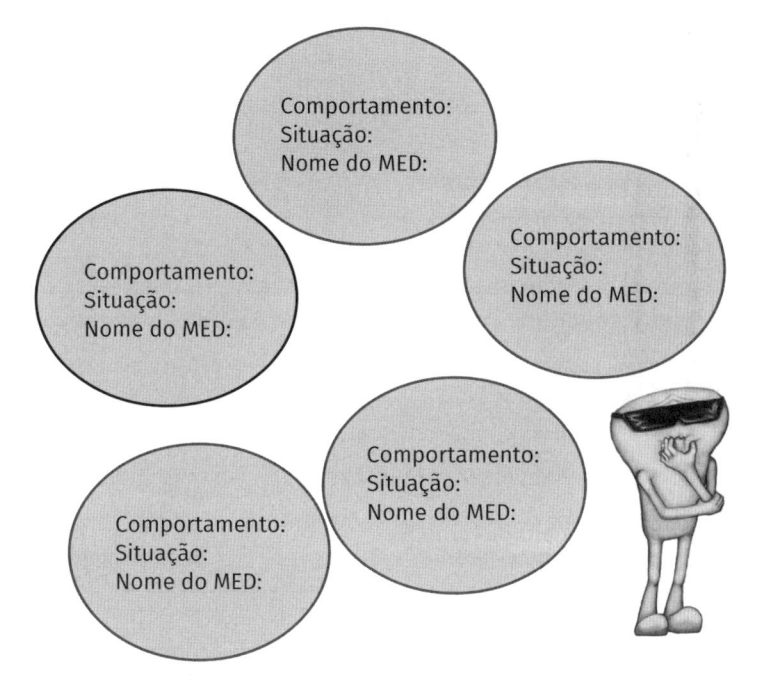

Comportamento:
Situação:
Nome do MED:

Comportamento:
Situação:
Nome do MED:

Comportamento:
Situação:
Nome do MED:

Comportamento:
Situação:
Nome do MED:

Comportamento:
Situação:
Nome do MED:

O MED que tenho com mais frequência é: _____

Meu MED mais perigoso é: _____

Terapia do Esquema Individual MED 2: Experimentos Comportamentais para os Modos de Enfrentamento Desadaptativo

Situações diferentes e pessoas diferentes desencadeiam seus modos de enfrentamento desadaptativo, mas nem todos os desencadeiam com a mesma intensidade. Vamos descobrir quais são suas diferenças de intensidade.

> Exemplo: meu protetor evitativo diz que meus colegas são, na verdade, bem perigosos e que eu deveria evitá-los.
>
> Meu protetor evitativo diz que, como eu sofria *bullying* de outras crianças na escola, comecei a evitar outras pessoas.
>
> Um experimento comportamental que eu trabalhei com meu terapeuta é:
>
> 1. Exemplo: conversar com meu vizinho por 5 minutos e depois avaliar a intensidade do meu protetor evitativo.
>
> _____
>
> 0 = sem protetor evitativo   10 = somente protetor evitativo
> ←——|——|——|——|——|——|——|——|——|——|——→
>
> 2. Exemplo: conversar com outra pessoa na sala de espera do consultório por 5 minutos e avaliar a intensidade do protetor evitativo.
>
> 0 = sem protetor evitativo   10 = somente protetor evitativo
> ←——|——|——|——|——|——|——|——|——|——|——→
>
> 3. Exemplo: conversar com um grupo de pessoas enquanto espero a aula de ginástica começar.
>
> 0 = sem protetor evitativo   10 = somente protetor evitativo
> ←——|——|——|——|——|——|——|——|——|——|——→
>
> O que você aprendeu com esses experimentos comportamentais?
>
> _____
> _____
> _____

modo 1 já ocorreu, você pode consultar o folheto da Tarefa de Consciência de Modo 1: Consciência do Meu Modo de Enfrentamento Desadaptativo (CM 1-MED1) para se informar sobre os diferentes componentes de um modo (pensamentos, sentimentos, reações fisiológicas, comportamentos). Os experimentos comportamentais são uma tarefa para essa sessão.

Na próxima sessão, discuta as diferenças observadas na intensidade dos modos de enfrentamento desadaptativo e o quanto o paciente acha que tem controle sobre ele. Converse sobre a maneiras de ter controle sobre esses modos e consulte o folheto de Terapia do Esquema Individual MED 2: Experimentos Comportamentais para os Modos de Enfrentamento Desadaptativo (TEI-MED2).

Intervenções cognitivas da terapia do esquema

a   Prós e contras dos modos de enfrentamento desadaptativo
    (Folheto: TEI-MED3)

Com a Terapia do Esquema Individual MED 3: Prós e Contras dos Meus Modos de Enfrentamento Desadaptativo (TEI-MED3), você pode registrar as vantagens e desvantagens de um modo de enfrentamento desadaptativo. É importante começar com os prós. Ao analisar as biografias dos pacientes, o motivo de terem desenvolvido um modo de enfrentamento desadaptativo específico geralmente se torna mais compreensível. Registramos as experiências em que o modo foi útil (ou até necessário para sua sobrevivência) primeiro. Em seguida, analisamos o dia a dia do paciente e avaliamos se o modo foi útil nos últimos três meses. Lembre-se de que se as circunstâncias de vida dificultam ter uma vida saudável (por exemplo, se ainda vivem com os familiares abusivos de origem, se trabalham com prostituição ou se estão envolvidos em atividades criminosas), pode não ser uma boa escolha mudar os modos de enfrentamento desadaptativo para lidar com os aspectos de sobrevivência do ambiente agora. Você pode sugerir situações em que o modo foi útil, se souber de alguma. Em seguida, trabalhe as desvantagens ou os contras. Peça ao paciente para listar todos os prós e contras identificados na tabela na parte inferior do folheto.

Terapia do Esquema Individual MED 3: Prós e Contras dos Meus Modos de Enfrentamento Desadaptativo

(Vantagens ou benefícios *versus* desvantagens ou problemas)

Seus modos de enfrentamento desadaptativo o ajudaram a sobreviver a situações difíceis e dolorosas no passado, especialmente na infância. Esta é uma razão pela qual eles têm tanto poder sobre você agora. No entanto, eles podem não estar funcionando para atender às suas necessidades atualmente. Vejamos...

○ Liste as situações passadas em que seu modo de enfrentamento desadaptativo foi útil:

_____
_____
_____
_____
_____
_____
_____
_____

Liste as situações em seu dia a dia, nos últimos 3 meses, em que o modo de enfrentamento desadaptativo foi útil para você:

○ _____
_____
_____
_____
_____

Agora, vamos analisar as duas listas e comparar os argumentos a favor e contra mantê-lo com a mesma intensidade em seu dia a dia:

Prós (vantagens)	Contras (desvantagens)

○

b   Distorções cognitivas do modo de enfrentamento desadaptativo e antídotos cognitivos do modo adulto saudável (Folheto: TEI-MED4)

O folheto da Terapia do Esquema Individual MED 4: Distorções Cognitivas dos Modos de Enfrentamento Desadaptativo (TEI-MED4) analisa o lado cognitivo de um modo de enfrentamento desadaptativo ao identificar as distorções cognitivas que o mantêm. Discuta o exemplo e, em seguida, pergunte o que o modo de enfrentamento desadaptativo do seu paciente pensa sobre ele ("Você não pode se expor muito para as pessoas, ou elas descobrirão que você é defectivo"), sobre outras pessoas ("A maioria das pessoas é má e tentará humilhá-lo. Afaste-se delas") e sobre relacionamentos ("Apenas diga a eles que estão certos, para que não o deixem"). A segunda parte do folheto examina "antídotos" cognitivos ou doses de realidade que o modo adulto saudável pode lembrar. Trabalhe com o paciente para desenvolver o conjunto de antídotos dele com o objetivo de combater as distorções do modo de enfrentamento desadaptativo. Esse folheto pode ser mantido no fichário de terapia para consulta.

Terapia do Esquema Individual MED 4: Distorções Cognitivas dos Modos de Enfrentamento Desadaptativo

Enquanto em seu modo de enfrentamento desadaptativo, você vê o mundo por meio de um filtro específico. Esse filtro é distorcido por seus esquemas. Vamos descobrir quais são as distorções cognitivas desse seu modo:

Exemplo: "Se você confiar nas pessoas, elas só vão te machucar". Você acredita nisso? Quais são outras distorções desse modo?

1. _____
2. _____
3. _____
4. _____
5. _____

Antídotos cognitivos do modo adulto saudável

Vejamos se seu modo adulto saudável pode encontrar "antídotos" para as distorções cognitivas:

Exemplos: "As pessoas *podem* te machucar se você confiar nelas, mas *a maioria não* vai te machucar *de propósito*. Como adulto, você pode lidar com experiências dolorosas sem ser destruído". "Só é possível ter relacionamentos se você confiar em *algumas* pessoas e você quer ter relacionamentos; isso é importante para você".

1. _____
2. _____
3. _____
4. _____
5. _____

Intervenções experienciais da terapia do esquema

a Confrontação empática

Quando seu paciente está em um modo de enfrentamento desadaptativo, aponte isso e o relacione a experiências biográficas de quando esse modo foi útil. Reconheça o objetivo protetor no passado (por exemplo, proteger o paciente de mais dor, não perder relacionamentos), mas enfatize que isso não está funcionando no presente. Essas etapas confrontam empaticamente o paciente com a necessidade de mudança. A confrontação empática na TE requer que você tenha conexão suficiente com os pacientes para que eles possam aceitar que você só quer o bem deles e não está apenas sendo crítico. *Reforçamos a conexão* dizendo: "Não estou falando isso para ser crítico, mas porque acredito que seu comportamento protetor antigo não atenderá às suas necessidades hoje". Em seguida, *aponte o problema com o comportamento do modo de enfrentamento desadaptativo* em termos de *não atender às necessidades*. Por exemplo, "Entendo que, por ter sido intimidado na infância, seu protetor evitativo assume o controle quando você conhece pessoas novas e você se afasta o mais rápido possível, mas estou preocupado que essa estratégia o impeça de fazer amigos que seriam gentis e acolhedores". Em seguida, *ofereça uma correção*, um comportamento que poderia atender às necessidades deles. "Você poderia decidir por si mesmo se uma nova pessoa é segura antes de deixar o modo de enfrentamento desadaptativo assumir o controle e protegê-lo à sua maneira. Dessa forma, sua necessidade de companhia com uma pessoa segura tem a chance de ser atendida. Do contrário, você permanecerá sozinho". Oferecemos ajuda com o comportamento corretivo. "Podemos trabalhar em como você poderia decidir se uma nova pessoa é segura e até mesmo simular perguntas em nossa sessão".

> Assim, a **"fórmula"** ou **etapas** para a **confrontação empática** são:
>
> 1. Reforçar sua conexão com o paciente.
> 2. Dar um nome para o comportamento desadaptativo.
> 3. Apontar que ele não atende às necessidades do paciente.
> 4. Oferecer uma correção, ou seja, um comportamento que atenderá às necessidades do paciente.
> 5. Oferecer assistência no aprendizado para fazer a correção.

Em seguida, use o folheto de Terapia do Esquema Individual MED 3: Prós e Contras dos Meus Modos de Enfrentamento Desadaptativo (TEI-MED3). Discuta-o com o paciente e deixe que ele decida se deseja trabalhar na diminuição da frequência ou da intensidade do modo.

b   Diálogo de modos para o modo de enfrentamento desadaptativo
    (Folheto: TEI-MED5)

Esse diálogo utiliza o folheto de Terapia do Esquema Individual MED 5: Entrando em Acordo com Meus Modos de Enfrentamento Desadaptativo (TEI-MED5).

1. Tenha duas cadeiras extras à disposição, além das habituais. Identifique uma situação em que o paciente estava em um modo de enfrentamento desadaptativo.
2. Escolha uma cadeira para o modo e peça ao paciente para se sentar nela como se fosse o modo falando.
3. A outra cadeira será do modo adulto saudável. Se for possível para o paciente estar no modo adulto saudável, peça para ele se sentar nessa cadeira e falar o que ele tem a dizer ao modo de enfrentamento desadaptativo. Se o paciente não souber o que falar como adulto saudável, oriente-o com sugestões. Se não for possível para o paciente assumir a cadeira do modo adulto saudável, peça para ele permanecer em seu assento de terapia habitual. Pergunte se você pode ocupar a cadeira do modo adulto saudável e representá-lo. Sente-se nessa cadeira e fale como o adulto saudável para o modo de enfrentamento desadaptativo. Em seguida, pergunte ao paciente se o modo de enfrentamento desadaptativo está respondendo algo. Se sim, peça ao paciente para dizer e depois responda ao modo.
4. Continue o diálogo brevemente para negociar um acordo ou entrar em consenso com o modo de enfrentamento desadaptativo, permitindo que o modo adulto saudável assuma mais controle sobre a vida do paciente e concordando que o modo de enfrentamento desadaptativo precisa ser menos intenso. Você pode usar o folheto para essa etapa.
5. Volte para as cadeiras habituais e discuta como esse acordo pode ser aplicado no dia a dia.

**Terapia do Esquema Individual MED 5:
Entrando em Acordo com Meus Modos
de Enfrentamento Desadaptativo**

○   Quero que meu modo adulto saudável assuma mais controle na terapia, porque:

_____
_____
_____
_____

Meu modo adulto saudável pode assumir mais controle na terapia da seguinte forma:

_____
_____
_____
_____

○ Quero que meu modo adulto saudável assuma mais controle na minha vida, porque:

_____
_____
_____
_____
_____

Meu modo adulto saudável pode assumir mais controle na minha vida da seguinte forma:

_____
_____
_____
_____

○

MODOS PAI/MÃE INTERNALIZADOS DISFUNCIONAIS

Intervenções de quebra de padrões comportamentais da terapia do esquema

a Role-play *histórico (Folheto: TEI-MPD1)*

Nos *role-plays* históricos, vários pontos de vista em uma situação são examinados, como a perspectiva da criança e a perspectiva da outra pessoa (por exemplo, o cuidador). Isso é feito em uma situação em que interpretações alternativas que poderiam levar a uma mudança nas emoções e nas cognições são possíveis. Não adote essa técnica para situações de trauma ou abuso. Embora essa intervenção seja comportamental, o objetivo não é o ensaio comportamental, mas uma mudança no nível do esquema no significado do evento. Use o folheto de Terapia do Esquema Individual MPD 1: *Role-play* Histórico (TEI-MPD1).

Fases do *Role-Play* Histórico

1. Na primeira fase de um *role-play* histórico, a situação original é recriada com o paciente assumindo o papel da criança e o terapeuta assumindo o papel da outra pessoa. Após o *role-play*, o terapeuta pode avaliar quais suposições o paciente está fazendo sobre o que a outra pessoa está pensando sobre ele. Peça ao paciente que escreva essas suposições no formulário do folheto.
2. Em seguida, na segunda fase, os papéis são invertidos, com o paciente assumindo o papel da outra pessoa e o terapeuta assumindo o papel do paciente. Isso permite que o paciente vivencie a situação de uma perspectiva diferente. Após esse segundo *role-play*, avalie as suposições novamente, dessa vez do ponto de vista da outra pessoa. Peça ao paciente que escreva suas suposições.
3. Discutam opções para adotar um novo comportamento na situação. Conforme necessário, oriente o paciente em direção a um comportamento funcional.
4. Na terceira fase, o paciente assume novamente o papel de criança e vivencia o novo comportamento, e o terapeuta desempenha o papel de pai/outra pessoa. Novamente, as suposições do ponto de vista de cada papel são identificadas.
5. Examinem juntos todas as diferentes suposições. O objetivo do exercício é ensinar ao paciente que diferentes perspectivas são possíveis, que suas primeiras suposições nem sempre estão corretas, e assim por diante, e como nossas suposições afetam nosso comportamento e o resultado da interação.

Terapia do Esquema Individual MPD 1: *Role-play* Histórico

Primeiro *role-play*: a situação original da infância

○ O que eu presumo que a outra pessoa pensa:

_____
_____
_____
_____

> O que eu penso:
> _____
> _____
>
> **Segundo *role-play*: quando trocamos de papéis**
> O que mais a outra pessoa poderia pensar (alternativas):
> _____
> _____
>
> O   O que mais eu poderia pensar (alternativa):
> _____
> _____
>
> **Terceiro *role-play*: adotando meu novo comportamento**
> Analise todas as conclusões até agora.
>   A partir dessa experiência, o que você precisa levar em consideração no futuro?
> _____
> _____

b   *Cronograma semanal positivo (Folheto: TEI-MPD2)*

Uma estratégia comportamental para trabalhar na eliminação dos modos pai/mãe internalizados disfuncionais é participar de atividades positivas e gratificantes. O folheto da Terapia do Esquema Individual MPD 2: Cronograma Semanal Positivo (TEI-MPD2) é usado durante a sessão para planejar atividades positivas. Discuta o exemplo e, em seguida, faça sugestões sobre outras atividades positivas e os horários exatos em que elas podem ser realizadas na semana seguinte. Certifique-se de que o paciente reserve tempo suficiente para realizá-las, evitando pressão. Como tarefa, peça ao paciente para preencher a última coluna a fim de avaliar como se sentiu após a atividade. Posteriormente, se ele não se sentir bem, vocês podem avaliar quais modos interferiram nas sensações positivas e quais estratégias o paciente poderia usar no futuro para reduzir a interferência do modo. Os folhetos do grupo de manejo de modos podem ser consultados ou usados para esse propósito.

Intervenções cognitivas da terapia do esquema (TEI-MPD3)

a   *Instruções para o "círculo de identidade"*

Frequentemente, ao trabalharmos na redução dos modos pai/mãe internalizados disfuncionais, notamos ao longo do tempo que os pacientes sentem que a ausência desses modos deixa um "buraco" ou vazio. É como se a casa antiga deles, em mau

Terapia do Esquema Individual MPD 2: Cronograma Semanal Positivo

Uma maneira de combater seus modos pai/mãe internalizados disfuncionais é participar de atividades positivas, ou seja, aquelas de que você gosta, são úteis para você ou positivas para outras pessoas.

Dia	Minha atividade positiva	Horário planejado	Como me senti após realizá-la
Exemplo	Quero fazer um jantar para mim e meus amigos.	Hoje às 20h. Posso começar a cozinhar às 19h.	Me senti bem quando meus amigos me disseram que adoraram o jantar e pude aproveitar para comer um pouco também.
Segunda-feira			
Terça-feira			
Quarta-feira			
Quinta-feira			
Sexta-feira			
Sábado			
Domingo			

estado e com a base comprometida, finalmente desmoronasse. Agora, porém, não há nada no lugar e precisamos construir algo novo para substituí-la. Naturalmente, a substituição saudável que sugerimos é uma identidade de modo adulto saudável mais forte. O folheto da Terapia do Esquema Individual MPD 3: Instruções para o Círculo de Identidade (TEI-MPD3) é usado para esse fim.

1. A primeira tarefa é identificar afirmações do modo pai/mãe punitivo ou exigente com o paciente. Ele pode já estar ciente de algumas delas a partir das sessões de TEG. Oriente-o a anotar todas as afirmações nas seções de afirmações do modo pai/mãe internalizados disfuncionais no círculo.
2. Em seguida, registre as informações básicas que o paciente tem sobre si mesmo na seção de fatos.
3. Na seção de novos fatos positivos, peça-lhe para anotar coisas positivas que aprendeu durante a TE. Podem ser de colegas, terapeutas, outros membros da equipe de tratamento, etc.
4. Em seguida, identifique as "sobras", ou seja, situações passadas nas quais o paciente teve problemas – por exemplo, não tomou uma boa decisão, agiu mal ou falhou de alguma forma. Registre os efeitos dessas "sobras" na sua visão de si mesmo, ou na sua identidade. É importante que o terapeuta responda a essas perguntas de maneira pessoal para demonstrar que não vai rejeitar ou abandonar o paciente por ele ter cometido erros. O perdão é um antídoto eficaz para os modos pai/mãe internalizados disfuncionais.
5. Discuta os "antídotos" com o paciente e anote-os em *flashcards* para fins de repetição.

Terapia do Esquema Individual MPD 3: Instruções para o Círculo de Identidade

Na TE, queremos ajudá-lo a desenvolver sua própria identidade estável, incluindo um modo adulto saudável que possa assumir uma responsabilidade adequada por si mesmo e atender às suas necessidades.

Discuta como os seguintes tipos de informações contribuíram para sua identidade.

1. **Afirmações do modo pai/mãe punitivo e pai/mãe exigente**, por exemplo, "Você é um perdedor" ou "Você nunca acerta nada", "Você tem que fazer mais", e assim por diante. Quais são suas mensagens dos modos pai/mãe punitivo ou pai/mãe exigente?

2. **Fatos** que denotam informações básicas sobre você. Por exemplo, quais são suas vitórias e conquistas? O que você realizou em sua vida até agora?

3. **Novos fatos positivos** – aqui é o lugar para inserir o *feedback* positivo que você recebe de colegas, terapeutas, equipe, etc. Esses são "fatos" sobre você com os quais pode trabalhar para conseguir aceitar e que eventualmente substituirão fatos distorcidos de sua infância. Ao crescermos, aceitamos os "fatos" de nossos pais e de outras pessoas importantes para nós, pois é tudo o que conhecemos. Por que não reconsiderar o que você aceitou como "fatos" quando era criança? Naquela época, você não sabia que era errado e não tinha adultos saudáveis e positivos para fornecer *feedback* mais preciso. Por que não trabalhar para absorver fatos sobre si mesmo de pessoas menos tendenciosas, como seus terapeutas e colegas? Lembre-se de que você decidiu acreditar em pessoas confiáveis e não ouvir seus modos de enfrentamento desadaptativo.

4. **"Sobras"** – todos nós cometemos erros e fizemos coisas das quais não nos orgulhamos. Você ainda pode sofrer com algumas dessas "sobras", conclusões sobre si mesmo baseadas em erros. Anote quais são essas "sobras" para você. Vamos analisá-las juntos e discutir o que você pode precisar fazer para encerrá-las.

Os antídotos para os modos pai/mãe punitivo e pai/mãe exigente incluem:

- identificar as bases de uma opinião negativa e reavaliar e corrigir quaisquer distorções nela;
- aprender a se amar e se aceitar, reconciliando-se com erros passados e tendo expectativas saudáveis e razoáveis para si mesmo;
- absorver a validação e a aceitação presentes agora em seu ambiente, especialmente no programa de TE, e se proteger de pessoas excludentes ou negativas.

Afirmações dos modos pai/mãe punitivo ou pai/mãe exigente

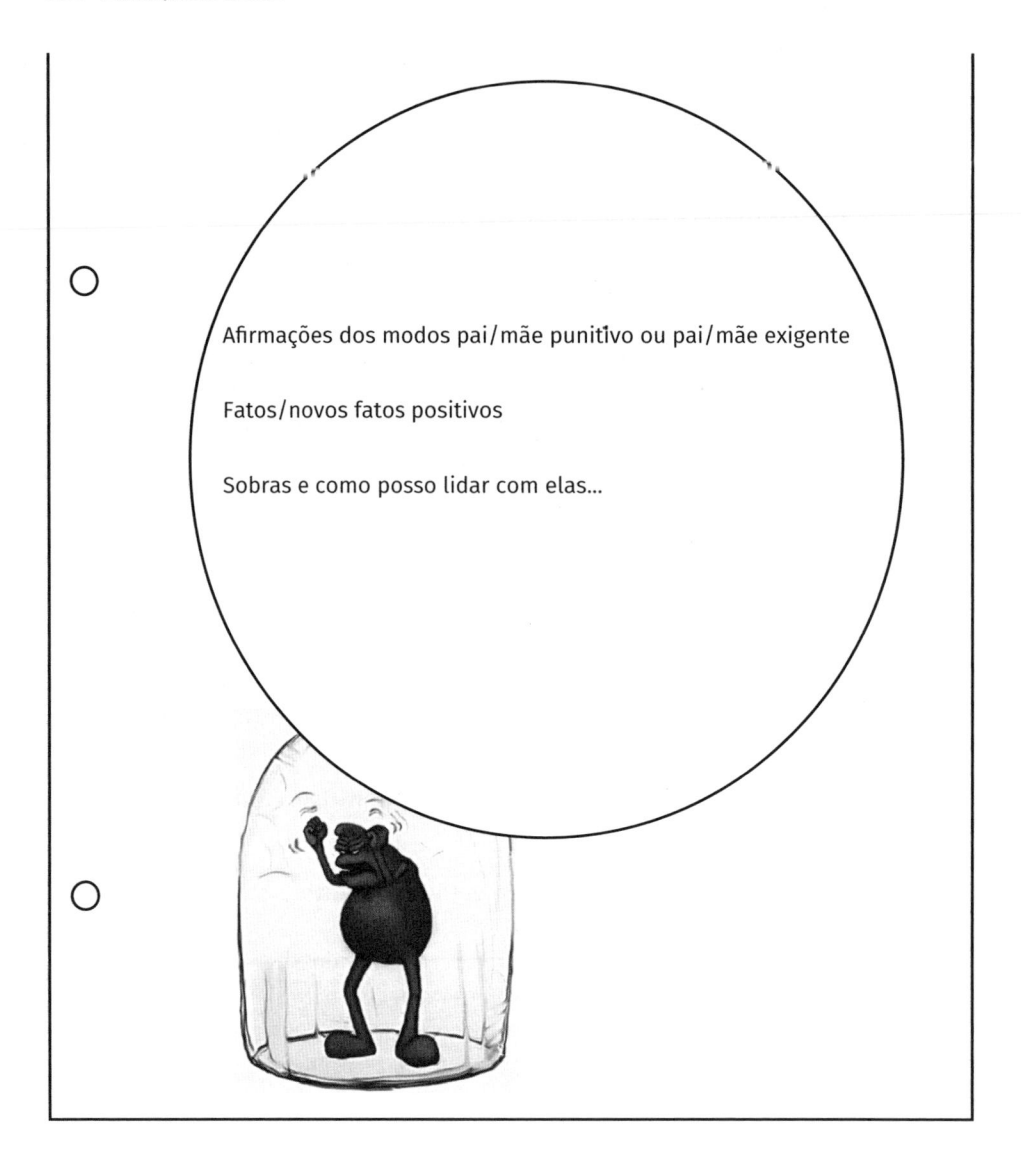

Fatos/novos fatos positivos

Sobras e como posso lidar com elas...

b *Distorções cognitivas do modo pai/mãe exigente*
   (Folheto: TEI-MPD4)

O modo pai/mãe exigente estabelece muitas regras ou mandamentos para a vida. Tentar viver de acordo com essas regras causa uma grande pressão e infelicidade. Ao segui-las, os pacientes podem ter deixado de lado e até esquecido de seus próprios objetivos e sonhos. Usando a Terapia do Esquema Individual MPD 4: Distorções Cognitivas do Modo Pai/Mãe Exigente (TEI-MPD4), identifique os 10 "mandamentos" mais importantes do modo pai/mãe exigente de exemplos das mensagens desse modo. Identifique as distorções e os problemas de padrões impossíveis nessas regras e ajude seus pacientes a estabelecerem seus próprios padrões do adulto saudável. Um passo necessário é ajudá-los a encontrar antídotos para cada uma das afirmações do modo pai/mãe exigente e anotá-los. Depois de fazer isso, discuta as reações e os sentimentos deles em relação às novas "diretrizes" para substituir os "mandamentos".

Terapia do Esquema Individual MPD 4: Distorções Cognitivas do Modo Pai/Mãe Exigente

○ Geralmente, o modo pai/mãe exigente tem muito a dizer sobre como você deve viver sua vida.
Alguns exemplos incluem:

"Você deve sempre colocar as necessidades de todos antes das suas."

"Sua aparência deve estar perfeita."

"Você nunca pode cometer erros."

Vamos analisar todos os **mandamentos** que seu modo pai/mãe exigente ditou para você:

1. *Tudo o que você fizer deve ser perfeito.*
2. _____
3. _____
4. _____
5. _____
6. _____
7. _____
8. _____
○ 9. _____
10. _____

Você não precisa viver de acordo com as regras do seu modo pai/mãe exigente. Agora, anote os antídotos ou diretrizes que seu modo adulto saudável estabeleceu:

1. *Faça o seu melhor; isso é suficiente.*
2. _____
3. _____
4. _____
5. _____
6. _____
7. _____
8. _____
9. _____
10. _____

Como você se sente agora?

Intervenções experienciais da terapia do esquema

a   Exercício de reprocessamento de imagens para os modos pai/mãe internalizados disfuncionais

O reprocessamento de imagens pode ser descrito em **etapas**. Para os modos pai/mãe internalizados disfuncionais, o paciente vem à sessão nesse modo ou fala sobre uma situação em que estava nele. O terapeuta conduz o trabalho de imagens pedindo ao paciente que assuma uma posição confortável, feche os olhos ou abaixe a cabeça para realizar um exercício de reprocessamento de imagens.

1. Na etapa 1, a *imagem é ativada*. O terapeuta pede ao paciente para acessar a emoção atual (ou a emoção de uma situação na qual ele estava no modo criança vulnerável).
2. A emoção atual é, então, usada como uma *ponte afetiva* de volta a uma imagem da infância. Uma vez que o paciente está na imagem da infância, ajude-o a torná-la emocionalmente proeminente. A linguagem é mantida no presente, e o terapeuta pede ao paciente que descreva quaisquer pensamentos, sentimentos, necessidades e sensações físicas dos quais esteja ciente. *Não permita que o paciente descreva integralmente um trauma ou uma experiência dolorosa.* Não é necessário nem desejável reviver isso; ao contrário, é preciso interromper e reprocessar o evento antes que a imagem chegue a esse ponto ("antes que algo ruim aconteça"). Em um exercício de reprocessamento de imagens para o modo pai/mãe internalizados disfuncionais, geralmente uma figura de apego negativa entra em cena.

3. *Intervenha imediatamente*, assim que o evento traumático começar (por exemplo: "Posso ouvir meu padrasto subindo as escadas" ou "Posso ver minha professora fazendo aquela cara novamente, quando ela está prestes a dizer como sou burro" ou "Minha mãe diz que está com dor de cabeça por causa do meu mau comportamento"). Pergunte ao paciente se você pode entrar na imagem. Converse com a figura de apego. Deixe claro que o comportamento dela não é aceitável e esclareça o que a criança precisa e merece receber. Se a figura de apego argumentar, refute suas afirmações uma vez e, em seguida, silencie-a. Caso contrário, atenda à necessidade da criança (por exemplo, tire-a da cena, brinque com ela) sem a figura de apego. Pergunte à criança o que mais ela precisa e, em imagens, atenda às necessidades dela.

Os papéis do terapeuta e do paciente no reprocessamento mudam em **etapas**:

1. Nas primeiras vezes em que fazemos o trabalho de imagens, entramos na imagem para ser o reprocessador como o "bom pai/boa mãe".
2. O próximo passo é levar a parte "bom pai/boa mãe" do paciente consigo; o paciente ouve você falar primeiro e, em seguida, pratica imitando o seu "bom pai/boa mãe" enquanto você orienta conforme necessário.
3. O modo adulto saudável do paciente entra na imagem, e você o acompanha como seu treinador. Nesse ponto, o paciente internalizou o "bom pai/boa mãe", que faz parte do modo adulto saudável.
4. Após o desenvolvimento de um modo adulto saudável forte, o paciente pode entrar na imagem por conta própria.

Uma diferença importante na abordagem da TE para o reprocessamento é que não presumimos que os pacientes tenham um modo adulto saudável bem desenvolvido para evocar. Avaliamos a força de seu adulto saudável e fornecemos um modelo de "bom pai/boa mãe" para internalizar nesse desenvolvimento. Vemos isso como o preenchimento de um dos déficits no aprendizado emocional inicial.

Deve-se observar que pessoas com transtornos da personalidade graves podem não ser capazes de identificar sua necessidade. Nesse caso, proponha soluções criativas para atender ao que você presume ser a necessidade. Encerre o exercício de imagens quando as necessidades da criança forem atendidas.

Seguimos o reprocessamento de imagens com a discussão da experiência. É importante identificar as experiências que foram úteis e se a necessidade observada ainda está presente em um modo específico. Encontre maneiras de transferir os comportamentos reprocessados do "bom pai/boa mãe" para o dia a dia do paciente (por exemplo, "Então, se você estiver no modo pai/mãe punitivo hoje, pode refutar as mensagens negativas dele utilizando o seu "bom pai/boa mãe" como fez no exercício de imagens. O que você acha? Como isso poderia ser feito?"). Oferecer ao paciente uma gravação do exercício de reprocessamento de imagens para ouvir em casa pode ser bastante proveitoso, além de facilitar a interiorização da sua figura como o "bom pai/boa mãe". Mesmo sem gravações, nossos pacientes frequentemente nos dizem que conseguem ouvir nossas vozes novamente quando praticam o reprocessamento de imagens.

b *Diálogo de modos para os modos pai/mãe internalizados disfuncionais*

1. Tenha três cadeiras extras à disposição, além das habituais, sendo elas destinadas ao modo pai/mãe internalizados disfuncionais, ao modo adulto saudável e ao modo criança vulnerável. Use essa intervenção quando o paciente estiver no modo pai/mãe punitivo ou modo pai/mãe exigente durante a sessão ou quando ele contar sobre uma situação em que esteve em um desses modos.
2. Estabeleça um diálogo, colocando um dos modos em cada cadeira. Certifique-se de que a cadeira do modo criança vulnerável não esteja fisicamente próxima à do modo pai/mãe internalizados disfuncionais. Se possível, posicione o modo disfuncional em uma cadeira desconfortável.
3. Peça ao paciente para ocupar primeiro a cadeira do modo pai/mãe internalizados disfuncionais. Peça-lhe que diga tudo o que esse modo tem a dizer. Esteja atento ao tom e se o paciente usa "eu" ou "você". Se a voz estiver muito baixa, pergunte se é assim que esse modo costuma soar. Geralmente, o paciente dirá que é muito mais alta e mais rude. Então, peça para ele falar na voz do modo pai/mãe internalizados disfuncionais.
4. Após o modo pai/mãe internalizados disfuncionais ter falado tudo o que queria, peça ao paciente para mudar para a cadeira do modo criança vulnerável e pergunte como sua "criança interior" se sente quando o modo pai/mãe internalizados disfuncionais fala com ela dessa maneira. Enfatize o sentimento da criança vulnerável nessa situação.
5. Se possível, peça ao paciente para mudar para a cadeira do modo adulto saudável. Se o paciente ainda não se sentir capaz de fazer isso, peça que observem enquanto você o faz. Use isso como uma oportunidade para moldar o comportamento do paciente:
    a. Primeiro, permita que ele observe, a partir de sua cadeira, a dinâmica da terapia enquanto você representa esse modo em especial.
    b. Em seguida, permita que ele experimente estar na cadeira do modo criança vulnerável com você como adulto saudável.
    c. Depois, permita que ele se sente na cadeira do modo adulto saudável enquanto você fala pelo modo adulto saudável deles.
    d. Permita que ele fale da cadeira do modo adulto saudável com você orientando.
    e. Finalmente, permita que fale da cadeira do modo adulto saudável.
6. O papel do modo adulto saudável nesse diálogo é atender às necessidades atuais do modo criança vulnerável (por exemplo, "Estou aqui para você e não vou permitir que isso aconteça"). O adulto saudável fala com o modo pai/mãe internalizados disfuncionais, dizendo a ele que seu comportamento não ajuda

e, portanto, ele precisa ficar quieto. Não inicie uma discussão. Apenas silencie-o. Se o modo parental não ficar quieto, jogue-o (e simbolicamente a cadeira dele) para fora da sala. É fundamental que o terapeuta seja mais enérgico do que o modo pai/mãe internalizados disfuncionais e demonstre que ele pode ser expulso.

7. Voltem para as cadeiras de terapia e discutam a experiência. Trabalhem como o paciente pode implementar o comportamento recém-aprendido em seu dia a dia. Você pode usar o cartão da Terapia do Esquema Individual MPD 5: *Flashcard* para Combater o Modo Pai/Mãe Internalizados Disfuncionais (TEI-MPD5) para isso.

Terapia do Esquema Individual MPD 5: *Flashcard* para Combater o Modo Pai/Mãe Internalizados Disfuncionais

Estou no meu modo pai/mãe _____ agora porque (indique como você o identifica).

Exemplo: modo pai/mãe punitivo – porque estou ouvindo a mensagem de que:

"*Você é um perdedor e sempre será*".

_____
_____
_____

Eu realmente preciso que
A mensagem pare.

_____
_____
_____
_____

Meu modo adulto saudável pode me ajudar a
Silenciá-lo ou jogá-lo para fora da sala.

_____
_____
_____
_____

O MODO CRIANÇA VULNERÁVEL

Intervenções de quebra de padrões comportamentais da terapia do esquema

a   Novas técnicas para confortar meu modo criança vulnerável triste (Folheto: TEI-MCV1)

Traga objetos diferentes, como ursinhos de pelúcia, livros, cartões postais, pedaços de tecidos, um xale, etc., para a sessão. Explore se esses objetos (ou outros, se necessário) interessam seu paciente para funcionar como objetos transicionais (consulte o Cap. 4 para obter um roteiro explicativo sobre objetos transicionais). Converse com o paciente sobre o que o modo criança vulnerável dele gosta e peça para ele registrar isso usando o folheto da Terapia do Esquema Individual MCV 1: Novas Técnicas para Confortar Meu Modo Criança Vulnerável Triste (TEI-MCV1). Experimente também elementos como bebidas quentes, biscoitos, etc., como atividades reconfortantes. Identifique as atividades que seu paciente acha reconfortantes e peça para ele registrá-las também no folheto. Este é mais um folheto que o paciente pode guardar para consultar quando estiver nesse modo.

Terapia do Esquema Individual MCV 1: Novas Técnicas para Confortar Meu Modo Criança Vulnerável Triste

Minha criança vulnerável gosta de:

1. **Pessoas e animais de estimação**
   _____
   _____
   _____

2. **Coisas**
   a. Ursinhos de pelúcia ou outros objetos fofinhos
   _____
   _____
   _____

   b. Livros
   _____
   _____
   _____

c. Cartões

_____

_____

_____

d. Bebidas (por exemplo, chá, chocolate quente) ou comida

_____

_____

3. **Atividades**

_____

_____

_____

b Medos do meu modo criança vulnerável (Folheto: TEI-MCV2)

Com este exercício, você pode explorar as conexões entre o modo criança vulnerável e outros modos. Primeiro, usando o folheto da Terapia do Esquema Individual MCV 2: Medos do Meu Modo Criança Vulnerável (TEI-MCV2), tente avaliar com seu paciente do que a criança vulnerável dele tem medo. Alguns exemplos podem incluir provas, consultas médicas, conflitos com familiares, solidão e muitas outras coisas. Após identificar quatro medos, pergunte ao paciente como o modo pai/mãe internalizados disfuncionais reage a eles. Em seguida, pergunte como os modos de enfrentamento desadaptativo reagem a eles. Identifique quais são as necessidades subjacentes aos medos. Discuta se tanto o modo pai/mãe internalizados disfuncionais quanto os modos de enfrentamento desadaptativo atendem às necessidades da criança. Não aceite um simples sim ou não como resposta; discuta o porquê ou por que não. Em seguida, pergunte ao paciente se o modo adulto saudável dele (ou o "bom pai/boa mãe" se esse aspecto for mais aceito por ele) pode atender às necessidades do modo criança vulnerável e, em caso afirmativo, como? Conduza um *breve exercício de imagens* no qual o paciente imagina o modo adulto saudável (ou "bom pai/boa mãe") atendendo às necessidas do modo criança vulnerável. Discutimos o "bom pai/boa mãe" como parte do modo criança vulnerável, e descobrimos que os pacientes frequentemente têm acesso a ele para outras pessoas, mas não o usam para suas próprias necessidades. Dado que muitos conseguem acessar o "bom pai/boa mãe" mais facilmente do que o modo adulto saudável, usamos esse conceito como uma transição para aceitarem e desenvolverem esse modo. Muitos indivíduos acham o conceito de "bom pai/boa mãe" menos assustador, pois temem que, ao submeterem-se à terapia com o modo adulto saudável, o apoio do terapeuta terminará. [Portanto, em exercícios como este, usamos qualquer modo adulto saudável ou "bom pai/boa mãe" com o qual o paciente se sinta mais confortável.] Descubra como o paciente se sente no exercício de imagens. No final da sessão, peça-lhe para criar uma imagem dessa experiência e recordá-la como um antídoto experiencial para as mensagens do modo pai/mãe internalizados disfuncionais.

Terapia do Esquema Individual MCV 2: Medos do Meu Modo Criança Vulnerável

Meu modo criança vulnerável tem medo de:

1. _____
2. _____
3. _____
4. _____

Meus modos pai/mãe internalizados disfuncionais respondem ao meu modo criança vulnerável dizendo:
_____
_____

Meus modos de enfrentamento desadaptativo respondem da seguinte forma:
_____
_____

A necessidade do meu modo criança vulnerável é: _____
_____

A reação do meu modo pai/mãe internalizados disfuncionais atende às necessidades do meu modo criança vulnerável:

○ Sim   ○ Não

A reação do meu modo de enfrentamento desadaptativo atende às necessidades do meu modo criança vulnerável:

○ Sim   ○ Não

O modo adulto saudável pode atender às necessidades do meu modo criança vulnerável?
_____
_____

O que meu modo criança vulnerável realmente precisa é _____

Meu modo adulto saudável pode atender melhor à necessidade do meu modo criança vulnerável ao:

_____

_____

Imagine o seu modo adulto saudável atendendo às necessidades do seu modo criança vulnerável. Como isso faz você se sentir?

○ _____

_____

Intervenções cognitivas da terapia do esquema

a   *Necessidades das crianças (Folheto: TEI-MCV3)*

Volte às sessões de psicoeducação sobre TE e pergunte ao paciente se ele se lembra de ter falado sobre necessidades básicas da infância e como elas estão relacionadas aos esquemas. Se o paciente não se lembrar, explique que todas as crianças têm necessidades básicas, as quais devem ser atendidas para que possam se desenvolver normalmente em uma pessoa saudável. Esquemas e modos se desenvolvem quando as necessidades básicas da infância não são atendidas adequadamente. É por isso que falamos sobre a infância deles e como suas necessidades básicas foram atendidas. Para as necessidades que ainda estão presentes, é importante identificar se e como o paciente tenta atendê-las agora. Usando o folheto da Terapia do Esquema Individual MCV 3: As Necessidades das Crianças (TEI-MCV3), discuta as necessidades básicas da infância com seu paciente e peça-lhe que escreva como foram suas experiências com essas necessidades na infância e atualmente. No final, tente resumir quais delas ainda são importantes e como são atendidas. Em seguida, esclareça que você tentará ajudá-lo a encontrar outras maneiras de atender adequadamente às necessidades, quer sejam necessidades do modo criança vulnerável ou do adulto, em uma das próximas sessões.

Terapia do Esquema Individual MCV 3: Necessidades das Crianças

Todas as crianças tem necessidades básicas. Essas necessidades são extremamente importantes, e atendê-las é necessário para um desenvolvimento saudável. Quando as necessidades básicas da infância de uma pessoa não são atendidas, esquemas e modos se desenvolvem. Olhe para a lista a seguir e responda: como essas necessidades foram atendidas em sua infância? Para as necessidades que ainda existem, como você tenta atendê-las agora?

1. Segurança e vínculo afetivo, previsibilidade e amor
Experiência na infância:
___
___
___

Como tento atendê-las agora:
___
___
___

2. Autonomia, competência, desenvolvimento da identidade
Experiência na infância:
___
___
___

Como tento atendê-las agora:
___
___
___

3. Liberdade para expressar seus próprios sentimentos e necessidades
Experiência na infância:
___
___
___

Como tento atendê-las agora:

_____
_____
_____
_____

4. Liberdade para brincar e ser criativo
Experiência na infância:

_____
_____
_____
_____

Como tento atendê-las agora:

_____
_____
_____
_____

5. Limites realistas e autocontrole
Experiência na infância:

_____
_____
_____
_____

Como tento atendê-las agora:

_____
_____
_____
_____

b   Direitos das crianças (Folheto: TEI-MCV4)

Uma parte importante da psicoeducação sobre TE é fornecer informações precisas sobre os direitos de todas as crianças. Dizemos aos pacientes: "Pessoas diferentes têm pensamentos diferentes sobre quais são e deveriam ser os direitos das crianças, então eu gostaria de ouvir o que você pensa sobre esse assunto". Usando o folheto da Terapia do Esquema Individual MCV 4: Os Direitos das Crianças (TEI-MCV4), anotamos as respostas deles, depois as discutimos e esclarecemos. Um paciente pode dizer, por exemplo, que as crianças têm o direito de viver em uma casa adequada. Então, você poderia perguntar qual seria um exemplo de uma casa adequada. Ele pode mencionar que seria um lar onde a criança divide um quarto com os irmãos, mas sempre é mantido quente o suficiente, e onde ela nunca fica sem comida. Acesse e revise com seus pacientes a página da Convenção sobre os Direitos da Criança (https://www.unicef.org/brazil/convencao-sobre-os-direitos-da-crianca). Pergunte se observaram algum direito que não sabiam que as crianças tinham. Os pacientes costumam se surpreender ao conhecer essa lista de direitos das crianças desenvolvida internacionalmente. Discuta se esses direitos foram respeitados em sua infância. Permita que eles deem exemplos de momentos em que seus direitos não foram respeitados e o que aprenderam com essas situações. Pergunte a eles por que isso pode ser importante. Se eles não souberem, explique que o fato de seus direitos não serem respeitados pode influenciar o desenvolvimento de esquemas e modos. Você pode relacionar às informações sobre como os direitos deles foram tratados aos seus esquemas e modos atuais. Esteja ciente de que essa sessão pode ser muito emotiva para os pacientes, especialmente se eles foram traumatizados ou negligenciados. É fundamental que você lhes diga que, embora não possa mudar o passado, pode ajudá-los a mudar o futuro, ensinando-os a respeitar seus direitos e atender às suas necessidades. Os pacientes podem ficar muito tristes com a perda de sua infância, e reconhecemos a tristeza e a perda deles. Dizemos a eles que parte da cura que o modo criança vulnerável precisa vem do luto pelo que não tiveram na infância e que estaremos lá para apoiá-los nesse processo.

Terapia do Esquema Individual MCV 4: Direitos das Crianças

O que você acha que são os direitos das crianças? Vamos listar alguns exemplos juntos.

1. _____

2. _____

3. _____

4. _____

5. _____

6. _____

Agora, vamos dar uma olhada na Convenção sobre os Direitos da Criança. Existem direitos que você não sabia que as crianças tinham?

_____

Esses direitos foram respeitados em sua infância?

_____

Como você acredita que a maneira como seus direitos foram respeitados ou violados afetou você?

_____

Intervenções experienciais da terapia do esquema

a   Exercício de reprocessamento de imagens para o modo criança vulnerável

As etapas do reprocessamento de imagens para o modo criança vulnerável são semelhantes àquelas descritas para o modos pai/mãe internalizados disfuncionais. O paciente vem à sessão no modo criança vulnerável ou fala sobre uma situação em que estava nesse modo. O terapeuta conduz o trabalho de imagens pedindo ao paciente que assuma uma posição confortável, feche os olhos ou abaixe a cabeça para realizar um exercício de reprocessamento de imagens.

1. Na etapa 1, a *imagem é ativada*. O terapeuta pede ao paciente para acessar a emoção atual (ou a emoção de uma situação na qual ele estava no modo criança vulnerável).
2. A emoção atual é, então, usada como uma *ponte afetiva* de volta a uma imagem da infância. Uma vez que o paciente está na imagem da infância, ajude-o a torná-la emocionalmente proeminente. A linguagem é mantida no

presente, e o terapeuta pede ao paciente que descreva quaisquer pensamentos, sentimentos, necessidades e sensações físicas dos quais esteja ciente. *Não permita que o paciente descreva integralmente um trauma ou uma experiência dolorosa.* Não é necessário nem desejável reviver isso, ao contrário, é preciso interromper e reprocessar o evento antes que a imagem chegue a esse ponto ("antes que algo ruim aconteça"). *Intervenha imediatamente*, assim que o evento traumático começar (por exemplo: "Posso ouvir meu padrasto subindo as escadas" ou "Posso ver minha professora fazendo aquela cara novamente, quando ela está prestes a dizer como sou burro" ou "Minha mãe diz que está com dor de cabeça por causa do meu mau comportamento").
3. Pergunte ao paciente se você pode entrar na imagem e faça isso conforme permitido. Atenda às necessidades da criança (por exemplo, evitando o abuso, reestabelecendo a segurança). Pergunte se a criança tem mais necessidades e as atenda.
4. Deve-se observar que pessoas com transtornos da personalidade graves podem não ser capazes de identificar sua necessidade. Nesse caso, o terapeuta pode propor soluções criativas para atender a uma necessidade presumida. Encerre o exercício de imagens quando as necessidades da criança forem atendidas.
5. Volte à sessão de terapia com o paciente e discuta a experiência. É importante focar nas experiências que foram úteis. Se possível, ofereça ao paciente uma gravação do exercício de imagens para ele ouvir novamente como tarefa de casa.
6. Trabalhe com o paciente para verificar se a necessidade no exercício de imagens ainda se manifesta ocasionalmente agora, quando ele está em um determinado modo. Ajude-o a descobrir se a experiência criada no reprocessamento pode ser transferida para seu dia a dia ("Então, se você estiver no modo criança vulnerável hoje, talvez a mesma coisa possa ajudá-lo? O que você acha? Como a necessidade do seu modo criança vulnerável poderia ser atendida hoje?"). Se ele tem um modo adulto saudável forte o suficiente, é possível sugerir que ele acesse esse modo para a imagem reprocessada como uma maneira de reconfortar o modo criança vulnerável.

b Diálogo de modos para o modo criança vulnerável

Os diálogos de modos são outra maneira experiencial ou focada em emoções de abordar o atendimento às necessidades presentes no modo criança vulnerável. As etapas são semelhantes àquelas adotadas para o modo pai/mãe internalizados disfuncionais.

1. Tenha duas cadeiras habituais e três cadeiras extras à disposição (para o modo adulto saudável, para o modo criança vulnerável e para outro modo,

caso surja). Ou o paciente está no modo criança vulnerável na sessão ou ele conta sobre uma situação em que estava nesse modo. Peça ao paciente para realizar um diálogo de modos para essa situação. Identifique as cadeiras pelo nome e certifique-se de que o modo criança vulnerável não esteja sentado ao lado do modo pai/mãe internalizados disfuncionais.

2. Deixe o paciente ocupar a cadeira da criança vulnerável primeiro. Peça a ele para dizer tudo o que o modo criança vulnerável tem a dizer. Certifique-se de que expresse os sentimentos e possivelmente as necessidades do modo.
3. Se possível, peça ao paciente que mude para a cadeira do adulto saudável. Se ele ainda não conseguir fazer isso, permita que observe enquanto você ocupa a cadeira. Siga o procedimento de modelagem previamente descrito (p. 225).
4. O modo adulto saudável atende às necessidades do modo criança vulnerável agora ("Estou aqui para você e não vou permitir que isso aconteça"). O adulto saudável precisa validar os sentimentos da criança vulnerável e, ao mesmo tempo, dizer a ele que vai cuidar da situação ("...mas eu vou cuidar disso. Você está seguro"). Deixe o modo adulto saudável dizer ao modo criança vulnerável o que ele vai fazer para cuidar da situação. Atenda às necessidades da criança até que ela se tranquilize.
5. Volte às cadeiras habituais e pergunte ao paciente qual foi a sensação ao fazer isso. Trabalhem juntos para descobrir como o paciente pode implementar o comportamento recém-aprendido em seu dia a dia ("Então, se você estiver no modo criança vulnerável hoje, talvez a mesma coisa possa ajudá-lo? O que você acha? Como a necessidade da criança vulnerável pode ser atendida hoje?"). (Use o folheto da Terapia do Esquema Individual MCV 5: *Flashcard* para o Modo Criança Vulnerável [TEI-MCV5].)

O *flashcard* para o modo criança vulnerável pode ser usado com o reprocessamento ou com o diálogo de modos.

Terapia do Esquema Individual MCV 5:
Flashcard para o Modo Criança Vulnerável

○ Estou no meu modo criança vulnerável agora, porque *(Exemplo: estou ciente de um medo intenso porque meu terapeuta estará de férias na próxima semana; o medo parece avassalador)*

_____
_____
_____

Eu realmente preciso de *(Exemplo: alguma garantia de que ele voltará, talvez mantendo algum pequeno objeto do escritório dele enquanto ele estiver ausente)*

_____
_____
_____

Meu modo adulto saudável pode cuidar bem do meu modo criança vulnerável ao *(Exemplo: perguntar ao meu terapeuta se posso pegar um de seus cartões com a próxima consulta anotada e manter a concha em sua mesa até ele voltar)*

_____
_____
_____

O MODO CRIANÇA ZANGADA OU IMPULSIVA

Lembre-se de que a maioria das intervenções comportamentais e cognitivas só funciona quando o paciente não está totalmente no modo criança zangada. Enquanto ele não liberar a raiva, haverá acesso limitado à cognição. Nossa orientação geral é usar um exercício para liberar a raiva primeiro, antes de tentar qualquer outro desse modo.

Intervenções de quebra de padrões comportamentais da terapia do esquema

a   Role-play *do modo criança zangada (Folheto: TEI-MCZ1)*

Não são necessários folhetos para um *role-play*, mas os *flashcards* são usados como lembretes e como um meio de facilitar a generalização fora das sessões de terapia. Você pode usar qualquer situação que seu paciente tenha vivenciado em que ele teve uma reação no modo criança zangada.

Faça o *role-play* da situação com você interpretando a outra pessoa.

1. Primeiro, o paciente precisa se concentrar em validar o que quer que ele sinta, acessando o modo adulto saudável, que pode dizer "Está tudo bem sentir raiva. Essa situação é importante para você por causa de situações semelhantes que aconteceram com frequência em sua infância e terminaram mal para você".
2. O modo adulto saudável pode, então, conduzir uma versão da confrontação empática: "No entanto, você não está satisfazendo sua necessidade agindo da maneira como está agora. Você precisa tentar um comportamento diferente".
3. Você pode trabalhar em diferentes formas de comportamento com o paciente e experimentá-las. Você pode considerar permitir que o paciente também desempenhe o papel da outra pessoa, enquanto tentam descobrir se a nova maneira de agir pode atender de forma mais adequada às necessidades presentes na situação. Use o folheto da Terapia do Esquema Individual MCZ 1: *Flashcard* para o Modo Criança Zangada/Impulsiva (TEI-MCZ1) para fortalecer esses novos comportamentos.

Terapia do Esquema Individual MCZ 1:
***Flashcard* para o Modo Criança Zangada/Impulsiva**

O Estou no meu modo criança zangada/impulsiva agora porque *(Exemplo: meu terapeuta não está me ouvindo)*
_____
_____
_____
_____
_____

Eu realmente preciso *(Exemplo: que ele entenda que isso é realmente importante para mim)*

O _____
_____
_____
_____

○ Meu modo adulto saudável pode cuidar bem do meu modo criança zangada/impulsiva ao *(Exemplo: dizer a ele como me sinto e que isso é importante, em vez de apenas gritar com ele)*

_____
_____
_____
_____

b   Reações dos outros ao modo criança zangada (Folheto: TEI-MCZ2)

O modo criança zangada pode causar problemas interpessoais significativos. É importante que os pacientes entendam que podem desencadear modos em outras pessoas por seus comportamentos. No folheto da Terapia do Esquema Individual MCZ 2: Reações dos Outros ao Meu Modo Criança Zangada (TEI-MCZ2), são fornecidos diferentes exemplos para você descobrir com seu paciente em qual modo a outra pessoa está e o que o paciente poderia fazer ao canalizar o modo adulto saudável dele para resolver o conflito. Deixe-o escrever as respostas. Existem duas linhas vazias para os exemplos pessoais do paciente.

Terapia do Esquema Individual MCZ 2:
Reações dos Outros ao Meu Modo Criança Zangada

Ocasionalmente, nossos comportamentos no modo criança zangada nos colocam em apuros com outras pessoas.

Situação	Reação do modo criança zangada	A reação da outra pessoa	Em que modo está a outra pessoa?	Como você poderia reagir no modo adulto saudável?
Eu pedi para minha colega de quarto lavar a louça. A louça não foi lavada.	Eu entro furiosamente no quarto da minha colega e grito: "Não posso acreditar. Você nunca faz nada. Você é preguiçosa".	Minha colega de quarto grita de volta: "Não estou nem aí. Você também não lavou as roupas quando eu pedi. Você também é preguiçosa".		

Situação	Reação do modo criança zangada	A reação da outra pessoa	Em que modo está a outra pessoa?	Como você poderia reagir no modo adulto saudável?
Minha mãe está chateada comigo porque não fiz uma prova importante.	Eu corro para o meu quarto e fecho a porta. Atrás da porta, eu grito: "Isso não é da sua conta, mãe. Por que você não me deixa em paz?".	Minha mãe responde: "Ah, que se dane. Eu não ligo se você não se formar".		
Meu namorado e eu discutimos.	"Ah, sim, você sempre está certo, não é? Você é tão inteligente! Talvez seja melhor se terminarmos".	"Você está certo. Sinto muito. Deveríamos fazer do seu jeito".		

Intervenções cognitivas da terapia do esquema

a   Necessidades do modo criança zangada (Folheto: TEI-MCZ3)

Lembre o paciente que todas as crianças têm necessidades básicas na infância. Algumas delas estão mais associadas ao modo criança vulnerável, outras mais ao modo criança zangada. Se essas necessidades ainda estiverem presentes no dia a dia do paciente, é importante descobrir se e como ele tenta satisfazê-las agora. Isso é especialmente importante para o modo criança zangada, já que muitas vezes tentamos satisfazer nossas necessidades de maneira a nos colocar em apuros quando estamos nesse modo. Usando o folheto da Terapia do Esquema Individual MCZ 3: Necessidades do Modo Criança Zangada (TEI-MCZ3), discuta as necessidades individuais de infância para o modo criança zangada e peça ao paciente que escreva sobre sua experiência de infância e atual com elas. Avaliem quais necessidades ainda são importantes e como ele tenta satisfazê-las. Se houver áreas problemáticas, explique que o ajudará a encontrar maneiras alternativas de atender à necessidade de forma eficaz em uma das próximas sessões (por exemplo, usando o *flashcard* TEI-MCZ1).

**Terapia do Esquema Individual MCZ 3:
Necessidades do Modo Criança Zangada**

○ Todas as crianças têm necessidades básicas na infância. Elas são muito importantes, e atendê-las é necessário para um desenvolvimento saudável normal. O modo criança zangada é uma reação da criança ao não atendimento dessas necessidades. Vamos falar sobre as seguintes necessidades infantis que são relevantes para o modo criança zangada. Como elas foram atendidas em sua infância? Se ainda existem, como você tenta atendê-las agora?

1. **Aceitação**
Experiência na infância:
_____
_____
_____
_____

Como tento atendê-la agora:
○ _____
_____
_____
_____

2. **Validação de necessidades e sentimentos**
Experiência na infância:

○ _____
_____
_____
_____
_____

Como tento atendê-la agora:
_____
_____
_____
_____
_____
_____

3. **Respeito por limites**
Experiência na infância:
_____
_____
_____
_____
_____

Como tento atendê-la agora:
○ _____
_____
_____
_____
_____

b *Necessidade de atenção (Folheto: TEI-MCZ4)*

A atenção é uma necessidade legítima do modo criança zangada, contudo, muitos pacientes têm dificuldade em aceitá-la e satisfazê-la. As mensagens do modo pai/mãe internalizados disfuncionais (por exemplo, "Você é um fardo para os outros porque sempre quer que eles prestem atenção em você") e do modo de enfrentamento desadaptativo (por exemplo, "Não demonstre aos outros que você precisa da atenção deles ou eles vão te abandonar") podem interferir na aceitação dos pacientes de sua necessidade de atenção como algo importante e normal. Com o folheto da Terapia do Esquema Individual MCZ 4: A Necessidade Saudável de Atenção (TEI-MCZ4), você pode discutir a necessidade de atenção. Aborde as perguntas e relacione as respostas do paciente aos modos de origem (como modos pai/mãe internalizados disfuncionais

Terapia do Esquema Individual MCZ 4: A Necessidade Saudável de Atenção

A atenção é uma necessidade legítima e frequentemente subjacente ao modo criança zangada. A forma como tentamos atendê-la é importante. Vamos discutir as seguintes perguntas.

1. Você aceita sua necessidade de atenção?
   _____
   _____
   _____
   _____

2. O que é preciso para que sua necessidade de atenção seja atendida?
   _____
   _____
   _____
   _____

3. Como sua necessidade de atenção foi atendida quando criança?
   _____
   _____
   _____
   _____

4. Como é atendida hoje?
   _____
   _____
   _____
   _____

5. O que acontece hoje quando sua necessidade de atenção não é atendida?
   _____
   _____
   _____
   _____

6. Você já tentou satisfazer essa necessidade de maneiras não saudáveis? Quais são elas?

_____
_____
_____
_____

7. Que maneiras saudáveis você conhece para pedir atenção?

_____
_____
_____
_____

Tarefa

Pratique o exercício de maneira saudável descrita na pergunta 7 e registre os resultados.

e modos de enfrentamento desadaptativo). A última questão se concentra em maneiras saudáveis de atender a essa necessidade. Identifique as maneiras saudáveis que seu paciente conhece e, se ele não souber de nenhuma, sugira algumas. Como tarefa, você pode pedir a ele que experimente uma das maneiras saudáveis no dia a dia e fale sobre isso na sessão seguinte.

Intervenções experienciais da terapia do esquema

a   Exercício de liberação de raiva

Quando os pacientes estão no modo criança zangada, é importante que tenham a oportunidade de liberar totalmente sua raiva. Enquanto o paciente está nesse modo, o terapeuta permanece muito calmo e transmite aceitação da emoção. Isso significa que o tom de voz é neutro e que faz apenas perguntas simples de esclarecimento, como: "Existe mais alguma coisa que você está com raiva?", "Há algo mais que você queira dizer?", e assim por diante. Nessa etapa, é fundamental que o terapeuta não seja excessivamente empático, pois isso pode desencadear o modo pai/mãe punitivo e inibir a expressão da raiva. Nesse exercício, o papel do profissional é permanecer presente com a raiva do paciente e estar pronto para impor limites se a expressão da raiva se transformar em ações inadequadas ou perigosas. Por isso, entende-se quebrar objetos, bater na parede, gritar com você em vez de desabafar, e assim por diante. Se isso acontecer, são necessárias intervenções, como oferecer um objeto macio para bater, em vez de uma parede que poderia causar danos materiais ou machucar as mãos do paciente, ou confrontação empática – um exemplo seria: "Entendo que você está muito bravo comigo e quer que eu te ouça, mas quando você está gritando, eu realmente não consigo ouvir sua queixa. Você poderia abaixar um pouco a voz para que eu possa entender o que você precisa de mim?". Somente após o paciente ter liberado completamente sua raiva, você deve responder de maneira acolhedora, compreensiva e empática. Quando as pessoas liberam completamente a raiva, elas atingem um ponto de exaustão. Avalie se o paciente atingiu esse ponto observando sua postura e gestos. Esse é o momento para analisar as relações entre a experiência atual e as experiências biográficas do paciente a fim de facilitar a transição para o modo criança vulnerável. Sob a raiva do modo criança zangada, em resposta às necessidades básicas não atendidas, está a dor do modo criança vulnerável que queremos alcançar para ajudar na cura. Uma afirmação de exemplo seria: "Imagino que não era seguro expressar seus sentimentos de raiva e dor com seu pai/sua mãe na infância". Assim que o paciente assumir o modo criança vulnerável, o terapeuta pode usar habilidades de reparentalização limitada. Um terceiro passo é analisar com o paciente qual parte da raiva foi desencadeada pelo passado e qual parte pertence à situação presente. Nesse passo, é importante identificar por nome os modos envolvidos (por exemplo, os modos pai/mãe internalizados disfuncionais). Em um último passo, você pode fazer um *role-play* da expressão assertiva de raiva (conduza o *role-play* conforme TEI-MCZ1).

b   *Diálogo de modos para o modo criança zangada*

1. Tenha duas cadeiras habituais e três cadeiras extras à disposição (para o modo adulto saudável, para o modo criança zangada e para outro modo, caso surja). O paciente está no modo criança zangada ou descreve uma situação em que estava nesse modo.
2. Peça ao paciente para realizar um diálogo de modos para essa situação. Identifique os modos pelo nome e certifique-se de que o modo criança zangada não esteja sentado ao lado do modo pai/mãe internalizados disfuncionais.
3. Deixe o paciente ocupar a cadeira da criança zangada primeiro. Peça a ele para dizer tudo o que o modo criança zangada tem a dizer. Certifique-se de que o paciente expresse os sentimentos e as necessidades desse modo. Identifique-as por nome para enfatizá-las.
4. Se possível, peça ao paciente que mude para a cadeira do adulto saudável. Se ele ainda não consegue fazer isso, permita que observe vocês o fazer. Ajude o paciente a assumir o modo adulto saudável gradualmente, conforme descrito para os outros modos neste capítulo.
5. A etapa final envolve o paciente, por meio do seu modo adulto saudável, atendendo às necessidades do modo criança zangada nesse momento ("Eu entendo que as coisas não estão bem. Vejo que você está bastante irritado, e está tudo bem sentir raiva"). O modo adulto saudável precisa validar os sentimentos do modo criança zangada e, ao mesmo tempo, dizer a ele que estabelece limites para comportamentos destrutivos, se necessário ("...está tudo bem sentir raiva, mas não é certo agredir as pessoas"). O modo adulto saudável pode esclarecer para o modo criança zangada o que ele acha que é a necessidade e se o comportamento da criança zangada a atenderá. Deixe o modo adulto saudável dizer ao modo criança zangada o que ele fará para atender à necessidade. Satisfaça as necessidades da criança zangada até que a raiva passe.
6. Volte às cadeiras habituais e pergunte ao paciente qual foi a sensação ao fazer isso. Trabalhem juntos para descobrir como o paciente pode implementar o comportamento recém-aprendido em seu dia a dia (use o *flashcard* TEI-MCZ1).

O MODO CRIANÇA FELIZ

Intervenções de quebra de padrões comportamentais da terapia do esquema

a   *Evocando seu modo criança feliz (Folheto: TEI-MCF1)*

Dê o folheto da Terapia do Esquema Individual MCF 1: Evocando Seu Modo Criança Feliz (TEI-MCF1) para o paciente na semana anterior à que deseja trabalhar com o modo criança feliz. Ele pode começar com a primeira tarefa da página do folheto, que é evocar o modo participando de uma atividade divertida. O paciente escreve como desencadeou o modo criança feliz. Na sessão seguinte, ele pode falar sobre isso com você. O terapeuta pode realizar um trabalho de imagens com o paciente, ajudando-o a visualizar a atividade descrita. Como em todo trabalho de imagens, tentamos visualizar a cena descrita o mais completa e claramente possível. Pergunte sobre como a pessoa se sentiu e tente ancorar o sentimento fisicamente, pedindo-lhe para estar ciente de onde o sentimento está localizado no corpo. Quando possível, grave o exercício de imagens para que o paciente possa ouvi-lo, ou peça para ele realizá-lo novamente por conta própria regularmente.

Terapia do Esquema Individual MCF 1: Evocando Seu Modo Criança Feliz

○ Faça atividades que evoquem (chamem para brincar) o seu modo criança feliz. Atividades divertidas, como jogar, assistir a filmes ou desenhos engraçados, esportes ao ar livre, fazer coisas com amigos, ouvir certas músicas, brincar com seu animal de estimação...
Como você evoca o seu modo criança feliz?

_____
_____
_____
_____

Conte para o seu terapeuta sobre experiências com o modo criança feliz. Juntos, tentem revisitar a cena em que esse modo foi evocado em imagens. Tente visualizá-la o mais claramente possível. Concentre-se nos seus sentimentos. Como você se sentiu? Onde estava esse sentimento no seu corpo? Você sorriu ou riu? Como foi sorrir ou rir?

Não escreva sobre a imagem da criança feliz! Pratique visualizar a mesma cena novamente no dia seguinte... e no dia seguinte... aprenda a sentir emoções positivas por meio de imagens!

○ Esta atividade deve ser divertida! Quando perceber que seu modo pai/mãe exigente está tentando assumir o controle, com frases como "Você precisa conseguir visualizar perfeitamente" ou "Pratique mais, você precisa melhorar nisso!", pare imediatamente e faça algo divertido, como assistir TV, conversar com alguém ou comer doces. Se algum dos modos pai/mãe internalizados disfuncionais estiver constantemente interferindo, converse sobre isso e compartilhe com alguém em quem você confie a cena da sua criança feliz.

b   Brincando

Deixe o paciente trazer seu brinquedo favorito para a sessão de terapia e brinque com ele. Torne a experiência agradável, criando um ambiente acolhedor (por exemplo, sentando-se no chão, tendo balas ou biscoitos à disposição, tocando música ao fundo).

Adicione um toque pessoal à experiência. É importante que o paciente possa ver um pouco da personalidade do terapeuta durante essa sessão e que ela seja divertida. O único objetivo aqui é criar um momento positivo.

Intervenções cognitivas da terapia do esquema

a   O que o meu modo criança feliz gosta (Folheto: TEI-MCF2)

Traga diferentes elementos descontraídos, como livros engraçados, cartões postais, música, vídeos e possivelmente até diferentes tipos de petiscos ou bebidas (por exemplo, chiclete, chá, *smoothies*, etc.) para a terapia. Explore quais dessas coisas ajudam o paciente a acessar o modo criança feliz. Converse sobre quem e o que (por exemplo, "Eu gosto da minha amiga Carly com quem faço piqueniques divertidos") e quais atividades esse modo gosta (por exemplo, assistir a um filme engraçado como *Shrek*, pular na piscina, se arrumar para ir a uma festa). Registre tudo no folheto da Terapia do Esquema Individual MCF 2: Gostos do Meu Modo Criança Feliz (TEI-MCF2).

Terapia do Esquema Individual MCF 2: Gostos do Meu Modo Criança Feliz

Meu modo criança feliz gosta de:

1. **Pessoas e animais de estimação**

2. **Coisas**
   a. **Objetos engraçados**
   _____
   _____
   _____

   b. **Livros**
   _____
   _____
   _____

   c. **Outras coisas**
   _____
   _____
   _____

   d. **Bebidas** (por exemplo, *smoothie* de morango) ou **alimentos** (por exemplo, balas de goma)
   _____
   _____
   _____

3. **Atividades**
   _____
   _____
   _____

4. **Outras coisas que você consiga pensar**
   _____
   _____

b Feedback *positivo para o meu modo criança feliz (Folheto: TEI-MCF3)*

Em geral, os modos pai/mãe internalizados disfuncionais têm muitas críticas ao modo criança feliz. Essa é uma das razões pelas quais os pacientes não deixam sua criança feliz aparecer com frequência e podem nem mesmo ter muito acesso a esse modo. Ele pode não ter sido liberado, estimulado ou desenvolvido. Tente buscar mensagens positivas e incentivo do modo adulto saudável para o modo criança feliz com o folheto da Terapia do Esquema Individual MCF 3: *Feedback* Positivo para o Modo Criança Feliz (TEI-MCF3). Peça ao paciente que escreva todas as mensagens positivas. Alguns exemplos incluem "Quando você está por perto, o mundo me parece muito melhor", "Quando sorrio para as pessoas, elas retribuem o sorriso", "Gosto de me sentir feliz. É um sentimento ótimo". Você também pode buscar mensagens de amigos, outros pacientes ou membros da equipe sobre o que eles acham de positivo na sua criança feliz.

Terapia do Esquema Individual MCF 3:
Feedback Positivo para o Modo Criança Feliz

Seus modos pai/mãe internalizados disfuncionais têm muitas coisas negativas a dizer sobre o modo criança feliz, e ele precisa de algum *feedback* positivo. Vejamos o que seu modo adulto saudável pode dizer ao seu modo criança feliz:

1. Exemplo: "Eu amo seu sorriso de felicidade".
2. _____
3. _____
4. _____
5. _____
6. _____
7. _____
8. _____
9. _____
10. _____
11. _____
12. _____
13. _____
14. _____
15. _____
16. _____
17. _____
18. _____
19. _____
20. _____

Intervenções experienciais da terapia do esquema

a   Treinamento de indulgência

Busque alguns petiscos que seu paciente gosta, como diferentes tipos de chocolates ou frutas variadas. Tenha cuidado com a escolha dos alimentos se o paciente tiver um transtorno alimentar. Corte os alimentos em pequenos pedaços e deixe o paciente fechar os olhos e prová-los. Comece fazendo-o sentir o aroma dos pedaços, provando-os em seguida. Depois, peça-lhe para adivinhar o que acabou de provar.

b Roteiros de imagens

Peça ao paciente para levar algo para a sessão de terapia que simbolize um momento positivo em sua vida. Pode ser uma foto, um objeto, o folheto de "Evocando seu Modo Criança Feliz", o assim por diante. Peça a ele para falar sobre o momento positivo representado e certifique-se de que seja uma situação em que o paciente estava no modo criança feliz. O momento positivo também pode ser com você ou com colegas em um dos grupos. Em seguida, recrie a cena como um roteiro de imagens.

Se o paciente não puder se lembrar de um momento positivo e você nunca o viu no modo criança feliz, seja criativo e faça um exercício de imagens sobre estar em um *playground* ou em um parque de diversões juntos. É importante ter em mente que se a pessoa não conseguir se envolver na imagem ou não gostar de nenhuma das atividades, é bastante provável que ela esteja em um modo de enfrentamento desadaptativo. Se isso acontecer, volte a um dos exercícios para contornar esse modo.

O MODO ADULTO SAUDÁVEL

Intervenções de quebra de padrões comportamentais da terapia do esquema

a Experimentos comportamentais para o modo adulto saudável (Folheto: TEI-MAS1)

Para desenvolver ainda mais sua identidade, os pacientes devem agir. Leia o texto no folheto da Terapia do Esquema Individual MAS 1: Experimentos Comportamentais para o Modo Adulto Saudável (TEI-MAS1) e discuta o exemplo. Em seguida, identifiquem juntos qual novo comportamento ele gostaria de experimentar. Peça ao paciente para descrever detalhadamente o comportamento e a situação na qual ele deseja experimentá-lo. A tarefa é tentar na vida real. Na próxima sessão, você pode descobrir como o paciente se sentiu depois de adotar o novo comportamento, se algum modo interferiu e qual foi o resultado, ou seja, positivo ou negativo (por exemplo, *feedback* positivo ou negativo dos colegas depois de vestir roupas novas pela primeira vez). Continue a falar sobre identificar novos comportamentos e experimentá-los.

**Terapia do Esquema Individual MAS 1:
Experimentos Comportamentais para
o Modo Adulto Saudável**

Experimente algo novo que seja um comportamento do modo adulto saudável. Deve ser algo que você ainda não tenha tentado, como uma atividade, uma peça de roupa nova ou uma nova habilidade social.

Exemplo: o modo pai/mãe exigente de Anne dizia a ela que ela sempre tinha que ser pontual. Coisas terríveis aconteceriam se ela se atrasasse alguma vez. O novo comportamento saudável de Anne foi chegar 3 minutos atrasada. Ela decidiu que chegaria 3 minutos atrasada para a terapia individual, para um encontro com seu namorado à noite e para o trabalho de manhã. Depois de seus experimentos comportamentais, ela escreveu como se sentiu e o que de ruim aconteceu por ter chegado 3 minutos atrasada. Adivinhe? Nada terrível aconteceu... e Anne se sentiu bem permitindo-se atrasar um pouco de vez em quando.

Qual novo comportamento do modo adulto saudável você deseja experimentar? Em quais situações?

- _____
  _____
  _____
  _____

Como você se sentiu após seus experimentos comportamentais?

- _____
  _____
  _____
  _____

Você sofreu alguma consequência pelo seu novo comportamento?

- _____
  _____
  _____
  _____

Intervenções cognitivas da terapia do esquema

a   *Conhecendo seu modo adulto saudável (Folheto: TEI-MAS2)*

A maioria dos pacientes não conhece muito bem seu modo adulto saudável porque passam muito tempo no modo pai/mãe internalizados disfuncionais e no modo de enfrentamento desadaptativo. Nesse exercício, eles podem conhecer melhor o seu modo adulto saudável e aspectos positivos de sua identidade. Na primeira seção do folheto da Terapia do Esquema Individual MAS 2: Conhecendo Seu Modo Adulto Saudável (TEI-MAS2), você pede ao paciente para listar todas as qualidades positivas, negativas e neutras do seu modo adulto saudável. Certifique-se de que ele não liste apenas uma categoria. Se os pacientes não conseguirem pensar em nada, ofereça alguns adjetivos (por exemplo, tolerante, proativo, sensível, extrovertido) e pergunte como eles se comparam ao melhor amigo dele ou a você. A próxima seção concentra-se em crenças. Se os pacientes não conseguirem pensar em coisas importantes para eles ou em que acreditam, sugira categorias (por exemplo, "Você acha importante cuidar do meio ambiente?", "Você acredita que viajar é uma boa maneira de conhecer outras culturas?"). A última seção se concentra no que a pessoa quer ser (por exemplo, "Eu quero ser bem-sucedido no meu trabalho", "Eu quero ser um pai/mãe carinhoso"). Ocasionalmente, é mais fácil esclarecer o que a pessoa não quer (por exemplo, "Eu não quero ser arrogante"). Depois disso, vocês podem conversar sobre o que precisaria ser feito para desenvolver os aspectos positivos de sua identidade para conseguir ser essa nova pessoa. Você também pode realizar trabalhos de imagens.

Terapia do Esquema Individual MAS 2: Conhecendo Seu Modo Adulto Saudável

O que você sabe sobre o seu adulto saudável? Liste todas as qualidades positivas, negativas e neutras que conhece (por exemplo, mulher, cabelos castanhos, carinhosa, barulhenta, impaciente, indecisa, criativa, musical...).

- _____
  _____
  _____
  _____
  _____

O que é importante para o seu modo adulto saudável? No que você acredita?

- _____
  _____
  _____
  _____
  _____

> O que você quer ser (lembre-se de que você não precisa ser perfeito)? Ocasionalmente, é mais fácil listar as coisas que você não quer ser para descobrir mais sobre o que quer.
>
> ○ • _____
> _____
> _____
> _____

Intervenções experienciais da terapia do esquema

a   O modo adulto saudável e o futuro (Folheto: TEI-MAS3)

Nessa sessão, focamos em exercícios de imagens para visualizar um futuro positivo para o modo adulto saudável, utilizando o folheto da Terapia do Esquema Individual MAS 3: Seu Modo Adulto Saudável e o Futuro (TEI-MAS3). O terapeuta pode guiar o paciente em imagens de como sua vida poderia ser em 3, 5, 10 e 40 anos. Assim como nos exercícios de imagens anteriores, peça ao paciente para visualizar as cenas com o máximo de detalhes possível e avaliar os sentimentos que se manifestam. Certifique-se de que ele não se desvie para sentimentos negativos; se isso acontecer, reprocesse a imagem. É importante que a pessoa se concentre em uma vida que a faria feliz (ou seja, na qual tenha relacionamentos significativos, desfrute do trabalho, atividades de lazer, etc.).

Após os exercícios de imagens, defina quais passos concretos o paciente pode tomar hoje ou na semana seguinte para estar mais próximo da vida imaginada. Deixe claro que você o apoiará enquanto ele toma esses passos.

> ### Terapia do Esquema Individual MAS 3: Seu Modo Adulto Saudável e o Futuro
>
> ○ Visualize memórias positivas que seu adulto saudável tem. Imagine que sua mente é um projetor de *slides*; introduza uma imagem positiva e, caso surja uma imagem negativa, descarte-a e reintroduza a imagem positiva. Lembre-se de que não temos controle consciente sobre cada pensamento que entra em nossa mente, mas temos a capacidade de deixá-lo ficar ou substituí-lo por outra coisa.
>
> _____
> _____
> _____

Visualize um sonho que você tem para o adulto saudável do futuro. Como você quer que sua vida seja em 3, 5, 10, 40 anos? O que o faria feliz?

_____
_____
_____
_____
_____
_____
_____

Quais passos concretos você pode tomar hoje para se aproximar mais do seu futuro desejado? Você pode precisar de ajuda ao dar alguns desses passos. Lembre-se de que você não está sozinho e que apoiamos todos os seus esforços.

_____
_____
_____
_____
_____
_____
_____
_____
_____

6

Treinamento, supervisão, pesquisa e considerações finais

O treinamento e a supervisão são fundamentais para a implementação competente da terapia do esquema individual (TEI) e em grupo (TEG). Ao descrever a população de pacientes que provavelmente será tratada com o programa de TE integrado, especialmente em cenários de cuidados mais intensivos, alguns dos adjetivos utilizados foram "desafiadora", "crônica", "complexa", "que não respondeu bem a outros tratamentos" e transtorno da personalidade. Não surpreende, considerando essas características, que seja recomendado um treinamento adequado e supervisão contínua.

TREINAMENTO

Recomendações para requisitos mínimos de treinamento e supervisão foram feitas pela International Society for Schema Therapy (ISST). Naturalmente, este livro e o programa de tratamento podem ser utilizados durante o período de supervisão. Uma descrição completa da certificação em TE está disponível em www.ISST-online.com. Há disponibilidade global de treinamento e supervisão em TE e TEG, com informações sobre *workshops* e programas de treinamento acessíveis no *site* da ISST.

SUPERVISÃO

Sessões regulares de supervisão ou, pelo menos, supervisionamento entre pares ou intervisão, devem ser frequentadas por todos os membros da equipe de tratamento. Isso é necessário para coordenar o tratamento individual e em grupo e, em cenários de cuidados mais intensivos, o ambiente e a equipe multidisciplinar de tratamento. Idealmente, o supervisor ou líder da equipe estabelece essas sessões como um lugar seguro para obter apoio, discutir dificuldades encontradas e aprender e praticar novas intervenções. Em determinados momentos, é possível que surjam divergências e conflitos na equipe, sendo as sessões de supervisão um ambiente propício para nos lembrarmos de agir com respeito, manter um diálogo aberto e diminuir a tensão. Ao utilizar o modelo de TE, alguns dos problemas nessa área podem ser atribuídos à ativação de modos. A abordagem do terapeuta com reparentalização limitada pede que o profissional esteja presente na TE como uma pessoa autêntica. Todos nós temos alguns modos esquemáticos, e eles podem ser facilmente ativados ao submeter-se à TE, especialmente em grupos. Um benefício e um componente importante do treinamento em TE é que os terapeutas cultivam a consciência de seus próprios esquemas e modos, reconhecendo quando a ativação e o desencadeamento deles ocorrem. Trata-se de um fenômeno em todas as abordagens terapêuticas, quer seja reconhecido (por exemplo, a contratransferência nas abordagens psicodinâmicas) ou não. É importante aprendermos a lidar com essa ativação e considerar o *feedback* de nossos coterapeutas e equipe para momentos em que não reconhecemos a ativação de nosso próprio modo. Em sessões de grupo, uma das tarefas do terapeuta é ter um sinal para alertar seu colega se acreditar que um modo foi ativado e está afetando negativamente o grupo. Um exemplo de duas pessoas que frequentemente são coterapeutas juntas é a ativação do modo pai/mãe exigente. Joan estava bastante insatisfeita com o ritmo do trabalho em grupo dos pacientes e deu a eles a tarefa de tentar uma nova técnica 10 vezes durante a semana. Como essa tarefa foi proposta na apresentação autoritária do modo pai/mãe exigente, a maioria do grupo ficou paralisada. Ida disse ao grupo: "Puxa, vocês acham que um modo pode ter sido ativado em Joan?". Quando ninguém respondeu, ela sugeriu: "Eu acho que é o modo pai/mãe exigente dela. O que você acha, Joan?". Joan, felizmente, concordou e reconheceu a ativação de seu modo. Essa foi uma experiência de aprendizado positiva para os pacientes, pois tiveram a oportunidade de observar um terapeuta com um modo ativado e entender como isso foi abordado. Também sugeriu a eles que poderiam até mesmo perguntar aos seus terapeutas sobre a ativação de seus modos. Às vezes, pode não ser possível apontar a ativação do modo para outro terapeuta enquanto está ocorrendo. Nesse caso, as sessões de supervisão oferecem um ambiente propício para apresentar esse tipo de *feedback*. Todas as reações alimentadas por esquemas e modos ocorrem entre pacientes, entre terapeutas e entre pacientes e terapeutas. É importante promover uma atmosfera de apoio tanto no grupo de pacientes quanto na reunião com colegas terapeutas ou lideradas por supervisores.

Equipes multidisciplinares apresentam muitos benefícios e alguns desafios potenciais. Um dos desafios é a divergência sobre em qual modo um paciente está, pois essa avaliação determina a intervenção necessária de reparentalização limitada. Um terapeuta pode avaliar um paciente como estando no modo criança vulnerável e responder com validação e apoio. Outro pode ver um modo de enfrentamento desadaptativo e responder estabelecendo limites. Isso poderia levar a uma discussão produtiva, com ambos os terapeutas compartilhando suas avaliações e possivelmente suas diferentes experiências interpessoais do paciente, levando a um entendimento mais completo. Divergências podem se tornar oportunidades para desenvolver soluções para situações complexas, em vez de gerar tensões ou discórdias na equipe. Quando essas divergências ocorrem em sessões de grupo, a negociação saudável e a resolução de conflitos por parte dos terapeutas podem fornecer modelos saudáveis para os pacientes e oportunidades de aprendizado vicário.

Quando diferentes terapeutas individuais e de grupo estão envolvidos no tratamento de um paciente, é fundamental estar ciente da possibilidade de diferenças na percepção e no relacionamento. Os indivíduos reagem de maneira diferente (tanto consciente quanto inconscientemente) a diferentes terapeutas e em sessões individuais ou em grupo. Isso é comum e ocorre por razões como afinidade entre terapeutas e pacientes em termos de temperamento, interesses, origens, perfil de modos, papel que o terapeuta desempenha no programa e com que frequência se encontram com o paciente. Todas essas variáveis podem influenciar a sensação de segurança e conforto que um terapeuta específico proporciona ao paciente. É responsabilidade dos profissionais atender às necessidades do paciente nessas situações e estar ciente de seus próprios sentimentos, como competição, ciúmes, mágoa, entre outros. As sessões de supervisão oferecem um ambiente propício para discutir e resolver essas questões.

PESQUISA SOBRE TERAPIA DO ESQUEMA

A TE foi originalmente desenvolvida por Jeffrey Young et al. (2003) para tratar pessoas com transtornos da personalidade e problemas psicológicos crônicos em um ambiente de psicoterapia ambulatorial individual. Sua eficácia para pacientes com transtorno da personalidade *borderline* (TPB) foi testada pela primeira vez em um ensaio clínico randomizado de TEI nos Países Baixos (Giesen-Bloo et al., 2006). Três anos de TE ambulatorial individual foram comparados com psicoterapia focalizada na transferência individual. Os indivíduos submetidos a ambos os tratamentos demonstraram melhora em todos os principais domínios dos sintomas de TPB, mas a TE obteve índices de desistência mais baixos e índices mais altos de recuperação ou melhora significativa ao final do estudo. Além disso, aqueles que fizeram TE relataram maior qualidade de vida em comparação com os pacientes de psicoterapia focalizada na transferência. A TE também demonstrou ser viável em termos econômicos (van Asselt et al., 2008). Um ensaio de implementação realizado em um ambiente de assistência médica generalizado, também nos Países Baixos, demonstrou eficácia semelhante para a TEI no tratamento de TPB (Nadort et al., 2009). Farrell et al. (2009) a adaptaram para a modalidade de grupo e testaram seu modelo em um ensaio clínico randomizado com pacientes ambulatoriais com TPB. Nesse estudo, 30 sessões de TEG foram adicionadas ao tratamento usual para um dos dois grupos de pacientes designados aleatoriamente. Foram observadas reduções significativas em todos os sintomas específicos do TPB, bem como na gravidade geral dos sintomas psiquiátricos. O programa de tratamento combinado com TE, que inclui sessões individuais e em grupo para indivíduos com TPB descrito neste livro, foi implementado e avaliado por Reiss et al. (2013a). Nos três estudos-piloto relatados, foram observadas reduções em medidas específicas do

TPB, bem como na psicopatologia geral, e a satisfação subjetiva dos pacientes com os programas de tratamento de TE foi elevada. A TE demonstrou, portanto, eficácia no tratamento de pacientes com TPB em ambientes de tratamento ambulatorial e hospitalar, utilizando formatos individuais, um grupo e combinados.

Algumas pesquisas foram conduzidas em outras populações de pacientes. Em uma população de veteranos de guerra com transtorno de estresse pós-traumático (TEPT), Cockram, Drummond & Lee (2010) constataram que a TE, dentro de um programa de tratamento de trauma em grupo, teve efeitos positivos na redução dos sintomas de TEPT, depressão e ansiedade. Em um estudo de transtorno da personalidade do *cluster* C, a TE demonstrou maior eficácia do que o tratamento usual em relação à recuperação dos sintomas do transtorno em questão e da depressão comórbida. A pontuação geral de avaliação do funcionamento também aumentou significativamente mais no grupo de TE, sendo mais economicamente viável do que a alternativa em comparação (Bamelis, Evers, Spinhoven & Arntz, 2013). Estudos de desfecho da TE em outras populações, como populações forenses (Bernstein, Arntz & de Vos, 2007), estão em andamento. Há uma necessidade de estudos de desfecho para avaliar a eficácia da abordagem, especialmente em cenários intensivos e com populações menos homogêneas, como pessoas com diferentes transtornos psicológicos. Jacob e Arntz (2013) conduziram uma metanálise de estudos publicados sobre a TE no TPB e concluíram que o índice médio de desistência é muito baixo e se compara favoravelmente à terapia comportamental dialética (DBT), psicoterapia focada na transferência (PFT) ou terapia baseada em mentalização (TBM). O tamanho do efeito da TE parece estar associado ao tempo de tratamento. No entanto, outros fatores, como diferentes instrumentos de avaliação, podem estar influenciando isso, portanto, esse resultado deve ser interpretado com cautela. Jacob e Arntz (2013) também descrevem estudos em andamento sobre transtornos da personalidade mistos e do *cluster* C.

CONSIDERAÇÕES FINAIS

Este livro reflete nossa experiência ao longo de 25 anos integrando programas de TEI e TEG em ambientes de internação, ambulatoriais e clínicos. Tentamos criar um programa flexível o suficiente para atender às necessidades de diversos cenários e durações de tratamento, considerando os desafios dos ambientes clínicos naturalísticos de hoje, em vez daqueles mais controlados de estudos de pesquisa. Procuramos ser o mais explícitos possível nas seções de notas para o terapeuta, fornecendo exemplos de roteiros e dicas de manejo. Disponibilizamos materiais para os pacientes, incluindo folhetos informativos e tarefas para cada sessão individual e em grupo. Nossa experiência no treinamento de terapeutas iniciantes demonstra que esse material é extremamente útil. Contudo, participar de *workshops* de treinamento e supervisões são elementos fundamentais para o desenvolvimento de competência, especialmente em uma modalidade complexa de psicoterapia como a TE, que integra de forma estratégica intervenções cognitivas, experienciais e de quebra de padrões comportamentais. Acreditamos que terapeutas experientes em TE, tanto individuais quanto em grupo, serão capazes de adaptar o material de maneira mais flexível, personalizando-o de acordo com sua prática. Outro objetivo ao elaborar este livro foi oferecer um protocolo estruturado que possa ser avaliado em estudos de desfecho.

Referências

Arntz, A., & Jacob, G. (2012). *Schema Therapy in practice: An introductory guide to the schema mode approach*. Oxford: Wiley Blackwell.

Bamelis, L. L., Evers, S. M., Spinhoven, P., & Arntz, A. (2013). Results of a multicenter randomized controlled trial of the clinical effectiveness of Schema Therapy for personality disorders. *American Journal of Psychiatry, 170*(12), 1503–1508. doi: 10.1176/appi.ajp.2013.12040518

Bernstein, D. P., Arntz, A., & de Vos, M. (2007). Schema focused therapy in forensic settings: Theoretical model and recommendations for best clinical practice. *International Journal of Forensic Mental Health, 6*, 169–183.

Cockram, M. D., Drummond, P. D., & Lee, W. C. (2010). Role and treatment of early maladaptive schemas in Vietnam veterans with PTSD. *Clinical Psychology and Psychotherapy, 17*, 165–182.

Comtois, K. A., Russo, J., Snowden, M., Srebnik, D., Ries, R., & Roy-Byrne, P. (2003). Factors associated with high use of public mental health services by persons with borderline personality disorder. *Psychiatric Services, 54*(8), 1149–1154.

Farrell, J., & Shaw, I. (2012). *Group Schema Therapy for borderline personality disorder: A step-by-step treatment manual with patient workbook*. Oxford: Wiley Blackwell.

Farrell, J., Shaw, I., & Webber, M. (2009). A schema-focused approach to group psychotherapy for outpatients with borderline personality disorder: A randomized controlled trial. *Journal of Behavior Therapy and Experimental Psychiatry, 40*, 317–328. doi:10.1016/j.jbtep.2009.01.002

Farrell, J., Young, J., & Shaw, I. (2011). *Online manuscript*. www.bpd-home-base.org/

Giesen-Bloo, J., van Dyck, R., Spinhoven, P., van Tilburg, W., Dirksen, C., van Asselt, T., et al. (2006). Outpatient psychotherapy for borderline personality disorder: Randomized trial of schema-focused therapy vs. transference-focused psychotherapy. *Archives of General Psychiatry, 63*, 649–658.

Jacob, G. A., & Arntz, A. (2013). Schema Therapy for personality disorders – a review. *International Journal of Cognitive Therapy, 6*(2), 172–185.

Linehan, M. M. (1993). *Cognitive-behavioral treatment of borderline personality disorder*. New York: The Guilford Press.

Lobbestael, J., van Vreeswijk, M., Spinhoven, P., Schouten, E., & Arntz, A. (2010). Reliability and validity of the short Schema Mode Inventory (SMI). *Behavioural and Cognitive Psychotherapy, 38*, 437–458.

Muste, E., Weertman, A., & Claassen, A. M. (2009). *Handboek Klinische Schematherapie*. Houten: Bohn Stafleu van Loghum.

Nadort, M., Arntz, A., Smit, J. H., Wensing, M., Giesen-Bloo, J., Eikelenboom, M., et al. (2009). *Implementation of outpatient schema therapy for borderline personality disorder with versus without crisis support by the therapist outside office hours: A randomized trial. Behaviour Research and Therapy*, 47(11), 961–973.

Reiss, N., & Vogel, F. (2010). *Stationäre Schematherapie bei Borderline- Persönlichkeitsstörung*. In E. Roediger & G. Jacob (Eds.), *Fortschritte der Schematherapie. Konzepte und Anwendungen*, pp. 217–226. Göttingen: Hogrefe.

Reiss, N., Dominiak, P., Harris, D., Knörnschild, C., Schouten, E., & Jacob, G. A. (2012). *Reliability and validity of the German version of the revised Schema Mode Inventory (SMI). European Journal of Psychological Assessment*, 4, 297–304. doi: 10.1027/1015-5759/a000110

Reiss, N., Lieb, K., Arntz, A., Shaw, I. A., & Farrell, J. M. (2013a). *Responding to the treatment challenge of patients with severe BPD: Results of three pilot studies of inpatient schema therapy. Behavioural and Cognitive Psychotherapy*, 1–13. doi:10.1017/S1352465813000027

Reiss, N., Vogel, F., Nill, M., Graf-Morgenstern, M., Finkelmeier, B., & Lieb, K. (2013b). *Behandlungszufriedenheit von Patientinnen mit Borderline Persönlichkeitsstörung bei stationärer Schematherapie. Psychotherapie – Psychosomatik – Medizinische Psychologie*, 63, 93–100.

Spinhoven, J., Giesen-Bloo, J., van Dyck, R., Kooiman, K., & Arntz, A. (2007). *The therapeutic alliance in schema-focused therapy and transference-focused psychotherapy for borderline personality disorder. Journal of Consulting and Clinical Psychology*, 75(1), 104–115.

Terapia do Esquema em Grupo - Apresentação sobre Transtorno de Personalidade Misto na Conferência da ISST (Sociedade Internacional de Terapia do Esquema), N.Y., 2012.

Van Asselt, A. D., Dirksen, C. D., Arntz, A., Giesen-Bloo, J. H., van Dyck, R., Spinhoven, P., et al. (2008). *Outpatient psychotherapy for borderline personality disorder: Cost-effectiveness of schema-focused therapy vs. transference-focused psychotherapy. The British Journal of Psychiatry*, 192(6), 450–457. doi:10.1192/bjp. bp.106.033597

Yalom, I. D., & Leszcz, M. (2005). *The theory & practice of group psychotherapy* (5ª ed.). New York: Basic Books.

Young, J. E. (1990). *Cognitive therapy for personality disorders: A schema-focused approach*. Sarasota, FL: Professional Resource.

Young, J. E., Klosko, J. S., & Weishaar, M. E. (2003). *Schema Therapy: A practitioner's guide*. New York: The Guilford Press.

Zarbock, G., Rahn, V., Farrell, J., & Shaw, I. (2011). *Group Schema Therapy: An innovative approach to treating patients with personality disorder, developed by Farrell & Shaw*. Conjunto de DVDs. IVAH: Hamburgo. www.bpd-home-base.org

Índice

Os números em **negrito** indicam tabelas.

A
adesão 2, 33-35
ambiente 3, 42, 44-45, 275, 321
apego 7, 10-18, 61, 72, 80, 230, 248, 288-289, 296
apego seguro 10-12, 15, 18, 61, 72
autonomia 6-7, 9-11, 14, 27, 72, 82, 296
autorrevelação 54, 231

C
cenário de tratamento 1-2, 21, 70, 324
cenários intensivos 2, 11, 15, 21, 42, 324
competência 2, 9, 14, 35-36, 72, 255, 296, 325
confidencialidade 41, 64
conhecimento implícito 29
critérios de exclusão 26
critérios de inclusão 26

D
diálogo de modos 22-23, 29, 134, 144, 156, 162, 210, 218, 225-226, 279, 290, 300-301, 311
diretriz de presença 37-38
dissociação 8, 57, 57-58, 79
duração do tratamento 2, 21, 30-31, 324

E
eficácia 1, 22, 29-31, 33-35, 43-44, 195, 227, 323-324
efígie 23-24, 149-150, 217-219, 225-227, 255
EID 7, 72
ensaio clínico randomizado 323
equipe de coterapeutas 18-19
equipe(s) de tratamento 3, 26, 28, **32**, 35-39, 42-44, 137, 146-147, 152, 158, 163, 168, 177, 185, 188, 284, 321
esquema(s) inicial(is) desadaptativo(s) 5, 21, 72, 172, 230
estágio(s) 3, 9-10, 27, 56, 58-59, 63, 96, 225, 248
experiência(s) emocional(is) corretiva(s) 22, 28, 30-32, 114
experiência(s) na infância 11, 15, 22, 39, 56, 76, 89, 96, 152, 223, 231, 296-297, 306-307

F
fatores terapêuticos do grupo 15, 18
flashback(s) 57, 208

G
Gestalt, terapia 5, **16**

I
índices de desistência 323
individuação 9-10
instabilidade **6**, 8
intervisão 321
Inventário de Modos Esquemáticos (SMI) 35-37

L
limites 10-11, 15, 27, 38-39, 55, 141-142, 160-161, 182, 189, 307
limites profissionais 10-11

M

mecanismo(s) de defesa 7
memória(s) da infância 29, 96-97, 99, 101, 103, 105, 107, 125,130, 144, 228-229, 230
metanálise 324
modalidade(s) 4, 11, 15, 21, 26, 30-31

N

necessidade coletiva 11, 15
nível de desenvolvimento 10-12, 15, 18, 17, 33-35, 218

O

objeto(s) transicional(ais) **23-25**, 62-63, 192, 222-223, 225, 252, 261-262, 292

P

papéis do terapeuta 18-19
pertencimento 11-18, 30-32, 37-38, 64, 72, 255, 258
ponte afetiva 288, 299
populações forenses 324
psicopatologia 9, 82, 324
psicoterapia psicodinâmica 5

Q

qualidade de vida 9, 323

R

regras básicas 11-18, 22, 28, 32, 38-40, 42, **48**, 52, 58-59, 64
reparentalização limitada 2-3, 9-12, 14-15, 23, **32**, 33-35, 42-44, 51, 57-58, 64, 222, 230, 239, 241, 265-266, 310, 322
reprocessamento de imagens 22-24, 29-30, 32-33, 57, 88-89, 134, 156, 162, 220, 225, 227-231, 233, 239, 258, 288-290, 299-300
role-plays históricos 280
roteiro(s) de imagens 316

S

satisfação do paciente 324
supervisão 4, 22, 66, 321-323, 325
supervisão entre pares 321

T

tamanho do grupo 33-35
temperamento 5-6, 66, 72, 323
teoria das relações objetais 5
término 9-10
transtorno da personalidade 1-2, 5, 7-9, 10-11, **16-17**, 19, 26, 28, 56, 268, 289, 300, 321, 324
transtorno da personalidade *borderline* 1, 8, **16-17**, 323
transtorno da personalidade do *cluster* C 324
transtorno de estresse pós-traumático 1, 323
trauma 1, **7, 24**, 26, 30, **33**, 56, 228-229, 233, 239, 241, 280, 288-289, 300, 324
treinamento 2, 4, **23**, 28, 36-37, 42-43, 51, 201-203, 205, 315, 321, 324-325
trocar de modo 9

V

viável economicamente 1, 21, 33, 323-324
vínculo afetivo 9-10, 11, 15, 27, 33, 61